우리가 우리를 우리라고 부를 때

N번방 추적기와 우리의 이야기

デジタル性犯罪を追跡した「わたしたち」の記録

# n番部屋を燃やし尽くせ

追跡団火花

米津篤八・金李イスル 訳

光文社

デジタル性犯罪を追跡した「わたしたち」の記録

# n番部屋を燃やし尽くせ

## 2人の20代女性に送る
## 25人の女性たちによる熱い連帯と推薦のメッセージ！

本書が緊迫感をもって、時に冷静に描いた事件の衝撃は、とても言葉にできないものです。最も印象的だったのは、この非凡な筆者たちが、ごく「平凡」な20代の女性だという事実です。この平凡さに、あらためて大きな希望と勇気をもらいました。

――ク・ジョンア（映画プロデューサー）

n番部屋に出入りしながら、自分たちの行為が過ちだと知らない者はいなかった。ただ彼らは、自分たちは安全だと信じていた。その過信を打ち破った追跡団火花に深く感謝する。

――権金炫伶《クォン・キム・ヒョニョン》（女性学者）

揺らぐことのない被害者中心主義、脱コルセット（2018年頃から韓国で広がった、ステレオタイプな女性らしさに抵抗する運動〕、アウトリーチ、最終的な匿名の選択、この時代における2人の真の英雄、まったく新しい若い女性政治リーダーの誕生の記録を、尊敬と感動とともに一気に読んだ。

――権仁淑《クォン・インスク》（共に民主党《トブロ》　国会議員）

子どもを守ろうとするなら、まず本書を精読するべきだ。正確な事態把握のない怒りは、力に結びつかないからだ。いつか将来、デジタル性的搾取の悪夢から誰が子どもを守り、安全な世界を作ったのかと聞かれたら、あの勇敢な道の先頭に立った追跡団火花を挙げ、本書を読むべきだと言うだろう。

――キム・ジウン（児童文学評論家）

20代女性として生きながら悲惨な現実に直面するたび、最前線で戦う彼女たちの勇気と強《きょう》靭《じん》さを思う。常にその勇気を見習いたい。

――キム・チョヨプ（小説家）

これは彼らの問題ではなく、私と私たちの問題だと考える。私たちは私たちの日常を私たちの力で変えられるはずだという信念を再確認した。本書を通じて「私たち」の声に耳を傾け、共感することも連帯ではないだろうか。

――柳好貞《リュ・ホジョン》（正義党　国会議員）

女性にとって安全な社会は、誰にとっても安全なはずです。本書は韓国メディアの未来とデジタル性的搾取の根絶という巨大な方向性を指し示したばかりか、フェミニズムが必要な理由とその役割を痛烈に描き出しています。

——パク・ミンジ（国民日報記者）

不愉快だからと問題から目を背けたくなるときには、日に何時間もn番部屋を見つめたプルとタンのことを思い浮かべます。闇に潜んでいたn番部屋を新たな火花で照らしてくれる本書を、たくさん買って周囲に配ろうと思います。

——ス・シンジ（漫画家）

ブラックホールのように腐りきったこの社会のジェンダー認識水準を、勇敢に明らかにした2人の火花。

——スリック（ミュージシャン）

悲しいことに、私たちにはまだ知るべきことがたくさんある。ぜひ「読んでから」語るべき本。本書がいま出版されたのは幸いだ。追跡団火花を応援する。

——オム・ジヘ（チャンネルイエス記者）

本書は「追跡団火花」の日常生活と追跡活動の境界線が曖昧になっていく過程を描いている。この記録が「デジタル性的搾取の世界」の終わりの始まりになることを願う。

——オ・ヨンソ（ハンギョレ新聞記者）

世の中を変える女性の姿。

——オ・ジウン（ミュージシャン）

見たものを見たと粘り強く言い続けることに、変化の力が宿っていることを示すルポルタージュだ。

——ウニュ（作家）

平凡な2人が偉業を成し遂げた。同じ志《こころざし》を持って努力している人は多いが、2人が特に人を感動させるのは、「少ない経験と技術」で、誰もやろうとしない恐ろしいことをやり遂げたからだ。しかし、真に恐ろしいのは、「これがどれほど恐ろしいこと」なのか、当時の世間が気付けなかった事実である。そして、真に偉大なのは、「彼女たちはそのことを知りながらやろうとした」ことだ。

——イ・ギョンミ（映画監督）

性暴力の加害者を暴露する告発と連帯の記録は、このようにアーカイブされるべきだ。

——イ・ダヘ（シネ21記者）

この狂った国では、性犯罪を暴き、記録するのも女性の仕事だ。追跡団火花が耐え抜き、達成したすべての歩みに尊敬の念を送るとともに、読み記憶する作業に加わりたい。

——イ・ドゥル（baume à l'âme出版社共同代表）

非接触時代の「灯台」として、女性たちの安全のために明るい灯をともしてください。

——李水晶《イ・スジョン》（犯罪心理学者）

時代の精神を反映した告発ルポを書くことは、熱い心臓を持つすべての記者たちの使命です。しかし、その使命を越えて社会構造を変える夢を実現させるのは実に難しいことです。その夢の先駆けとなった火花に、大きな勇気と声援を送ります。

——イ・ファジン（KBS記者）

プルとタンの勇気と執念に胸が熱くなった。すべての人が知るべき、現在進行形の話。

——イム・ヒョンジュ（MBCアナウンサー）

プルとタン、2人の勇気から大きな変化が始まった。「私」が「私たち」になった瞬間、火花が燃え上がった。もっと多くの「私たち」が、それぞれの場所で、この明るい火花に合流するときが来た。

——張恵英《チャン・ヘヨン》（正義党　国会議員）

n番部屋事件が世に明らかになったのは、偶然によるものではない。問題を直視し、悩み、行動し続けながら生きた2人の20代女性が、社会に大きな波紋を広げたのだ。「火花」という匿名を使わざるをえない現実の中で、慰労と感謝の意を伝えたい。

——チョン・ゴウン（映画監督）

残酷な搾取を目撃しただけでなく、全力で未来をたぐり寄せた追跡団火花に、私たちの誰もが大きな借りを負った。この重要な記録をともに読みながら、2人のジャーナリストがこれから歩んでいく道に大きな声援を送りたい。

——チョン・セラン（小説家）

デジタル性暴力を根絶するための活動は苦しいことだ。自分の目で目撃した犯罪行為は片時も忘れることができず、日常の平和と精神的安定は遠ざかってしまう。にもかかわらず、私たちも、火花も、立ち止まることはできない。その理由は本書に記されている。彼女たちがn番部屋を社会に告発するまでの戸惑いや苦悩の足跡が丸ごと描かれている本書は、韓国の女性史における大きな画期となるだろう。1人では社会に変化をもたらすことはできず、世の中は簡単には変わらない。しかし、互いを理解できなかったプルとタンが出会って追跡団火花となったように、異なるバックグラウンドや考え方を持ち、異なる場所に生きる女性たちが、同じ問題のために戦っている仲間に出会えたなら、そこには火花がまぶしく燃えるに違いない。

――チェ・ソフィ（ReSET）

〔2019年12月16日、テレグラムn番部屋性的搾取事件に怒りを表した女性たちが作った性的搾取通報プロジェクト〕

誰もが読むべき本だ。安全で健康な社会で暮らしたい人なら。この記録と向き合いながら、デジタル性犯罪の恐ろしさに驚愕し、自分の無知を恥じ、行動で連帯したくなるはずだ。粘り強い取材で凄惨な現実を直視させてくれたプルとタンに感謝する。世界を変えるのは、彼女たちのような人々から広がる勇気の火力だ。

――ファン・ソヌ（作家）

フェミニズムが昨日までの私を、私たちを、世の中を、どんな方法であれ打ち砕き、変化させるという事実を、プルとタンの姿からさらにはっきり確認できた。今はまだ何も変わっていないように思えるときも、「フェミニズムは本当に世界を変えられるのか？」という疑問はもう持たないことにした。

――ファン・ヒョジン

（ポッドキャスト「シスターフッド」キャスター）

# 凡　例

1　本書では「ポルノ」と「性的搾取物」という用語は区分せず、すべて「性的搾取物」に統一した。

2　脚注の「火花手帳」とは、著者がデジタル性犯罪に関する用語や事件を短くまとめたものである。

3　法に基づき犯罪者の個人情報公開決定が下った者の実名や年齢等を、ニックネームに併記した。併記がない者は、個人情報公開処分が裁判所の仮処分決定で取り消され、不許可となった場合である。

# はじめに

2020年のいま、忌々《いまいま》しい女性嫌悪《ミソジニー》犯罪に疲れ切った人たちに対して、「これから一緒に歩んでいきましょう」というメッセージとともに本書を贈りたいと思います。

「デジタル性犯罪の被害者の声を、どうすれば丁寧に記録できるのか」を常に念頭に置きながら、第1部と第3部を書きました。第2部は著者2人のライフストーリーとともに、被害者の声を記録する自分たちの心に耳を傾けながら書きました。第1部と第3部は事実関係の正確さに留意しながら記事形式で執筆し、第2部にはプルとタンのエッセイを収録しました。第2部の執筆中、「果たして自分の文章が本になるのか」と、ずっと自分を疑っていました。それでも私たちはエッセイを書き、自分と対話しながら、常に慰められていました。読者の方たちにとっても、本書が一つの癒しになれれば幸いです。

ページをめくりながら、事件の凄惨さに心が苦しくなるかもしれません。信じたくない話なので、知るべきだと思いながらも、目を背けたくなるかもしれません。1年以上にわたって事件を取材した私たちでさえ、事件が与える苦痛のために目を覆いたくなることがあったのですから。それでも、ぜひ事件の存在を受け入れ、問題を認識してくださるようお願いします。私たちがこの事件を追い続けているのは、黙認していることから生まれる弊害を、あまりにもよく知っているからです。

第1部と第3部を書いていたころ、つらさのあまりパソコンを閉じてしまったことがあります。1人だったら、そのまま何日も落ち込んでいたことでしょう。追跡団火花として活動しながら、2人でよかったと思うことがよくあります。1人だったらとっくにあきらめていたような困難が、何度もありました。もっと多くの人が一緒に活動してくれたら、さらに元気が湧いてくるに違いありません。

本書を通じて読者の皆さんに寄り添えたら、これほどうれしいことはありません。1年以上も匿名で活動していたため、連帯してくれる方々と心おきなく交流できなかったのがとても残念でした。だから、「実は私、こんな人間なんです」と、せめて本の中だけでも腹を割って打ち明けることにしました。私たちの共通点は、女性で、20代半ばで、同じ大学の同じ学部出身で、姉妹がいることくらいです。育った環境があまりにも異なるので、相違点は両手で数えきれないほどたくさんあります。それでも韓国に住む20代女性として、重なり合う経験もたくさんありました。生活環境やライフスタイル、生きている時間が違っても、私たちを「私たち」と呼ぶとき、連帯は始まるのだと思います。

昔から困難な闘いを続けながら勇気をくださった李水晶《イ・スジョン》教授、徐志賢《ソ・ジヒョン》検事、同じ目標を持って身を粉にして活動されているReSETの皆さん、「韓国女性の電話」の皆さん、「テレグラム加害者裁判傍聴連帯」の活動家の皆さん、被害者のために尽力されている「韓国性暴力相談所」の皆さんのおかげで、私たちも問題のありかを明確に理解し、取材することができました。少しずつでも韓国社会はよくなっていますが、この変化は皆さんが築き上げた財産です。性犯罪打倒のための活動を続ける困難さを、私たちも今回の件で痛感しました。

私たちを心から、惜しみなく応援してくれた企画者のチョン・ユソンさん、私たちを信じて待ってくれたイボム出版社代表のコ・ミヨンさん、編集者のイ・チェヨンさん、ソン・ユギョンさん、私たちの初めての本を皆さんに担当していただいて、本当に幸いでした。常に感謝の心を忘れないでいたいと思います。私たちを火花というチームにまとめてくださったチュ・ヨンギ教授にお礼を申し上げます。私たちを支持してくださったパク先輩をはじめ、先輩記者の方々にも感謝いたします。

そして、私たちが取材を始めて以来、誰よりも心配してくれている家族にすまなく思うとともに、感謝と愛を捧げます。

2020年9月
追跡団火花より

目次

## 第2部　プルとタンの話　87

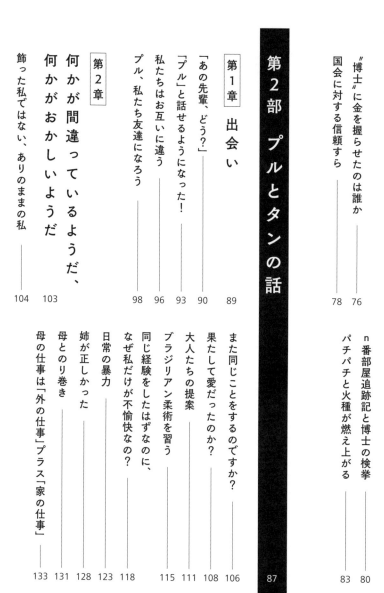

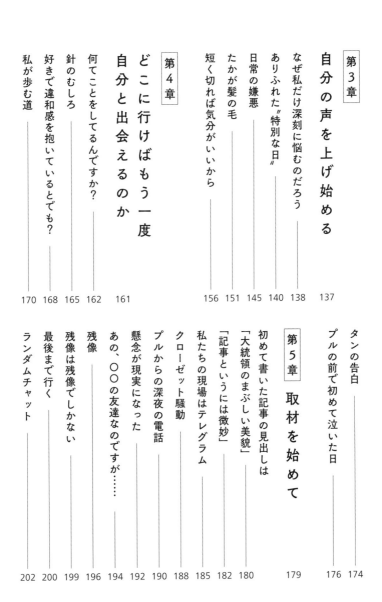

# 第1部

# 2019年7月

# あの日の記録

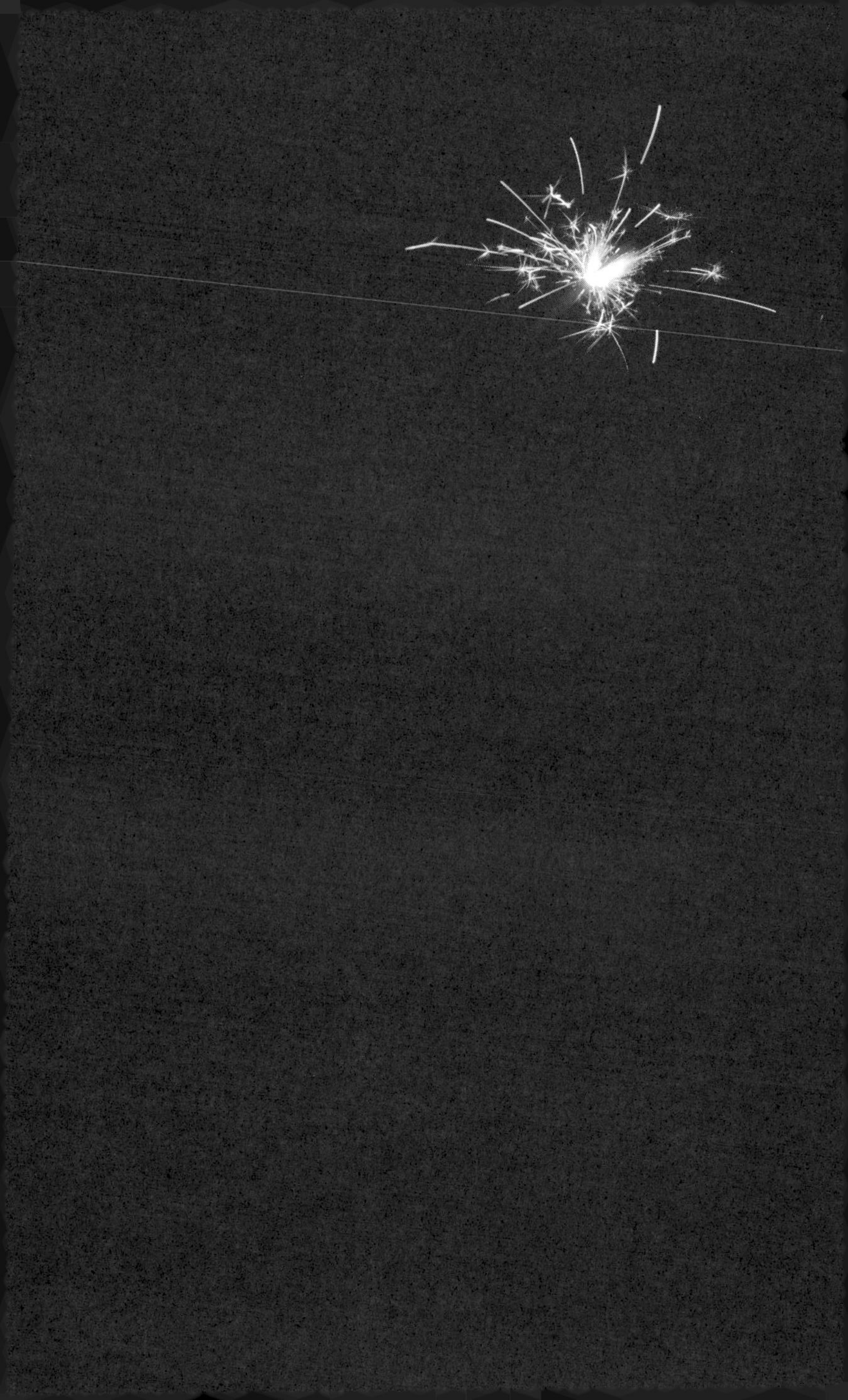

## 2019年7月、私たちは手の中の地獄を見た

1年前、私たちは記者志望の大学生だった。就職に役立ちそうな受賞経歴が欲しくて、ニュース通信振興会の「真相究明ルポ」コンクールに応募する準備をしていた。記事のテーマは「盗撮問題」。私たち韓国で暮らす20代女性にとって、何よりも強く実感できる問題だったからだ。

私たちは盗撮データが流されるルートを探るため、ネットで検索を始めた。すると、意外と簡単に多くのサイトが見つかった。ある程度は予想していたが、サイトを閲覧しては何度も落ち込み、全身の力が抜けるようだった。10分ほど「ググって」みると、「AV-SNOOP」というブログが目についた。他のサイトとはやや違った印象を受けたからだ。

他の盗撮共有サイトは画像や動画が中心なのに、このブログには文章が多かった。「ウォッチマン」という運営者が盗撮の画像や動画に関するレビューを書き込んでいたが、その中でもチャットアプリ「テレグラム」の「番号部屋」(当時、加害者らはn番部屋を「番号部屋」と呼んでいた)のレビューが特に目立った。

画像もない文字ばかりの投稿なのに、アクセス数はそのブログの中で最も多かった。「ツイッター〇〇女流出事件(n番部屋)」という投稿をクリックして読んでみると、「ガッガッ〔ガッはGod(ゴッド、神)のこと。すなわち神神の意味〕」というニックネームの人物が未

成年者に対して虐待を行っている、という内容だった。投稿の最後には、「奴隷動画」がテレグラム上で共有されていると書かれていた。

「AV－SNOOP」のページの上段には、「コダム部屋（コダムはGotham、すなわち映画『バットマン』の舞台ゴッサム・シティから名付けたとされる）」というテレグラムのチャットルームへのリンクが貼られていた。そこでどんなことが行われているのか、確認しなくてはならない。まずテレグラムに登録し、コダム部屋に入室したが、驚いたことに、成人認証などの入室制限は一切なかった（テレグラムは設定によって加入時の電話番号を非表示にしたり、名前も好きなように変更したりできるため、個人情報は公開されない）。

何のリスクもなくコダム部屋に入室すると、最初に「お知らせ」が目に入った。チャットルームが1番から8番まであることや、そのルームの中でだけ見られるという動画についてのレビュー、動画に出てくる女性の個人情報などが簡単にまとめられていた。これら番号のついた8つのチャットルームで、何かが起こっているに違いなかった。コダム部屋だけでも、すでに1000人ものテレグラム会員が匿名で入室していた（2019年7月15日午後10時現在）。彼らは盗撮データに関するあらゆる情報を共有し、女性を人間ではない単なる「商品」として扱うような会話を休みなく続けていた。1時間でやりとりされるトークは、軽く1000件を超えていた。2時間ほど様子をうかがっていると、このチャットルームの特徴をある程度つかむことができた。

コダム部屋の管理人はAV－SNOOPブログの運営者である「ウォッチマン」で、彼はルーム参加者の間で「兄貴」と呼ばれていた。

「テレグラムにノーマルなものを見にくる奴はいないだろう。普通のAVを見たいなら、いっそ日本のサイトでも漁《あさ》ってろ」

「そうだそうだ。テレグラムは児童ポルノを見にくる場所だぞ」

私たちが入室したあとも、参加者の数は増え続けた。

「元カノのカカオトークのID、流していい？」

元恋人の個人情報を公開する参加者もいた。チャットルームの参加者たちは、「IDなんかいいから、（性行為の）動画を流せよ」とけしかけた。

彼らの最大の関心事は「n番部屋」だった。ウォッチマンはn番部屋にいる女性の名前、学校、クラス、評価を定期的にアップし、参加者の関心を煽《あお》った。いわゆる「n番部屋会員」たちは、主にコダム部屋でn番部屋の女性たちを対象とした品評会を開催したり、「〇〇の学校に行こう」などと強姦を計画したりもした。コダム部屋は面倒な手続きなしに入室できるので、誰かがアップした盗撮データが通報されるとチャットルームが閉鎖される恐れがあり、そうなるとn番部屋への入口がふさがってしまう。そこでウォッチマンは、コダム部屋にアップされた性的搾取物や盗撮データを直ちに削除し、そのメンバーを強制退会させるなど、秒単位で徹底的に管理していた。

コダム部屋に入っても、すぐにn番部屋へのリンクをもらえるわけではない。まずコダム部屋から派生したチャットルームに入場する必要があるが、その「派生ルーム」へのリンクは抜き打ちでアップされていた。取材を始めてまだ1日しか経っていなかったが、派生ルームだけでも20個以上あることが分かった。

派生ルームでは国内外のポルノや国内の盗撮データはもちろん、児童の盗撮画像や、分類不能で見たこともないような残忍な動画が共有されていた。派生ルームの新入りたちは、他のメンバーたちが欲しがる画像や動画をアップし、自然と集団に溶け込んでいった。

1つの派生ルームだけで盗撮画像が1898件、動画が938件、さらに大容量の圧縮ファイルも233件共有されていた。私たちが直接見ただけでもこの量であり、テレグラムの会員同士が個人的に交換している盗撮データもあるはずだ。1日でどれほど多くの盗撮データがアップロードされているのか、とても計り知れなかった。

私たちが潜入した派生ルームでは、年齢や国籍もさまざまな児童への性的暴行動画、トイレやアパートでの盗撮画像、GHB〔ガンマヒドロキシ酪酸。違法ドラッグ〕を飲ませて気絶させた女性に性的暴行を加えている画像や動画などが主に流布されていた。動画の流布とともに、女性に対するセクハラ発言も目についた。ある派生ルームでは、セクハラ的会話に加わらない人を強制退出させることもあった。

派生ルームの管理人は、「隠しカメラの動画をアップすればn番部屋のリンクをやる」

「珍しいAVをアップすればn番部屋をやる」などと言っていた。しかし、私たちにそんな動画があるはずもない。どうしようかと悩んでいると、コダム部屋のメンバーの一人が比較的簡単な認証条件を提案した。

「n番部屋のリンクがあるから、入りたい人はプロフィール写真に日本のアニメの女性キャラをセットして連絡すること」

私たちはさっそくポータルサイトで「日本　アニメ」と検索し、女性キャラの画像をダウンロードして、テレグラムのプロフィール写真を更新した。彼はすぐにリンクを送ってくれた。私たちはテレグラム加入から5時間でリンクを入手し、n番部屋の一つである1番部屋に入室した。

n番部屋への入室と同時に目に入ったのは、子どもたちの裸体だった。コダム部屋と派生ルームの会員たちが口々に言っていた「奴隷」だった。そのほとんどが中学生か小学生に見えた。子どもたちが道具を使って自慰行為をするのは序の口で、刃物で体に「奴隷」という文字を刻み込んだり、公衆トイレや屋外を裸で歩き回ったりしていた（これは「ガッガッ」が子どもたちにさせた行為の一部に過ぎない。2次被害を誘発しないために、特定の被害事例については言及しない）。子どもたちはn番部屋の会員の指示に従って、こうした動画を自分で撮って送ってくるようだった。

動画を見た私たちは、しばし絶句してしまった。気が遠くなるようだった。これは本当に現実に起きていることなのだろうか……。今、韓国で私たちと同じ時代を生きる人たちの行為なのだろうか……。頭が混乱していた。とても信じられず、信じたくもなかった。そのとき、n番部屋の「お知らせ」が目に入った。

ここで共有されている子どもたちの動画と画像は、逸脱アカ[*1]をやっている女の子を脅迫して手に入れたファイルです。言うことを聞かずに逃げた子どもたち（の動画）なので、好きに（流）してくれて大丈夫です。

子どもたちがn番部屋という監獄に閉じ込められていた。ガッガッという人物が、親や学校にばれるのを恐れる子どもたちの心理を利用して、脅迫したのだろう。脅迫された子どもたちの気持ちを思うと、吐き気がした。テレグラムのチャットルームで、恐ろしい犯罪が繰り広げられていた。私たちの目の前を加害者と被害者、そして性的搾取物がリアルタイムで通り過ぎていった。これを記事にしてやろう、などと、ただ見ているわけにはいかない。まず通報しなくては。

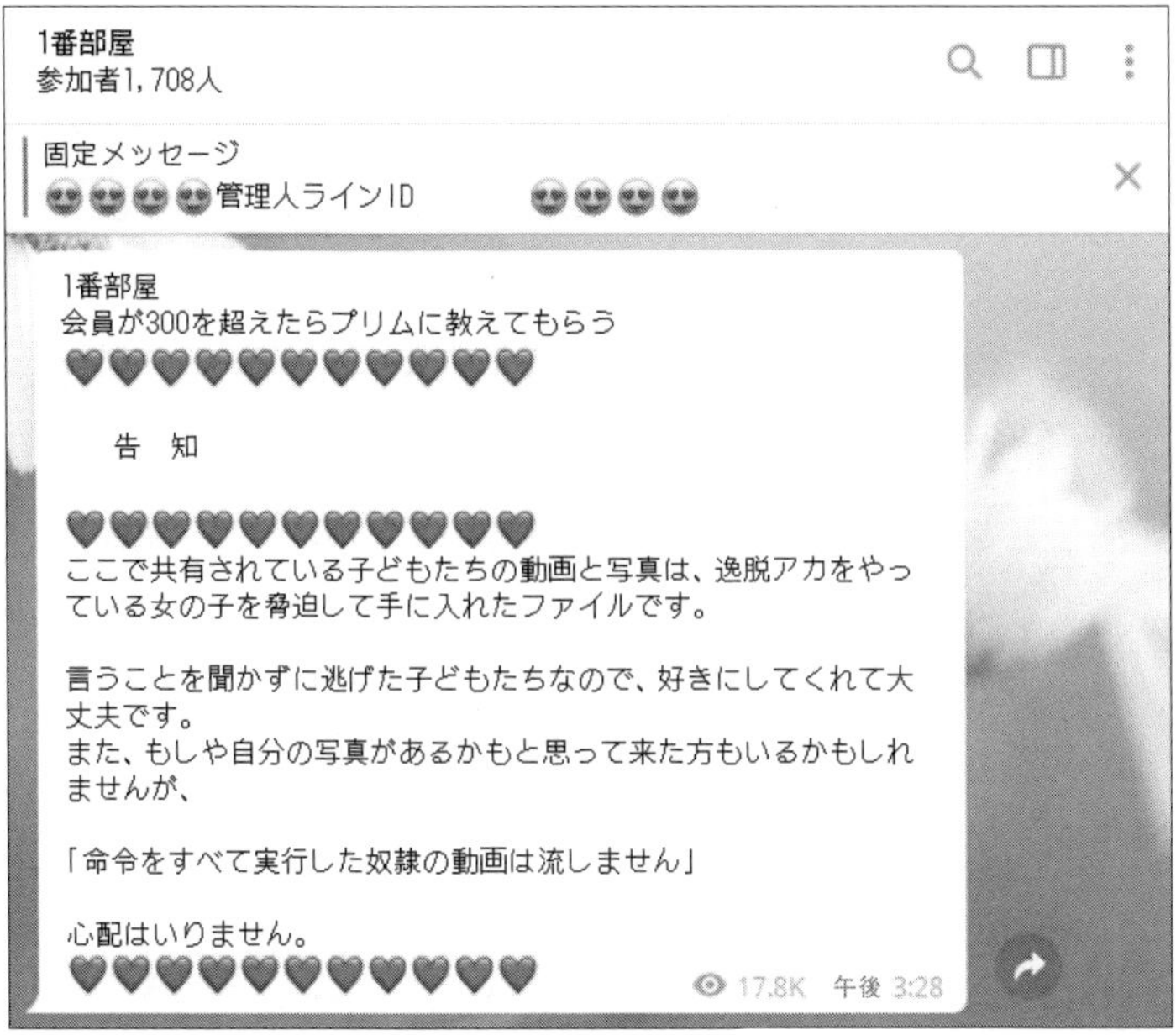
1番部屋
参加者1,708人
固定メッセージ
管理人ラインID
1番部屋
会員が300を超えたらプリムに教えてもらう
告　知
ここで共有されている子どもたちの動画と写真は、逸脱アカをやっている女の子を脅迫して手に入れたファイルです。
言うことを聞かずに逃げた子どもたちなので、好きにしてくれて大丈夫です。
また、もしや自分の写真があるかもと思って来た方もいるかもしれませんが、
「命令をすべて実行した奴隷の動画は流しません」
心配はいりません。
17.8K　午後 3:28

n番部屋のうちの1番部屋のキャプチャー資料

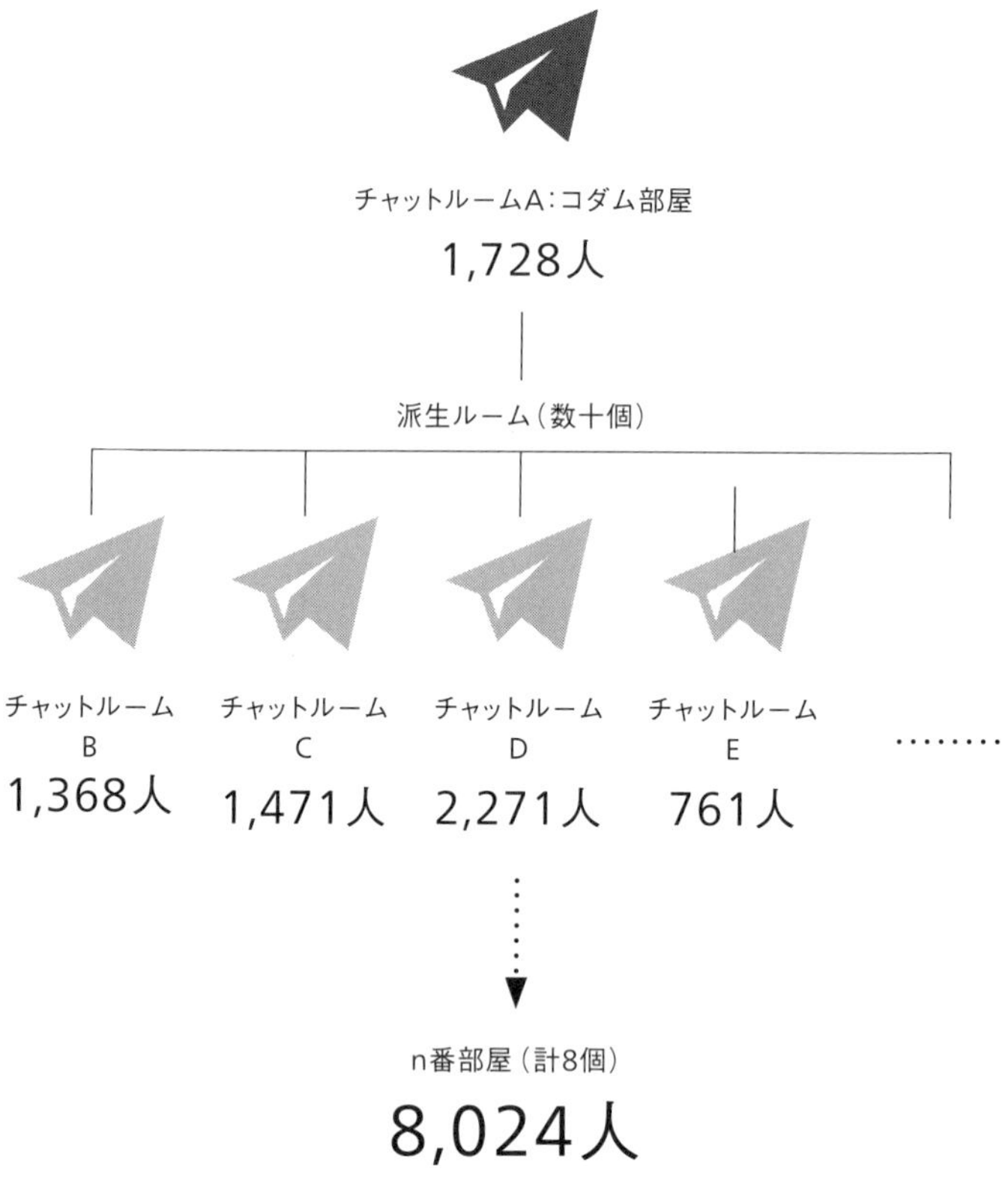


2019年7月30日午後5時現在のテレグラムのチャットルームの状況。
チャットルームAはコダム部屋、チャットルームB～Eはコダム部屋でリンクを入手後に入室できる主な派生ルーム。
取材当時、B～Eの他に派生ルームが数十個あった。

## テレグラム・チャットルームの加害者と彼らの精神的支柱

「n番部屋の方が○○女シリーズ[*2]よりホットですか？　n番部屋は一度も見たことがない者です」

「まだ見てないなら、番号部屋（n番部屋）はアツいでしょう。過去のコメントを探せば番号部屋に入れます」

「何ページくらいスクロールアップしたらいいですか？　このルーム（コダム部屋）の中を1日中さまようことになりそうです」

「これだけ教えてあげたんだから、自分で探したら。これ以上聞くなら強制退出させます。心臓に毛でも生えているのかな」

　コダム部屋でn番部屋の性的搾取動画を探していたある会員は、ウォッチマンに「流れ者」扱いされていた。前から参加している加害者たちは、「新入り」に対して少なくとも3日は黙って空気を読めと脅した。

---

＊1　「逸脱アカウント」の略で、性別を問わず主に10代～20代前半の利用者がSNS上で性的欲望を表出しているアカウントのこと。n番部屋事件とは、ガッガッが逸脱アカウントをハッキングしたり、参加者を脅迫したりして入手した個人情報を利用し、1年以上にわたり数十人の未成年者を性的搾取した事件である。

＊2　加害者たちの隠語で、盗撮データを意味する。シリーズの前についている「○○女」は盗撮被害者を指す。

私たちが取材を始めた2019年7月時点で、n番部屋は1番から8番まであったが、そのことを知ったのはコダム部屋を通じてだった。コダム部屋の「お知らせ」は、いわばn番部屋の宣伝だった。コダム部屋運営者のウォッチマンは「お知らせ」をアップして参加者の好奇心をかき立てておきながら、いざ「どこでn番部屋を見られるのか」と聞かれると、その「新入り」を一喝した。このようにウォッチマンは、「お知らせ」で参加者をおびき寄せるサクラの役割をしながら、性的搾取動画を見ようと集まるメンバーの上に君臨しようとした。そして、自分はブログとテレグラムのチャットルーム（コダム部屋）でn番部屋を宣伝するパイプ役をしているだけで、「ガッガッ」のように自ら性的搾取物を製作したのではないから罪はないという論理を展開する、狡猾な性犯罪者だった。

管理人であるウォッチマンは、ルームに参加している加害者たちからさまざまな質問を受けていた。その答えをまとめると、年齢は20代後半、職業は数学の塾講師で未婚。結婚しているのかという質問には、「塾に相手がたくさんいるから、別に結婚する必要はない」と答えていた。未成年の性的搾取物を共有する人物が塾の講師だなんて……。彼の言葉がすべて本当かどうかは分からなかったが、「もしや」と思うと恐ろしかった。彼は「テロの容疑者の捜査だってテレ（テレグラム）が協力した例はない」と言って参加者を安心させ、自分が運営するコダム部屋を「テレ入門者のための取扱説明書」と呼んで自画自賛していた。

ウォッチマンが運営するチャットルームとブログから流入するメンバーは非常に多かった。その正体を明らかにし、通報する必要があると思った。そうすれば、デジタル性犯罪の加害者がコダム部屋を経由して性的搾取物を視聴したり流布したりするのを防ぐことができる。私たちはウォッチマンの身元に関するあらゆる情報をキャプチャーすることにした。

## n番部屋事件を記事にしてもいいのだろうか

テレグラムにはn番部屋以外にも、セクハラ、強姦謀議、知人凌辱など、各種性犯罪がのさばるチャットルームが実に多かった。一体どの実態をどこまで記事化すべきか悩ましかった。コダム部屋に集う加害者たちはしばしば、n番部屋で起きていることは非現実的なので、実際に動画を見るまでは信じられなかったと騒いでいた。さらに、n番部屋で起きていることはまるで日本の成人アニメに出てくるような内容なので、国内メディアは信じないだろうし、記事化されることもあり得ないと安心していた。彼らはここでの出来事が残忍な「性的搾取事件」であることをよく知っており、だからこそ、そう言って安心していたのだ。事実、「テレグラム」「デジタル性犯罪」「n番部屋」というキーワードでポータルサイトを検索しても、事件に関する記事は1行も見つからなかった。

2019年7月中旬、ウォッチマンは、「本来ならツイッターの○○女が（記事に）出てもおかしくなかった」と言い、「オンライン・コミュニティに広まればメディアが嗅ぎつけて記事になるが、都市伝説なら誰も信じない」とあざ笑っていた。

これに対して、「ケリー」がこう言った。「韓国で千人ほどしか知らない事件として隠蔽しておこう」。ケリーとは、1000人をはるかに超えるコダム部屋参加者の中でも、特に活発に活動していた加害者だ。当時、私たちは、ある男性向けオンライン・コミュニティからリンクをたどって来たというコダム部屋の参加者も目にした。そこで実際にグーグルで「n番部屋」「番号部屋」「ツイッター奴隷」と検索してみると、男性向けオンライン・コミュニティである「ケドリブ（つまらないギャグの意）」と「面白大学」の中で、n番部屋で発生している被害事実に関する書き込みが見つかった。だが、こうした書き込みはコミュニティのガイドライン違反で即座に削除されるだけで、誰かが進んで警察に通報している様子はまったく見えなかった。

7月末になり、コンクールの応募期限が迫ってきたが、私たちの懸念は大きくなるばかりだった。コンクールでn番部屋の記事を発表したら、被害者にさらに大きな苦痛を与えるかもしれないと心配だった。記事が出たとしても、そのまま事件にならなければ、かえってn番部屋の宣伝になりかねない。だから記事にすることが怖く、私たちは慎重になった。ここで重要になるのは、マスメディアの動きだった。マスメディアが「n番部屋」事件に関心を持って調査報道を続けるなら、私たちの懸念はかなり解消されるだろう。マスメディアがあくまで加害者を追跡し、厳重に処罰すべきという世論をリードしてこそ、被害者を守ることができると考えたのだ。そこで私たちは、国民日報〔プロテスタントの純福音教会系日刊紙。全国10大総合紙の一つ〕でインターンをしていたときに知り合ったパク記者にアドバイスを求めた。

国民日報のパク記者は、警察の協力があれば慎重に世論に訴えてもいいかもしれないと言った。彼は2次被害を懸念しながらも、「被害者のいない事件はない〔のだから致し方ない〕」と、記者としての立場を明確に示した。パク記者のアドバイスを聞いてから、私たちは何日か悩んだ末に、「社会をよりよい方向に変えられるなら、報道すべきだ」という結論を出した。報道後の2次被害が怖いからと言って、いま目の前にある1次加害を黙って見ていることはできない。私たちが1カ月にわたって目撃した恐ろしい「加害者たちの連帯」を、一刻も早く叩き壊さなくてはならない。法の死角で無防備なまま見捨てられている被害者を保護し、殻に閉じこもったヤドカリのようにテレグラムの中に潜んでいる加

---

＊3　**火花手帳①**　n番部屋事件のような性的搾取を受けた被害者を指す隠語。n番部屋事件が明るみに出る以前の2019年の夏と秋、デジタル性的搾取犯罪は「番号部屋事件」「ツイッター奴隷女事件」などと呼ばれていた。ツイッターで活動していた加害者たちによる性的搾取動画の流布は、少なくとも2016年から続いていたと私たちは把握している。

害者を厳罰に処すため、この事件に関する記事を書くことにした。

## 被害者「本人」ですか？

私たちが最初に扉を叩いたのは、警察庁本庁のサイバー安全局だった。ここに通報すれば、各地方警察庁が事件を分担し、効率的に捜査ができるだろうと判断したのだ。サイバー犯罪の性格上、加害者は全国に散らばっている可能性が高かった。

通報前日は徹夜でテレグラムの各チャットルームに常駐し、あらためて雰囲気を把握した。n番部屋以外のチャットルームでも多くの性犯罪が起きていたので、どこから説明すべきか途方に暮れたが、まずは各種チャットルームへの入口であるコダム部屋の運営者ウォッチマンとn番部屋を告発することにした。私たちは翌日午後、警察庁サイバー安全局に通報した。

「数十人の児童・青少年の性的搾取動画が製作されている事実を把握しました。動画はテレグラムの中で広く共有されています」

「デジタル性犯罪はすでに受付済みのものがたくさんあります。今、ご説明いただいた事件もきっと通報されているはずですが。おたくは事件の当事者ですか？」

「いいえ、被害者ではありません。ですが……」

「被害者本人でなければ、届け出は難しいのです」

「でも、親告罪[*4]が廃止されてもう7年になりますが……」

捜査官は、サイバー性犯罪の深刻さを認識していないようだった。とりわけ、セキュリティーが強固なテレグラムの中で起こっている犯罪は、いっそう目立たないだろう。私たち自身、テレグラムのn番部屋に入るのは難しかったし、中で起きている犯罪を把握するまでには何日もかかった。結局、近隣の警察署を訪ねて詳しく説明することにして、すぐにタクシーをつかまえた。

警察署の受付でサイバー犯罪の届け出に来たと伝え、「サイバー捜査チーム」という立札の前で大きく息を吸った。

「すいません、事件の届け出に来たんですが、まずこの資料を見ていただけますか」

私たちが持参した写真と動画の資料を見て、警察官は絶句した。彼は事件の深刻さを認識し、「被害者とは連絡がとれたのか」「加害者の規模は把握できたのか」などと、次から

＊4　**火花手帳②**　親告罪とは、被害者または法で定める者による告訴・告発がなければ起訴できない犯罪のこと。13歳未満の児童・青少年に対する強制わいせつ、強姦、また被害者の年齢に関係なく強姦殺人を犯した者には公訴時効を適用しないとする内容を含む改正条文が、2013年6月19日から施行された。1953年9月の刑法制定以来、約60年を経て「性犯罪に関する親告罪規定（刑法第296条及び第306条）」が全部削除、廃止され、性犯罪を犯した者は、被害者の告訴がなくても、被害者と示談が成立していても処罰されることになった。

次へと質問してきた。私たちはこの1週間で把握した事件の詳細を懸命に説明した。

警察官は「未成年者を対象にした性的搾取物の製作・流布は、初めて目にするサイバー犯罪の類型」であり、「重大事件なので警察庁に事件を上申した方がいい」と言った。「あぁ、よかった……」と、私たちは安堵《あんど》のため息をつく一方で、警察庁が積極的に捜査に臨まなかったらどうしよう、という懸念も湧き上がってきた。女性の安全がおろそかにされている現実に挫折感を抱いていたころだった。2018年、多くの女性たちが通りに出て、盗撮とウェブハード業者とのカルテル、[*5]そしてミソジニー（女性嫌悪）を放置する政府を糾弾し、「盗撮偏向捜査糾弾デモ」を繰り広げた。これは女性に対する性犯罪が盗撮という方法で見えにくくなっている深刻な事態を告発した、アジア最大規模の女性人権デモだった。それからわずか1年にもならないのに、ネットでこんな恐ろしい事件を目撃したのだ。

——私たちに、本当にこの犯罪を防ぐことができるのだろうか。

江原《カンウォン》地方警察庁からの連絡を待つ5日間で、テレグラム性犯罪の中心部であるコダム部屋の参加人数はさらに100名ほど増えていた。

## 警察と「追跡団火花」のチャットルーム開設

警察署を訪ねた翌週の月曜日、江原地方警察庁サイバー捜査隊性暴力捜査チーム所属の警察官2人と会い、私たちが入室したチャットルームを見せた。チャットルームでは性的搾取動画がアップされ続けていて、見るのがつらかった。犯罪の状況を伝えるのに罪悪感が伴うとは思わなかった。警察官に動画を見せることにも抵抗感があった。盗撮動画を視聴する行為自体、被害者にとっては加害となるからだ。カフェの片隅でパソコンを立ち上げ、テレグラムのチャットルームのうち最も活発だった「コダム部屋」、「ワンジャン部屋」〔ワンジャンは腕章の意。由来については不明〕、そして「番号部屋」（盗撮・性的搾取物の共有ルーム）について説明した。警察官はチャットルームを見ながら、文化商品券〔本や映画のチケットが購入できるクーポン〕や仮想通貨に関するやりとりを集中的に調べているようだった。私たちが見過ごしていた加害者たちの会話も、警察官の目で見れば決定的な証拠になるのかもしれないと思うと、やっと安心できた。

――ついに捜査が始まるんだ！

これまでは先の見えないトンネルの中にいるような気分で、目の前で繰り広げられる恐

---

＊5　**火花手帳③**　ポルノや性犯罪動画などの違法動画をアップロードする利用者とウェブハード〔クラウドストレージサービス〕業者が癒着して、不当利益を得ること。ウェブ上のストレージに不法コンテンツを大量にアップロードして流通させる、いわゆるヘビーアップローダーと、本来なら不法コンテンツを検索してシャットアウトすべきフィルタリング業者が、ウェブハード業者と結託しているのだ。

ろしい犯罪に戦々恐々とするばかりだった。捜査機関がデジタル性犯罪の深刻さを認識し、事件をしっかり捜査してくれるよう心から願った。

捜査機関が告発を受理した結果、私たちが見ていたテレグラムのチャットルームは「犯罪現場」となった。リアルタイムで犯罪が起きているこのチャットルームで潜入取材を続けてもいいか、私たちは警察官のアドバイスを求めた。

「お2人が事件を取材することは、捜査への協力活動なので問題ありません。ただし、捜査中の警察官以外には、絶対に写真や動画を共有しないでください」

7月中旬、捜査が始まると、警察官はSNSを使って私たちとのチャットルームを作った。そして警察官は、最初に次のようなメッセージを送ってくれた。

「時間帯は気にせず、いつでも資料を共有してください」

このメッセージは実にありがたかった。いつでも捜査する準備はできているという意味に聞こえたからだ。それ以降、コダム部屋のウォッチマンをはじめ加害者検挙のための証拠になりそうな資料を随時チャットルームにアップした。

「こんな情報も役に立ちますか？」

それまでに集めた情報が役に立つのか半信半疑でいると、警察官は「どんな情報でも、被疑者の特定に使えそうな内容ならすべて役立ちます」と励ましてくれた。彼らは私たちが送った資料に必ず反応してくれた。

## 私たちは力になれるのだろうか

それ以来、私たちはプログラミングの授業後に夕食を済ませると、証拠集めに精を出した。深夜3〜4時まで、1日平均5時間ほどを作業に費やしてから眠りにつくのが日課となった。そして起きるとすぐにテレグラムにアクセスした。すると、チャットルーム1つ当たり数千個のチャットがたまっていた。朝、目を覚ますと、夜中に起こった事件のことが心配になり、テレグラムのチャットルームから1時間は離れられなかった。私たちが寝ている間に、見過ごしてしまう被害者がいるかもしれないと思うと、毎朝が不安の連続だった。警察に通報した7月の3週目以降は、夜中にモニタリングをしながら寝落ちするまで、手から携帯を離せなかった。自分たちが直ちに事件を解決できないことは分かっていたが、だからといってじっとしてもいられず、何でもやらなければと思った。

私たちが入室したチャットルームは100個ほど。加害者が性犯罪動画を最も活発に共有する時間帯は午前0時から夜明けまでで、動きが比較的少ない午前6時から午後6時までの時間はあれこれ雑談が行き交っていた。コダム部屋だけでも数千人がチャットに参加していたので、話題も多様で、1分たりとも会話が途切れることはなかった。警察が捜査に着手して以来、私たちは毎日、チャットルームの画面キャプチャーを資料として送った。主に盗撮被害者に対する加害行為や盗撮動画を流布している場面だ。

私たちの取材方法は特別なものではない。大学ではメディア学を専攻していたが、「サイバー犯罪」の取材方法は学んだことがなかった。それでもサイバー空間で起きている性的搾取行為と被害者の人格を踏みにじる会話を追跡し、証拠として残すことには、専攻知識や取材テクニックではなく、根気が必要だと分かった。このように私たちは、彼らを絶対に法の裁きの場に立たせるべきだという信念だけでがんばっていたため、加害者から受ける精神的ショックが体に少しずつ染み込んでいることに気付かなかった。耐えがたい時間を乗り越えながら、1年以上も潜入取材を続けた。テレグラムは戦場であり、私たちのスマホのアルバムには、戦争の傷跡がそっくり記録されていた。事件の解決は遅々として進まず、毎日のようにモニタリングをやめたいと思った。そうしている間にも、テレグラムの加害者は被害者を攻撃し続けていた。

私たちの活動が世に知られたとき、「追跡団火花の証拠集めは子どもの探偵ごっこのようなものだ」と嘲笑《ちょうしょう》する人もいた。2人の学生がスマホでチャットルームの動きを見ながら集めた証拠など、信用に値しないというのだ。もちろん、そう思われても仕方ないかもしれない。加害者が嘘をついている可能性もあるから、私たちが集めた資料の内容をすべて信じることはできない。加害者自身が「〇〇大学　哲学科」に通い、「塾を運営している」と述べていたことなど、事実関係を確認すべき情報も多かった。しかし、私たちはこういった内容もすべてキャプチャーし、パソコンにチャットの内容をバックアップすることにした。それしか前進する方法はなかったからだ。

## テレグラムは捕まらないだって？

火花：「ラビット」が特定できそうなんですが、この証拠は役に立ちますか？
警察：いい情報ですね！　ありがとうございます。

これはラビット追跡の初日に警察官と交わしたやりとりだ。テレグラムのコダム部屋をはじめ各種派生ルームに、私たちより2週間ほど遅れて加入した会員がいた。テレグラムのニックネームは「ラビット」。ラビットは警察が捜査を開始したタイミングで登場し、「これならテレグラム上の加害者でも捕まえられそうだ」という希望を与えてくれた人物だ。ラビットは昼夜を問わず活発に活動し、たちまちチャットルームの「熱心な参加者」となった。彼はまるで捕まえてみろとでも言うように長いシッポを出し、初めから自分の身元をチャットルームに公開していた。

ラビット追跡から2日目、私たちがまとめた彼の個人情報は以下の通りだった。
「201X年、○○大学工学部入学。最新位置情報は光州《クァンジュ》広域市。最近、大邱《テグ》に旅行」
匿名情報なので丸ごと信じることはできないが、事実の可能性もあるので、検挙につながりそうな手がかりはすべて集めておいた。

ラビット追跡3日目、当時活発に活動していた「イギヤ（イ・ウォノ）」「チェスター（ワンジャン部屋のリーダー）」ら主要加害者は、ラビットは真面目で頭がいいとして、信頼を置くようになった。ラビットは1日中テレグラムを見ているのか、ひっきりなしにトークに参加して雰囲気を盛り上げ、場を乱す参加者をたしなめ、頻繁に児童に対する性的搾取物を共有していた。

ラビットは、例えば男性利用者の多い巨大掲示板でオンラインの友人関係を作るかのように、テレグラムのチャットルームでも他のメンバーと親交を深めようとした。自分と同じ町に住むメンバーがいると、近所の人に会ったかのように親しげに語りかけた。加害者グループの主要メンバーたちが、一般の参加者に「ラビットを見習え」と言うほどだった。ラビットの存在に、私たちも自然と注目するようになった。

「新作」を希望する会員は多く、「新作」が頻繁にアップされるチャットルームほどメンバー数が増えた。メインの運営者たちはチャットルームの参加者を増やすことで、最終的にはそのルームを売却することを考えていた。盗撮データ流布など参加者の活発な活動は、チャットルームの金銭価値と結びついていた。コダム部屋から派生したチャットルームの加害者らは、性的搾取物の共有で収益を得られるようになったのだ。結局、彼らは金のために女性の人格を踏みにじっていたのである。

コダム部屋から派生した多くのチャットルームで活発に活動していたラビットは、他のメンバーの「ロールモデル」を演じるようになった。特に「ワンジャン部屋」と「タルタリ部屋」で旺盛に活動し、徐々に名を上げていった。積極的にトークに参加するほどニックネームが知られるようになるので、加害者たちはわずか3日でラビットを「主要メンバー」と見なすようになった。

「(リンク添付)外国人からペド物[*6]もらってきた笑」

ラビット追跡から4日目、彼はスターバックス○○店の前で撮った写真を、自分の現在地としてアップした。これが事実だといいのだが。彼は地下鉄の駅での風景を写真に載せたりもした。私たちはラビットを特定する手がかりを得ようと、彼が日常の様子を共有するたびに、個人情報を流すようそれとなく仕向けた。そして、こうして手に入れた情報を警察に渡した。

そうするうちに、ラビットを捕まえる決定的な手がかりをつかんだ。彼が自分の徴兵身体検査の結果をアップし、等級が悪かったと愚痴《ぐち》を書き込んだのだ。私たちは慎重にスマホの画面録画機能を起動した。テレグラムのチャットはLINEなどとは違い、即座に削除される可能性があるので、唯一の証拠が消されてしまう場合に備えなくてはならない。

＊6　「ペド」はペドフィリア(pedophilia：小児性愛)の略で、小児性的搾取物を指す。

「速報。（身体検査）結果が×級だった」

「再検査受けなくちゃならないの？」

「視力だけは×級」

　ラビットが徴兵検査の結果や病院の情報を漏らしたチャットルーム名は、「ノサモ―俺たちのＡＶ保管庫」（ノサモは本来、盧武鉉《ノ・ムヒョン》元大統領支持者のグループ「盧武鉉を愛する人々の集い」の略称だが、なぜ加害者らがこの名称を使用したのかは不明。一説には盧元大統領を貶《おとし》めるためという）だった。ルームの会員数は１５００人で、10人ほどの主要な加害者がラビットとチャットしていた。彼らは「ラビットは○○大学病院の看護師を物色しに行くんだな」と、何の脈絡もなく女性を性の対象化とするような言動をぶちまけたりしていた。

　ラビット追跡から1週間、彼は東南アジア、オーストラリア、ロシア出身とみられる児童の「性的搾取物」を消費・流布する役割を中心的に担うようになった。以前は自分の個人情報を露出させつつ、積極的にチャットに参加している程度だったが、徐々に本性を現し始めたのだ。さらにラビットは、英米圏の児童性的搾取物が流通する、少数だけが入室できる海外のチャットルームを会員に紹介した。

　私たちが彼をメインの加害者として注目するようになって何日もしないうちに、ラビットは小児性的搾取動画を共有した。身元さえ特定できれば、テレグラムのチャットルームに未成年者性的搾取物を流布した疑いで捕まえることができそうだった。

火花：これまでに収集した内容で逮捕するのは難しいでしょうか。

警察：当該の情報については、手続きを踏んで確認する必要があります。まず○○地方兵務庁〔兵役業務を扱う国防部参加の機関〕に確認したところ、検査結果が×級に該当する人物が一部いるとのことでした。名簿を入手できれば特定は可能と思われます。現在手続きを進めているところです。ラビットの言葉が事実であれば逮捕できるでしょう！

数日後、ラビットがテレグラムから消えた。ついに逮捕されたのだ。

## 性的搾取加害者たちの年代記

ラビットの逮捕は始まりに過ぎなかった。残る主要な加害者たちも、必ず相応の代償を支払うべきだ。ウォッチマンやケリーと比べれば、ラビットは小物だ。なかでも「ケリー（シン・○○）」は病的に児童に執着し、「国内唯一のロリ部屋インターンシップ」をはじめ多くの児童性的搾取物のチャットルームを開設していた。彼は摘発されたソン・ジョンウが運営していた児童性的搾取物サイト「ウェルカム・トゥ・ビデオ」の掲示と同様、

「成人物はアップしないこと」という内容の注意事項を掲げていた。ケリーは性的搾取物への通報と取締りを避けるため、児童性的搾取物のファイルは圧縮してアップするよう強調した。

ケリーの行為は日に日に深刻なものになっていった。自分が行った児童への性的搾取に

9:32
LTE
88732
チャット
AV-SNOOPコダム部屋
参加者1,698人、オンライン93人
チュングク専門
ㅜㅜ 9:55 PM
kelly
2008年生まれとやりたい 9:56 PM
チュングク専門
kelly
2008年生まれとやりたい
ケリーはリアルペド 9:56 PM
クソペドだ 9:56 PM
キム・トルマン
クソペドwwwwww 9:56 PM
kelly
2004年生まれならヤッたことあるけど 9:56 PM
トンネヒョンタムタム
kelly
2004年生まれならヤッたことあるけど
罪悪感はない? 9:56 PM
kelly
ベトナムの子だった 9:57 PM
チュングク専門
wdミラーはRAID 1だったけど 9:57 PM
脱退したアカウントさんが
招待リンクからグループに参加しました
2137
チャンシル 交換
メッセージ

コダム部屋での「ケリー」らのチャットをキャプチャーした資料

ついて得意げに言いふらし、東南アジアに旅行した際に街頭で撮影した女児の動画をアップすることもあった。その中でケリーは「いくらならいい？」と聞いていた。ケリーの手と声が記録されたこの動画を、私たちは警察に送った。

ケリーは「公務員」を自称していた。実際、9級公務員〔公務員の等級で、日本でいう国家Ⅲ種、地方初級〕合格の「秘訣」を伝授したりしていた。「公務員試験もハッキングできるってことさ」と言って障がい者採用選考を勧め、この「秘訣」をあちこちで共有しろと付け加えた。逮捕後に確認したところ、ケリーは公務員試験の受験生だった。と同時に、テレグラム・チャットルームの最も積極的なユーザーでもあったのだ。ケリーは「ロリ歓迎」「反社会的・非人道的ファイル歓迎」「高校生じゃ勃たない」としょっちゅう言っては、自分が小児性愛者であることを自慢げにさらしていた。

一般ユーザーもすぐに積極的に加害に手を染めるようになった。「キムマスター」というニックネームのユーザーは教会の学生部会長を名乗り、教会で撮影したという子どもの後ろ姿や寝転ぶ7歳女児の下着が見えている姿をアップしていた。参加者の反応がいいと、「アップのしがいがある」と言って喜んでいた。彼にとって盗撮という行為は日常茶飯事だった。「通りすがりのおばさんの後ろ姿を撮ってみた」というコメントとともに盗撮データをアップしたり、友人の母親、教会の知人、中学時代の先生の写真も流布させたりしていた。

テレグラムで知人凌辱を始めたのはキムマスターだったと言っても過言ではない。彼は女性であれば年齢を問わず、誰でも撮影してチャットルームにアップした。これを見た他の会員も、こぞって知人の写真をアップし出した。さらにキムマスターは、「チョ○○おばさん」というチャットルームを作った。一般ユーザーはこのように自分の「趣味」に合ったルームを作り、運営者になった。

2019年8月26日、被害者の一人が自殺したという話が出回った。彼らは「○○（特定地域）に住んでるなら死んでもいい」とか「俺の知ったこっちゃない」などと言って、自分たちとは何の関係もないという態度を取った。罪悪感の類いはまったく見られなかった。気が気でないのは、横から見ていた私たちだけだった。「被害者が本当に自殺していたらどうしよう」と思って警察に電話もしたが、確認する術《すべ》はなかった。眠れない日が続いた。これほど人間がおぞましく、憎しみを抱くことができるのか……。加害者たちを殺したいとさえ思った。

8月末、活発に活動していたケリーが消えた。他の会員たちは「ケリーはどこに行った？　死んだのか？」といった反応を見せた。積極的な運営者だった「砂肝揚げ」というニックネームのユーザーは、「ケリーは突然消えるような奴じゃない」と言って、不穏な空気を感じたのか、自分のルームを削除した。私たちはすでにケリー逮捕の連絡を受けていた。加害者たちの間にケリーが逮捕されたのではという不安が広がる様子を見ながら、

「いまに見ていなさい。次はあなたたちの番だから」という言葉を飲み込んだ。

ケリーを取り調べた警察は、主要な加害者たちを逮捕しなくてはならないと言って、秘密を守るよう私たちに頼んできた。ケリーは当初、取り調べで自分の容疑をあくまで否認し、陳述を拒否していたが、証拠が少しずつ明らかになり、とても否認できない状況になると、捜査に積極的に協力し始めたという。ケリーがチャットルームでしきりに強調していたように、「警察に捕まったときの対処法」に従って行動したわけだ。「最初は無条件で否認しろ」「動かぬ証拠を突き付けられたら、警察に積極的に協力して量刑を減らせ」。

捜査に積極的に協力すれば減刑されるという事実を認識し、素直に「対処法」に従ったおかげで、ケリーは2019年11月、一審で懲役1年の判決を受けた。彼は量刑が重すぎるとして控訴したが、検察はケリーが犯行をすべて自白した点などを考慮したとして控訴しなかった。ところがn番部屋事件が社会問題化し、デジタル性犯罪は厳罰に処すべきという世論が高まると、検察は二審判決を前にして慌てて裁判のやり直しを求め、追加捜査による訴因変更を試みた。すると翌2020年4月17日、ケリーは控訴を放棄し、懲役1年の刑が確定した。

数カ月にわたってケリーの犯行を注視してきた私たちは、怒りを抑えられなかった。たった1年の刑だなんて、あまりに軽すぎる。そこで私たちは、ケリーの刑が確定した日、彼の犯罪の経緯をまとめた動画を作成し、YouTubeにアップした。多くの人が私たちとともに怒ってくれて、世論は沸騰した。その結果、検察は追加捜査を通じて児童性的搾取物の配布、相手女性の同意なく性行為の場面を撮影した疑いなどを挙げ、ケリーを追加起訴した。追加の容疑に関する裁判は2020年8月11日に開かれたが、彼は検察の証拠収集の手続きは違法だとして無罪を主張している。

韓国におけるデジタル性犯罪の処罰がいかに軽いものか、彼らはあまりによく知っていた。n番部屋はこのような呆れた判決を養分に成長を続けたのだ。

## 絶対に捕まらないと言っていたウォッチマン

2019年9月、「追跡団火花」の記事はニュース通信振興会で優秀賞を受賞した。——テレグラムのn番部屋がついに世に知られるんだ。私たちを取材するために記者が押し寄せるだろう。そうすれば、より多くの人々が真相を知ることになる。でも、加害者が私たちを血眼になって探すかもしれない。どうしよう。

さまざまな思いに、不安になった。しかし世論は不思議なほど静かだった。最初に反応したのは他でもないウォッチマンだった。私たちの記事が出た日の翌日未明、ウォッチマンは「テレの記事が出た」というコメントとともにキャプチャー画像をアップした。私たちが書いた記事の一部だった。心臓がドキドキと鳴った。その記事には私たちの実名が出ていたからだ。

あれほど邪悪な行為をしても世間が静かなのを見て、犯罪者たちはさらに勢いづいた。警察の捜査に協力しているときも、本職の記者でない自分たちにこれ以上やれることはないだろうと思ったが、被害者がさらに増えていくような事態だけは防がねばならない。証拠集めは私たちにできる唯一のことだった。加害者を特定できそうな会話は見つけ次第キャプチャーし、直ちに警察に送った。捜査人員は全然足りないのに、加害者の数は急増するばかりだった。

コダム部屋の運営者ウォッチマンの動きに異変があったのは9月末だった。ウォッチマンは、毎朝決まった時間に「グッドモーニング」とあいさつするのが日課だったのだが、その日はあいさつがなかったのだ。彼は、「俺がグッドモーニングと言わなかったら、警察に逮捕されたと思え」と言っていたことがあった。「何だろう……。まさか……？　ついに……？」祈るような気持ちで警察に聞いてみると、確認して連絡するという返事だった。ウォッチマンは翌日も姿を現さなかった。

その3日後の10月初め、警察から電話が来た。ウォッチマンの件だと察し、図書館から飛び出て電話を受けた。「記者さん、ウォッチマンが捕まりました！」うれしさのあまり、大学図書館の前でぴょんぴょん飛び跳ねてしまった。「ついに捕まえたんだ！」警察からは、共犯者を追っているので厳重に機密を保持して欲しいと言われた。捜査状況が外部に漏れると2次被害が発生する懸念もあった。息詰まるような状況ではあったが、私たちは思わず頬をゆるめた。

──ついにウォッチマンが捕まったんだ。ついに。

ウォッチマンの活動が止《や》むと、コダム部屋の参加者たちは、彼はきっと検挙されたのだろうと囁《ささや》き合った。ウォッチマンの逮捕を確信した一部会員は退会し、盗撮データの流布も減り始めた。ところが、それも一時的なことだった。

## 知人凌辱

10月になると、彼らにとってn番部屋は「過去の存在」になっていた。彼らはまた新しいものを求めて、「知人凌辱」に熱中し始めた。誰かが知人の写真をアップする。次に「能力者」と呼ばれる者たちがその写真を他人のヌード写真と合成してばらまくのだ。そしてルームの加害者たちは、これを見ながらセクハラにふけった。被害者を対象にして侮辱的な小説を書き、はしゃぎ回った。このような知人凌辱ルームが数十個も作られた。先生部屋、軍人部屋、警察部屋、おばさん部屋、中高生部屋など、私たちが入室した知人凌辱部屋だけでも10個以上になる。

当初は、合成写真だから性的搾取動画よりはましだと思った。しかし、すぐにそれは錯覚に過ぎないと気付いた。彼らは自分の恋人、友人、家族、先生を侮辱して楽しんでいたのだ。このルームにいる人たちは、一体誰なのだろう。知り合いだったらどうしよう。それでも人間を信じて生きていけるだろうか。

数日後、学校の後輩の写真が個人情報とともにアップされた。後輩にこの事実を知らせるべきかどうか悩み、学校でその後輩と会うたびに罪の意識に苦しんだが、とてもそんな事実を伝えることはできなかった。犯人を捕らえるには、あまりに情報が足りなかった。1年たったいまも、その後輩を見ると申し訳ない気持ちになる。

被害者が増え続けるのを黙認することはできなかった。可能な限り防がなくては。そこで、まずSNSのハッシュタグ機能を利用し、特定の職種を検索した。知人凌辱ルームにアップされた写真とハッシュタグ機能で探した写真を一つひとつ照らし合わせて、特に被害がひどい人たちを探し出した。被害者を探しあてても、事実を伝えるのは容易ではない。それでも、SNSのメッセンジャー機能を通じて私たちの活動を紹介し、被害事実を伝えていった。あなたの写真が数千人のユーザーがいるルームでセクハラの対象になっているということを伝えなければならないのだが、なかなか話を切り出せなかった。それでも知らせる必要があった。思い当たる人物がいるかを尋ね、警察に通報することを勧めた。しかし、勇気を出して各地方警察署に通報した被害者たちは、こう口をそろえた。

「警察に言ったら、テレグラム内での犯罪行為は令状の発付もできないんだそうです。加害者を捕まえることはできないと……」

## 被害者Aの追跡記録

——加害者を捕まえられないなら、むしろ知らない方がいいのではないか。いたずらに知らせて、被害者を苦しめるだけなら、いっそやめた方がいいのかも。

そう悩みながらも、取材の過程で知ったある被害者のケースがずっと心にひっかかっていた。被害者Aの写真はひっきりなしにアップされ、数百枚にも達した。Aは、700人を超える参加者が見物するチャットルームに無防備なまま放り込まれた犠牲者だった。運営者は自らを被害者Aの友人と名乗り、Aの写真と個人情報を流布していた。

——加害者が被害者の近しい知人なら、逮捕できるのではないか。

私たちはそう考え、この事実を被害者に告げることを決めた。被害者のSNSは非公開だったので、連絡先を探すのは難しかったが、代わりに職場が公開されていた。Aの職場に友人だと言って連絡し、返信してもらうよう頼んだ。職場で変な噂が立つかもしれないし、犯人が同僚である可能性もあるので、身元を隠したのだ。

やっとAと連絡がつき、状況を説明した。そして知人凌辱ルームでキャプチャーした合成写真の一部を送り、原本写真をどこにアップしたのか尋ねた。Aは首をかしげた。原本は自分のインスタグラムにアップしたものだが、アカウントは非公開なので少数の知人しか見られないというのだ。知人をセクハラの対象にするルームにあった写真なので、加害者は当然知人のはずだが、Aは知人の中に加害者がいるかもしれないという事実に反射的に抵抗感を覚えたようだった。ネット犯罪の特性上、インターネットに出回ったAの写真を見て、誰か知らない人が「フォロー」申請をし、それを承認した可能性もあるのでは、と聞いてみた。しかしAは絶対にそれはないと言い切った。自分の写真は知人だけが見られるよう徹底していたので、この数年間ネット上に自分の写真が載っているのを見たことはないというのだ。だとすれば、犯人は知人に間違いない。最寄りの警察署に通報することを勧めると、Aはすぐ警察に通報した。案の定、テレグラムの運営者側が捜査に協力しないので令状は発付できないという回答が返ってきた。

しかし、Aはここで終わらなかった。Aは特定のフォロワーにだけ写真を公開する機能を利用して、被疑者の範囲を狭めながら追跡することにした。知人凌辱ルームにはAが10年前に撮った写真までアップされていたので、同級生か、または同級生を通じて知り合った男性に容疑者を絞っていった。まず写真の公開範囲を再び調整し、数人だけが見られるようにした。その写真をアップしてわずか2時間後に、知人凌辱ルームに流布された。さらにフォロワーのグループを分けたあと、特定のグループにだけ新しい写真を公開した。最終的にAは公開範囲を1人ずつに設定し、1枚の写真をアップした。また知人凌辱ルームに、Aが上げたばかりの写真がアップされた。犯人はお前だったのか！
次は警察に通報する番だった。Aは地元の警察署を信頼していなかった。犯人を特定する前、こうした犯罪が起きたと通報したとき、警察に事件を受理してもらえず、差し戻されたためだ。そこで、私たちは江原地方警察庁サイバー捜査隊に通報するよう勧め、Aも私たちを信じてその通りにしてくれた。事件の概要を把握したサイバー捜査隊の回答は、「近隣の警察署に通報するのが原則ではあるが、オンライン上で発生した事件なので、被害者が望めば管轄に関係なく受け付けます」というものだった。警察が確認した結果、A

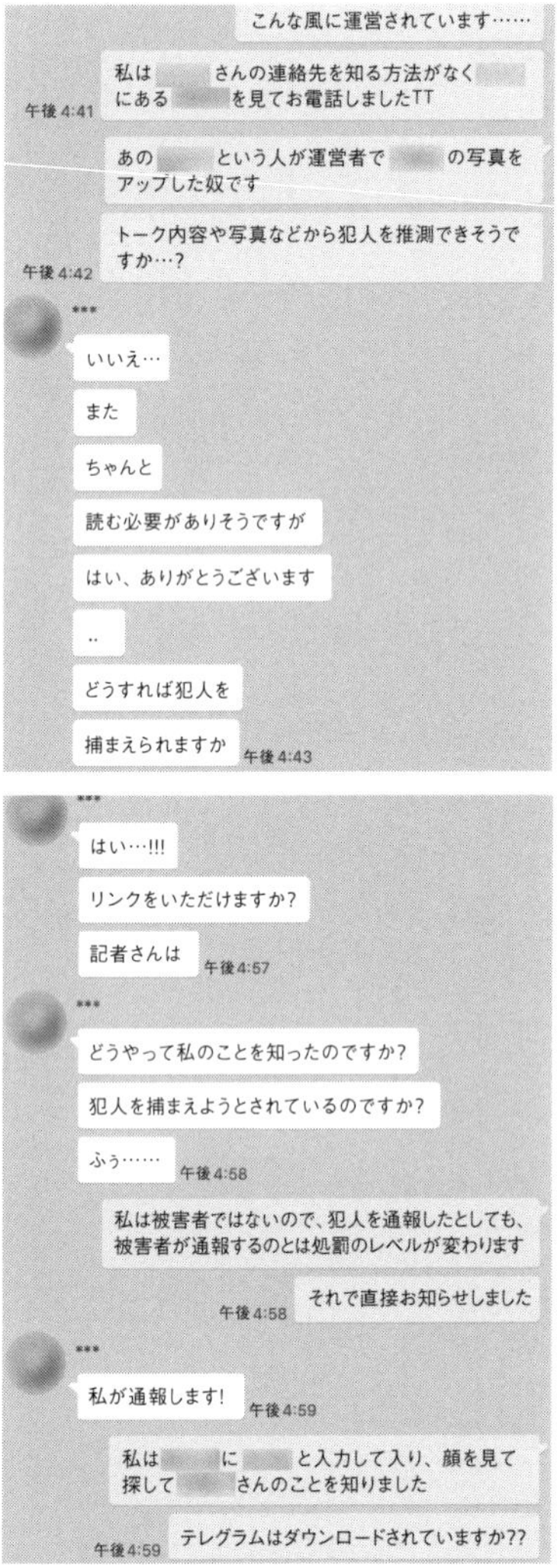

こんな風に運営されています……
私は さんの連絡先を知る方法がなく にある を見てお電話しましたTT
午後4:41
あの という人が運営者で の写真をアップした奴です
トーク内容や写真などから犯人を推測できそうですか…？
午後4:42
いいえ…
また
ちゃんと
読む必要がありそうですが
はい、ありがとうございます
..
どうすれば犯人を
捕まえられますか
午後4:43
はい…!!!
リンクをいただけますか？
記者さんは
午後4:57
どうやって私のことを知ったのですか？
犯人を捕まえようとされているのですか？
ふぅ……
午後4:58
私は被害者ではないので、犯人を通報したとしても、被害者が通報するのとは処罰のレベルが変わります
午後4:58
それで直接お知らせしました
私が通報します！
午後4:59
私は に と入力して入り、顔を見て探して さんのことを知りました
午後4:59
テレグラムはダウンロードされていますか??

被害者は私たちと一緒に犯人を追跡した

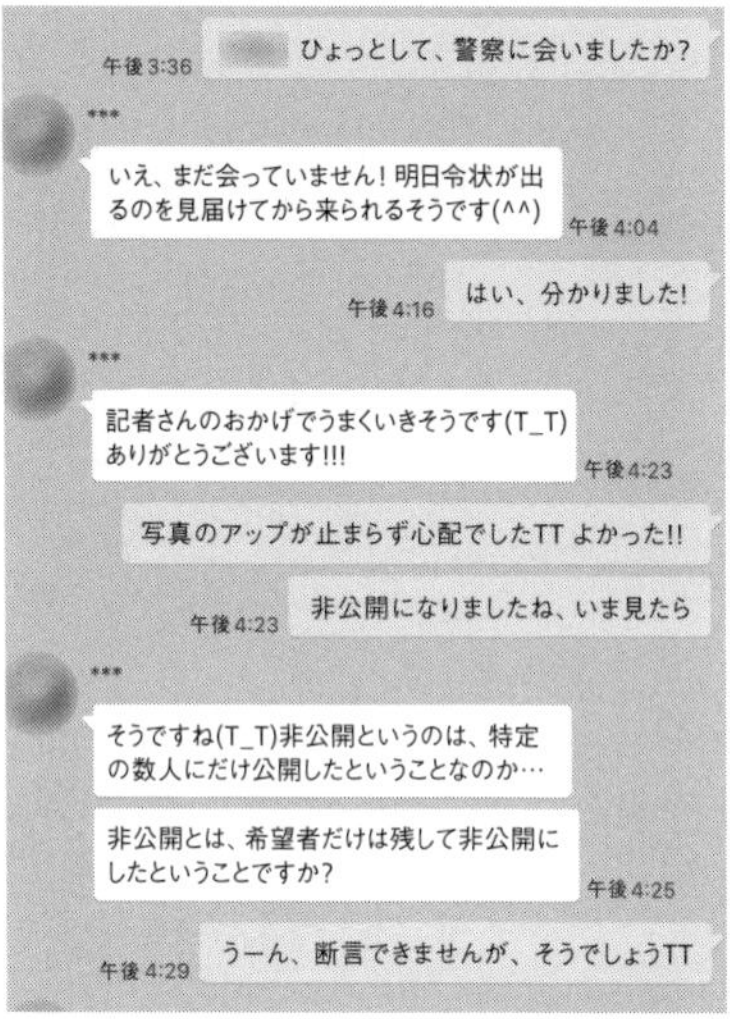


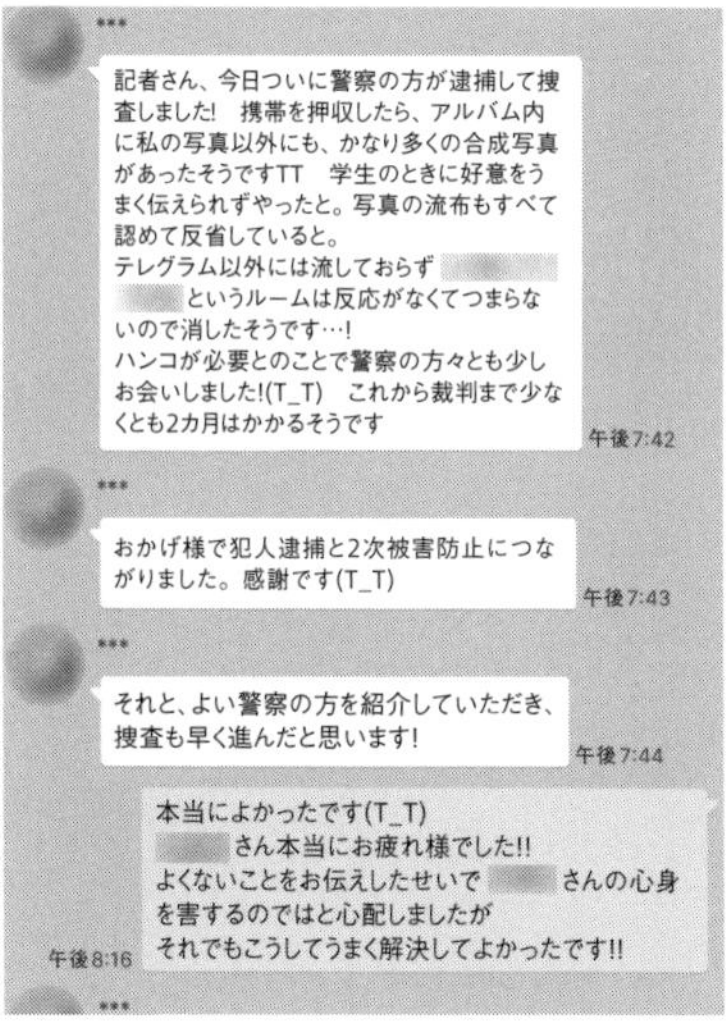


と私たちが目星を付けていた人物がやはり犯人だった。なんと、彼はAの中学時代の同級生だった。警察は彼の携帯電話からAの合成写真とその他の写真数千枚を確保し、2020年1月、情報通信網利用促進と情報保護等に関する法律に違反（名誉毀損と猥褻物の流布）した疑いで送検した。彼は警察の取り調べに、「昔からAが好きだったが、その気持ちを誤って表現してしまった」と明かした。男の子が同じクラスの女の子にいじわるをしたとき、「あなたのことが好きだからだよ」と言う大人がいるが、それは間違っている。いじわるは決して愛情表現ではない。誤った愛情表現だって？　いや、明白な性犯

罪だ。

## 加害者の追悼祭

メインの加害者がテレグラムを脱退して行方をくらますと、チャットルームでは「追悼祭」が開かれた。２０１９年の秋、ウォッチマンが雲隠れすると、菊の絵文字を送ることのできる「監視者追悼部屋」というチャットルームが開設された。ウォッチマンが管理していたコダム部屋（２０１９年10月1日時点の参加者は５０８０人）では、数日前から「ウォッチマンが警察に逮捕されたみたいだ」「タイ旅行に行ったんだろう。くだらないことを言うな」といったやりとりが行き交っていた。検挙された犯罪者たちを慰労する加害者独特の「文化」は、チョ・ジュビンやチェムカチュウら、彼らが「かしら」として祭り上げていた性的搾取部屋の運営者が逮捕されたあとも変わりがなかった。

警察が検挙に乗り出したのに、国家権力を恐れることはおろか、それすら遊びにしてしまう空間。怖いもの知らずで世を渡っているかのような人たち。こんな綱渡りをして遊ぶことができるとは、一体どんな生き方をしてきたのだろう。

## メディアという一筋の光

2019年11月、ニュース通信振興会から電話があった。

「ハンギョレ新聞社会部の○○記者が、火花の記者さんたちの連絡先を知りたいそうです。n番部屋の取材のために連絡してきたようですが、教えてもいいですか」

ついにマスメディアが関心を持ってくれたんだ。本当によかった！　その記者が私たちの電話番号を慎重に尋ねてくれた点も信頼できると思ったので、連絡先を教えることにした。ようやくデジタル性犯罪に対する社会的警戒心を呼び覚ます機会が来たと思った。電話をかけてきた記者は、私たちの記事を読んでくれたそうだ。ちょうどその日、n番部屋事件をコンクールで記事化する際にアドバイスしてくれた国民日報の先輩記者と夕食の約束があり、私たちはソウルにいた。ハンギョレの記者からは、また後日と言われたが、1日も早くマスメディアにテレグラム性犯罪を取り上げて欲しかったので、結局、先約を終えたあとで会うことになった。人のいる場所で話をするのは気が引けたが、適当な場所がないため、汝矣島《ヨイド》駅の近くにあるカフェの一番奥に席をとった。

夜遅くに駆けつけてくれた記者に、どこから説明したらいいだろう。潜入取材を開始した7月から話を始めればいいのだろうか。それでは冗長すぎないか。私たちの意図を正確に伝えられなかったらどうしよう。重要な加害事実だけを羅列した方がいいのか。さまざまな思いが頭をよぎったが、犯罪の重大性を自分たちの判断を交えて語ることで、何か伝え漏らしてしまうかもしれないと思うと、なかなか言葉が出てこなかった。ハンギョレ新聞の記者は、気を楽にして話すよう言ってくれたので、私たちは7月に潜入取材をしたきっかけから、順を追って説明し始めた。

「記事を読まれたならお分かりでしょうが、私たちはニュース通信振興会の『真相究明ルポ』コンクールに参加するために取材を始めました。盗撮データの流通経路を追跡する中で、ウォッチマンのAV-SNOOPというグーグルブログを見つけ、彼がまとめた『n番部屋』のレビューを目にしました。実際に性的搾取動画を見たのではなく、レビューを読んだだけでしたが、身の毛がよだちました。

もしこれが事実なら、これは韓国だけでなく世界中を驚かせる犯罪だと思いました。いますぐにでも世論に訴えるべきだと思ったのです。でも、大学生が取材した記事だけでは難しいとも考えました。そこでn番部屋の実態を調べ、すぐに警察に通報しました。この4カ月は、江原地方警察庁サイバー捜査隊に協力する活動をしています。

これがウォッチマンが運営していた『コダム部屋』です。3000人以上の参加者がいます。数カ月前には7000人を超えていましたが、ウォッチマンが雲隠れしたあと、かなりの人数が退会しました」

「ウォッチマンは警察に逮捕されたのですか？」

「さあ……（逮捕の事実は知っていたが、共犯者の追跡中だったので、秘密保持のためにこの点は伝えなかった）。捜査状況はよく分かりません。このコダム部屋の数千人の加害者は、みんなn番部屋の存在を知っています。私たちが入室しているルームだけでも100個を超えます。もしかしたら、このカフェにもテレグラムのチャットルームで性犯罪が行われていることを知っている加害者がいるかもしれません。なのに、誰も通報をしていないようで、メディアには1行も記事が出ていないんです。

実は、私たちが取材したことで、ニュース通信振興会が株主となっている聯合ニュースが調査報道をしてくれるのではと思ったのですが、まだ連絡はありません。とりあえず連絡を待っているところです。いま情報提供をするといっても、関心を寄せてくれるメディアがあるのでしょうか。なにしろ韓国のメディアは政治問題に血眼になっているので……。さらに懸念されるのは、扇情的な記事を書かれるかもしれないことです。それで、まずは私たちだけでテレグラムを介して起こっている別の性犯罪について取材しています。

警察が加害者をすべて逮捕しない限り、被害者の苦痛は終わらないと感じました。だから、n番部屋を最初に作った『ガッガッ』を絶対に捕まえたいのです。ガッガッはテレグラムの1番部屋から8番部屋までを作って運営していた人物です。テレグラム内の他のチャットルームやツイッターなどを通じて、文化商品券を受け取るかたちでn番部屋を販売していました。警察に銀行口座を突き止められないようにするためです。

n番部屋には、少なくとも30人の被害者がいます。ガッガッはSNSで逸脱系をしている子どもたちに目をつけて、『こんないやらしいことをしているのを親は知ってるのか』『俺は警察だ。学校に行って親に連絡するぞ』などと、警察を詐称して悪質な脅迫を繰り返しています。ですから、記者さん、絶対に被害者を責めないでください。

私たちが記事を書いていて一番心配だったのも、意図せず2次被害を引き起こしてしまうことでした。被害者が『逸脱系』を運営していたという記事が出たら、きっと『被害者らしさ』を要求しながら、加害者ではなく被害者に非難の矢が向けられるのが現実ですから。

ガッガッは被害者を1年以上も脅迫したと言っていました。グルーミング[*7]の手法を使って、すでに被害者の日常生活を破壊していたということです。とにかく、記事では被害者の立場をしっかり説明してもらえたらと思います。

被害者が性的搾取に耐えられず『やめたい』という意思を示すと、ガッガッは『これで最後にするから』と嘘をつきます。彼の言うことを聞けば性的搾取が終わるのかというと、そんなことはありません。加害者は『親に知らせる』『警察に通報する』と言って、再び被害者を脅迫するのです。

加害者たちは、このチャットルームに記者や警察が入り込んでいることも知っているので、取材する前にアカウントのセキュリティーを徹底する必要があります。彼らは『ユーザーの個人情報』を共有しています。電話番号を非公開に設定しておかないと、記者さんの個人情報が漏洩する恐れがあるので、しっかり隠さないといけません。名前も人名ではなくて、ちょっと変わったものにした方がいいでしょう」

ここまで説明するのに約1時間半かかった。見せる資料がかなり多く、説明すべき犯罪の手口も多種多様だったためだ。『ソラネット』*8（韓国でインターネットが普及し始めた1990年代末に開設されたアダルトサイト。閉鎖されるまでの数年間は盗撮データを流布したり強姦を謀議するなど犯罪の温床となっていた）が閉鎖されて以降、デジタル性犯罪は下火になった

---

***7　火花手帳④**　加害者が被害者を手なずけて性暴力を容易にしたり隠蔽したりする行為を意味する。グルーミングは被害者の選定▼信頼構築▼欲求の充足▼被害者の孤立▼性的関係の形成▼脅迫、性的搾取という過程をたどる。

***8　火花手帳⑤**　ソラネット閉鎖までの経過：2015年10月、SNSに「ソラネット告発プロジェクト」という小さな団体が登場した。ハ・イェナ元代表が率いていた「デジタル性犯罪アウト（DSO, Digital Sexual Crime Out）」の前身である。

彼らは違法性的搾取物の流通および性犯罪の通路となった「ソラネット」をリアルタイムでモニタリングし、招待男《チョデナム》と呼ばれる共犯者を募り酒に酔った女性を強姦する手口などを収集して、捜査当局に告発した。それが世論化され、警察も積極的に捜査に動いた。こうした努力の結果、100万人の会員を擁する韓国内最大のアダルトサイトであるソラネットは、運営開始から17年目の2016年に閉鎖された。

ように見えたが、法の網をかいくぐったり、捜査機関の認識の甘さといった死角に隠れ、加害者たちは未成年者の性を搾取している。また、テレグラムで暗躍する加害者は、自分たちは捕まらないと高をくくっているので、テレグラムのチャットルームはいまや犯罪の巣窟になった……」最後にこのような説明をつけ加えて、私たちは別れた。地下鉄の終電の時刻が迫っていて、説明に十分な時間を割けなかったのが気がかりだったので、帰宅途中にメッセージを送った。

ハンギョレの記事によって事件がしっかり世論化され、解決につながるとうれしいです!! 明日、取材資料とテレグラムのチャットルームのリンクをまとめて送ります! 記者さんにまたお目にかかれたらと思います。

2019年11月初め、ガッガッの「n番部屋」を真似て作られた「博士部屋」の運営者、チョ・ジュビンに関する記事が、ハンギョレ新聞に連載された。最初の出会いから1週間後、再びハンギョレ新聞の記者と会い、私たちが潜入していたチャットルームとこれまでに収集した資料を見せた。2次加害が心配されたので、性的搾取動画や被害の事実、被害者の顔などは隠して提供した。

私たちはハンギョレ新聞の報道が大きな反響を起こすだろうと期待した。これまでは本職の記者ではなく学生が記事を書いていたから限界があったが、ハンギョレ新聞が立ち上がってくれたからもう大丈夫だ、この事件が世に広く知られるはずだ、と考えた。しかし、もちろん少しずつは知られるようになったものの、期待したほどの反響はなく、さらに担当記者たちはひどい侮辱を受けた。テレグラムのチャットルームの会員たちは、n番部屋事件を報道した記者の身元を暴こうとした。記者の家族の情報を提供した者には「レア」な動画を提供する、有料ルームに招待すると約束して、加害行為を煽《あお》った。「博士（チョ・ジュビン）」はハンギョレ新聞と捜査機関、マスメディアをあざ笑うような告知をアップした。

「告知」最終整理（19.11.25）
テレグラムが騒がしくなり、エイ[*9]が増えるのに伴って、身元の明らかな人だけを連れていくことにします。
**第1段階「ノアの箱舟」部屋**
金額に関係なく、モネロ[*10]コインで入金した人を招待します。グループチャットルームです。

---

＊9　全羅道《チョルラド》出身者をさげすむ用語。テレグラムのチャットルーム内では、空気を読めない参加者を「エイ」と呼んでいた。

**第2段階　資料部屋「アートの夜」**

今後、博士の資料はすべてアートの夜にアップします。価格はモネロコインで韓国通貨50万ウォン〔約5万円〕分です。

**第3段階　最強セキュリティー「ウィッカー部屋」**

グーグルプレイストアまたはアップルストアで「〇〇〇」メッセンジャーをダウンロードしてＩＤをお知らせください。価格は１５０万ウォン。芸能人などの全資料をアップロードしており、リアルタイムで俳優も常駐。

## 第２のｎ番部屋

ハンギョレ新聞の記者たちと会った数日後、テレグラムのチャットルームでまた別の性的搾取犯罪が予告された。ニックネーム「ロリ隊長テボム」という人物が、「第２のｎ番部屋開発者」を募集し始めたのだ。彼は自身が運営していた「公式リンク、情報共有ルーム」（２０１９年11月28日時点の参加者は６０１２人）に、次ページのような告知をアップした。

「このルーム告知は見ましたか」と警察官に聞いた。

「情報ありがとうございます。しっかり確認してみます！」

警察官に情報を送りながら、まさか、まさか、再び被害者が出るはずはない、ハンギョレ新聞がテレグラム性的搾取の記事を出し、さらなる犯行を予告する告知も警察に渡したのだから、もう被害者は出ないだろう。そう考えた。

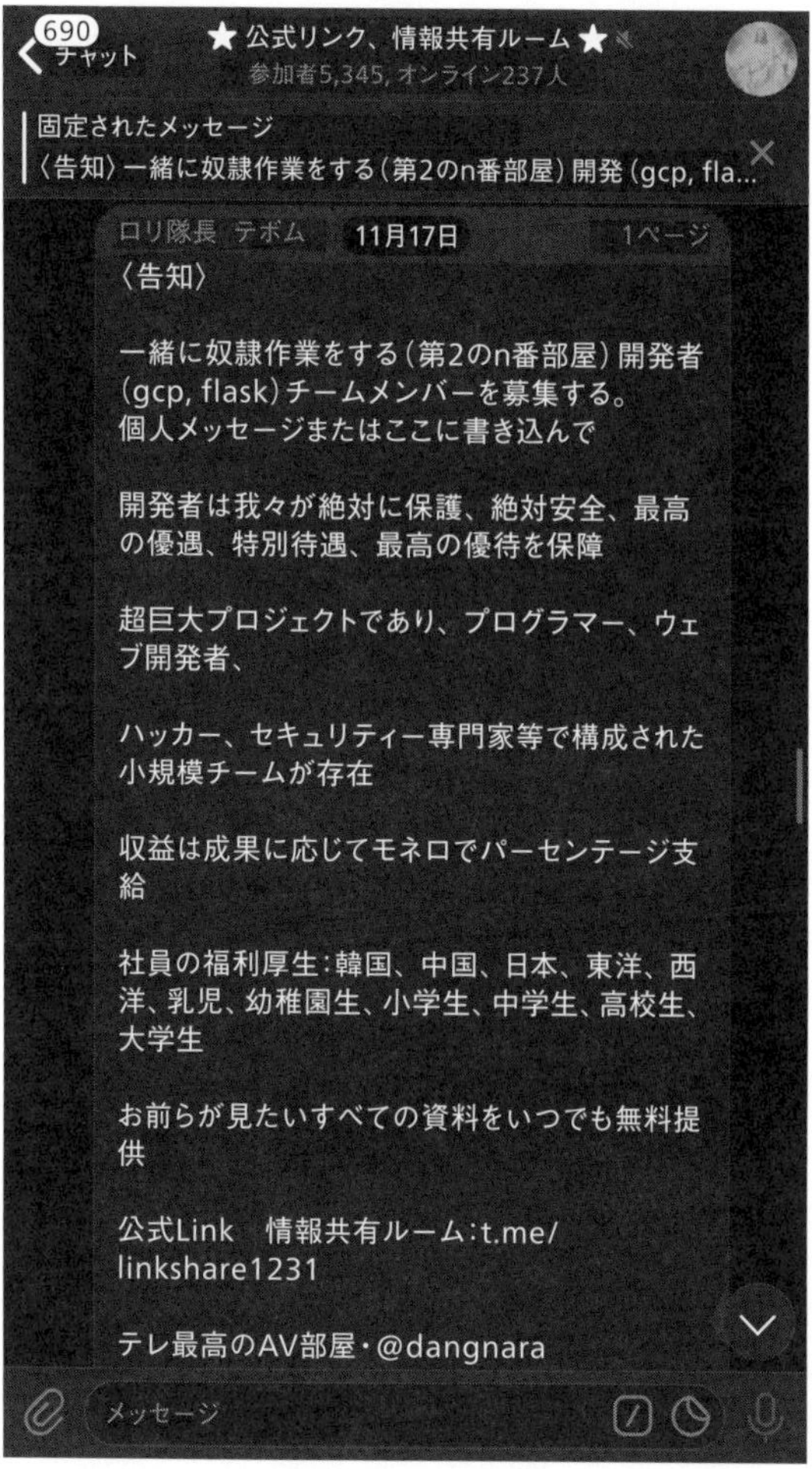


690

★公式リンク、情報共有ルーム★
参加者5,345, オンライン237人
固定されたメッセージ
〈告知〉一緒に奴隷作業をする（第2のn番部屋）開発（gcp, fla...

一緒に奴隷作業をする（第2のn番部屋）開発者（gcp, flask）チームメンバーを募集する。
個人メッセージまたはここに書き込んで
開発者は我々が絶対に保護、絶対安全、最高の優遇、特別待遇、最高の優待を保障
超巨大プロジェクトであり、プログラマー、ウェブ開発者、
ハッカー、セキュリティー専門家等で構成された小規模チームが存在
収益は成果に応じてモネロでパーセンテージ支給
社員の福利厚生：韓国、中国、日本、東洋、西洋、乳児、幼稚園生、小学生、中学生、高校生、大学生
お前らが見たいすべての資料をいつでも無料提供
公式Link　情報共有ルーム：t.me/linkshare1231
テレ最高のAV部屋・@dangnara
メッセージ

「ロリ隊長 テボム」のチャットルーム告知のキャプチャー資料

11月17日
1ページ

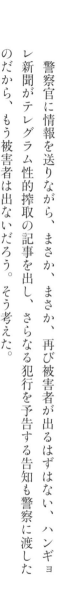

数日後、私たちは第2のn番部屋プロジェクトの対象となった3人の被害者を確認することになった。被害者は1カ月以上も性的搾取をされたという。チャットルームでとぐろを巻く加害者たちは、依然として被害者の苦痛を収めた動画を「生活に潤いをもたらすアダルト動画」として消費していた。

「ロリ隊長テボム」ことペ・〇〇（19）は、私たちが彼らの犯行を目撃してから1カ月後に検挙され、被害動画のさらなる流布を防ぐことができた。彼らは一審で以下のような判決を受けた。控訴審でも法定最高刑が適用されるよう見守りたい。

**ロリ隊長テボム（ペ・〇〇、19）** 少年法上の法定最高刑である長期10年、短期5年
**サマーズビー（キム・〇〇、20）** 懲役8年
**悲しい猫（リュ・〇〇、20）** 懲役7年
**ユンホTM（ペク・〇〇、17）** 懲役長期9年、短期5年

## 「ウェルカム・トゥ・ビデオ」事件で放免された者たちが向かった先

ニックネーム「太陽」は、テレグラムでさまざまなタイトルのチャットルームを運営し

ていた。その一つに「きれいな部屋（２０１９年11月28日時点の参加者は４０４人）」というチャットルームがあったが、そこに深夜1時頃、ニックネーム「Spider」が10歳以下に見える児童の性的搾取動画をアップし、すぐに削除した。「俺はこんな動画も持っている」と自慢しながら、「共有するから早く持っていけ」という「奉仕精神」をちらつかせたのだ。

当初、これも「n番部屋」の性的搾取データだと思ったが、よく見るとこれまで目にしてきた動画の中で被害者の年齢が最も低そうだった。動画をアップして削除したSpiderも、ベールに包まれた人物だった。一体何者なのか。誰が子どもにこんなことをさせたのか。

性的搾取動画の出どころに関する手がかりはすぐに出てきた。

「こんなのどこで探したんだ？　自分だけ知ってるなんてずるい」

「マジ、どこで買うんだ」

数人の会員が入手先を尋ねると、誰かが代わりに答えた。

「□□□で買うんじゃない？」

「そう、でも俺は○○○の方が簡単」

---

＊10　残高や取引履歴を追跡しにくいビットコインやイーサリアムなどの仮想通貨のうちでも、匿名性が最も保証される貨幣の一種。

Spiderは動画の入手先を明かし、児童性的搾取物を「もう一度」アップすると言った。そして動画をアップして2人が確認したらすぐに削除すると宣言して、テレグラムの児童性的搾取データアップロード禁止規定を避けようとする意図を明らかにした。ダークウェブ内の最大コミュニティ「コチェン」[*11]で「□□□」というサイトを検索すると、驚くような文章があふれていた。

○○○の現在のTopic数：約1万個／会員数：約70万2000人
□□□の現在のTopic数：約1万5000個／会員数：非公開
○○○のローンチは今年の7月だが、わずか1四半期で会員70万人突破。
□□□（の会員数）はたぶん100万は軽く超えそう。
国産物は「□□□」より「○○○」[*12]の方がずっと多い。

不法動画を欲しがる者は多く、被害者もその分増えている。また、被害者は次第に低年齢化している。私たちが無関心でいる間に、涙を流して苦しむ子どもはどれほど多いだろうか。

ダークウェブにある「ウェルカム・トゥ・ビデオ（W2V）」は世界最大の児童性的搾取物サイトで、児童性的搾取動画が約22万件も販売・流布されていた。「成人ポルノはアップしないこと」というバナーは、ここで初めて掲げられた。2015年7月からW2Vを運営していたソン・ジョンウは、「子ども」の性を搾取し人格を踏みにじり、少なくとも4億ウォン（約4000万円）を稼いだ。彼は2018年3月に逮捕され、性的搾取サイトを運営したとして二審で懲役1年6カ月の判決を受けた。W2Vの国内ユーザー223人のうち、起訴されたのは42人に過ぎない。2018年8月、米連邦検事は9つの容疑でソン・ジョンウを起訴し、2019年4月、米司法省はソン・ジョンウの身柄を引き渡すよう要請した。

2020年4月、ソン・ジョンウに対する犯罪人引き渡しの拘束令状が発付されると、彼の父は青瓦台〔韓国大統領府〕の国民請願サイトに「アメリカへの送還は過酷だ」という内容の請願を上げた。7月6日、韓国の裁判所は、司法主権を守るとともに国内の性的搾取物の消費者を円滑に捜査するとの目的で、アメリカへの送還を認めないとする決定を下した。「韓国の裁判所の決定」により、世界最大の児童性的搾取物サイト運営者ソン・

---

*11 **火花手帳⑥** グーグル、ネイバー、ダウムのようなサーフェスウェブ（Surface Web）の反対概念。特殊なブラウザを通さないとアクセスできず、匿名性が保証され、IPアドレスを追跡できないように考案されたインターネットの領域。一般的な検索エンジンでは探せないので、ハッキングで取得した個人情報、殺人依頼、ライバル企業の営業秘密等、主に違法な情報がやりとりされている。

*12 □□□と○○○は、小児性的搾取動画を製作、流布、ストリーミングを行うサイトを指す。

ジョンウは2020年7月6日、自由の身となった。

裁判所の軽すぎる処罰に怒る人がいる半面、喜ぶ者たちもいた。W2Vのユーザーだ。彼らの多くは執行猶予で釈放され、軽い処罰すら受けなかった。表向きは平凡な姿をした児童性的搾取犯罪者が、私たちの周囲で何くわぬ顔で暮らしているのだ。W2Vのユーザーが流れ着いた場所こそ、テレグラムのn番部屋とダークウェブの□□□、○○○などのサイトだった。

## 私たちはテレグラムを消せない

12月になると、テレグラムのチャットルームに入室すること自体がストレスになってきた。警察の捜査に協力し、メディアに情報提供するなど、私たちにできることは全部やってみた。テレグラムのn番部屋を発見して5カ月も経つのに、韓国社会はいまだに無関心だった。虚しさと無力感に襲われた。期末テストと就職活動のため、モニタリングの時間は以前より減った。携帯電話からテレグラムのアプリを消そうかとも悩んだが、そうすることもできなかった。

実際、テレグラムのロゴを見るだけでもつらかった。親しい人をテレグラムのチャットルームで見つけてからはなおのことだった。周りの人を誰も信じられなくなり、惨めな気持ちになった。それでも私たちは、最初に取材を始めたときのように証拠を集め続ければよかったと、いまでも時々後悔することがある。すぐには何も解決できないとしても、そうすれば、より多くの犯罪者を検挙するのに役立ったはずなのに。1人でも多くの人を助け出せたはずなのに……。

年が明けて2020年を迎えると、じわじわとn番部屋のことが知られるようになり、SBSテレビの『それが知りたい』でも、「テレグラムの秘密チャットルーム、n番部屋についてよく知る方、または被害者の情報提供をお待ちしています」という字幕を出しはじめた。「そうだ！『それが知りたい』は地上波放送だから波及力が大きいはずだ！」と思ってすぐに電話をかけたが、番組側は電話を取らなかった。2週間で7回電話をかけたが、つながりもしなかった。メールを送っても返事が来なかった。最後だと思ってもう一度電話をかけると、ようやく放送作家が電話を取った。「いま担当者が不在なので、また連絡します」と言って電話を切ったが、結局、1カ月経っても連絡はなかった。

そのころ、MBCテレビの『実話探査隊』が、テレグラムn番部屋事件の情報提供を待っているという掲示をポータルサイトに上げているのを目にした。差し迫った気持ちで『実話探査隊』に連絡し、放送作家と会う日程を決めた。インタビューの前に作家は、「私たちの取材源になったので、他の番組とは連絡を取らないでほしい」「取材源が複数の番組と接触するのは商道徳に反する」と言った。できるだけ広く知らせる必要があるのに、

『それが知りたい』から連絡が来たらどうしようと思ったが、いま私たちに耳を傾けてくれる番組はここだけだったので、作家の提案を受け入れてインタビューに応じた。

私たちはテレグラムn番部屋事件の概要について説明し、デジタル性犯罪の類型が次第に多様になっていることを示すため、知人凌辱の被害者Aを助けて加害者を逮捕した話もした。この話を聞いた『実話探査隊』側は、被害者Aの連絡先や名前などの個人情報を聞いてきた。しかしAはメディアとのインタビューを望まず、要請を受け入れなかった。1年前、ハンギョレ新聞の要請でAに許可を求めて取材に応じてもらったことがあった。できあがった記事は、テレグラムを使ったデジタル性犯罪に対する警察の生ぬるい対応を批判する趣旨のものだった。

私たちは「テレグラムで行われた犯罪も取り締まることができる」というメッセージが含まれた記事だったので、とてもよかったと思ったのだが、被害当事者のAは、むしろ警察を困らせるかもしれず、警察官に悪いような気がすると言った。自分の傷に向き合うだけでも心身が苦しかっただろうに、Aは他人を気遣っていた。それ以来、Aはメディアの取材に応じなかった。被害者が望まないインタビューは当然行うことができないので、私たちはAの連絡先を教えてほしいというメディアの要請を拒否した。

『実話探査隊』とのインタビューを終えるころ、担当プロデューサーがAの連絡先を教えてくれないかと再度聞いてきた。無理だと伝えると、プロデューサーは「被害者に取材できないなら放送は無理かもしれない」と言った。その後も「被害者の連絡先を教えてほしい」という『実話探査隊』側からの電話とメールに悩まされた。こうした状況を伝えると、Aはインタビューを拒否する旨の長文の手紙を書いて番組制作者側に伝えてほしいと言ったほどだった。Aがかたくなにインタビューを拒否したにもかかわらず、作家はあきらめず、連絡先が無理ならAの勤務地だけでも教えてほしいと私たちに要請してきた。

2018年に韓国記者協会と女性家族部〔韓国の国家機関。青少年・家族政策、男女平等政策などの業務を担う〕が共同で作成した「性暴力・セクシュアルハラスメント事件報道の共通基準および実践要綱」の「取材時の注意事項」第2項には、「事件当事者や家族はインタビューを拒否する権利を持つ。反対の意思があるにもかかわらず継続的に取材要請をして苦しめてはならず、事件当事者がインタビューを拒否したことを報道の中で否定的に言及してはならない」と明示されている。MBC『実話探査隊』側の行為は、明らかに報道規則に反していた。記者志望の私たちでさえ、メディアに対して懐疑を持つことになった。

こうした状況の中で、私たちまでテレグラムを見なかったふりをするには、心にひっかかることが多すぎた。被害者の動画が頭から離れず、つらさのあまり、日に何度もテレグラムを消してしまおうか悩んだ。モニタリングをしたり、警察に通報したからといって、解決するものではないと思った。警察に協力し始めて数カ月、テレグラムではいまだに目の前で性的搾取が行われていた。「一体、終わりはどこなのか……」と、毎日つぶやいていた。

いったん流布された盗撮動画は、短くて数日、長ければ数年は出回り続ける。「〇〇女子トイレ盗撮」という動画がアップされる犯罪の現場を見ながら、「自分も盗撮被害に遭ったかもしれない」という恐怖にとらわれた。暴力に満ちたテレグラムの中で、私たちはあまりにも無力だった。私たちも、性的搾取写真や動画を長時間見せつけられた「被害者」だったのだ。性的搾取の犯行を追跡していたころ、被害者の苦痛は私たちには想像できないほど大きなもので、私たちの前に置かれた目に見えない苦痛をなくす方法は、犯罪の現場を記録し、証言することだけだった。それだけはやらなければならなかった。

## 〝博士〟に金を握らせたのは誰か

2020年×月（被害者が特定されないよう詳細な日時は伏せる）、その日の未明はひときわ長かった。「博士部屋」の運営者チョ・ジュビンが性的搾取目的の有料チャットルームを開設すると宣言したのだ。性的搾取の回数に応じて10万〜100万ウォンの入場券を販売するとし、この入場券は仮想通貨取引所を通じてモネロで購入できるという。

続いて、有料ルームの宣伝動画がアップされた。被害者が無表情で自分の名前と有料ルームの宣伝文句、そしてチョ・ジュビンに指示されたセリフを順番通りそらんじていた。

すでに500人を超える会員がこの動画を見ていた。もう有料ルームは開設されたのか、だとしたら有料会員は何人なのか、見当もつかなかった。チョ・ジュビンはさらに、被害者の実名と職業、居住地などの個人情報を公開していた。「どうしよう……」心臓が早鐘

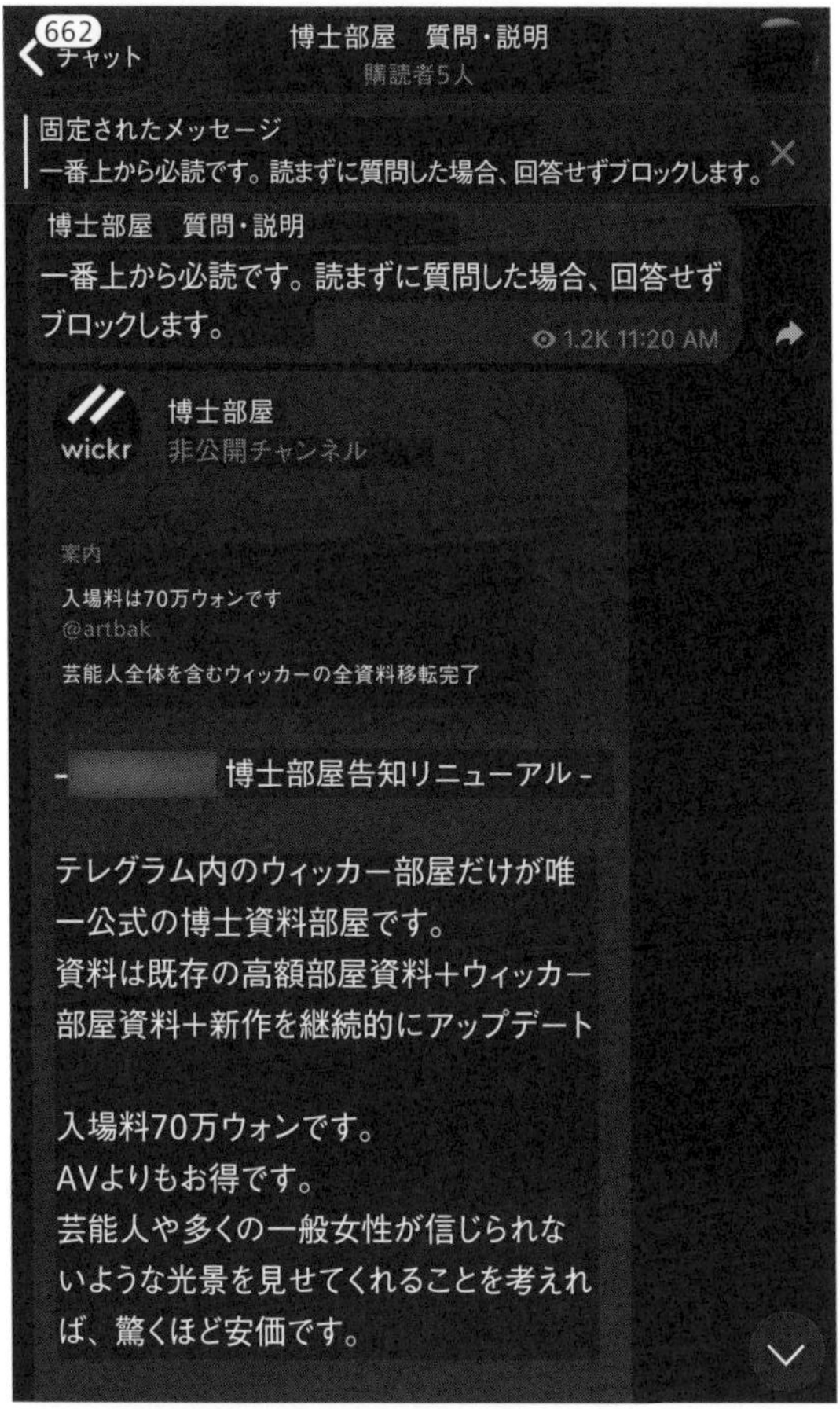
662
チャット
博士部屋　質問・説明
購読者5人
固定されたメッセージ
一番上から必読です。読まずに質問した場合、回答せずブロックします。
博士部屋　質問・説明
一番上から必読です。読まずに質問した場合、回答せずブロックします。
1.2K 11:20 AM
wickr
博士部屋
非公開チャンネル
案内
入場料は70万ウォンです
@artbak
芸能人全体を含むウィッカーの全資料移転完了
- [redacted] 博士部屋告知リニューアル -
テレグラム内のウィッカー部屋だけが唯一公式の博士資料部屋です。

資料は既存の高額部屋資料＋ウィッカー部屋資料＋新作を継続的にアップデート
入場料70万ウォンです。

AVよりもお得です。

芸能人や多くの一般女性が信じられないような光景を見せてくれることを考えれば、驚くほど安価です。

博士部屋の有料チャットルーム開設に関する
告知文のキャプチャー資料

を打っていた。いまできることは通報しかないので、直ちに警察に電話した。

通称「博士」は、無料ルームに「被害者リアルタイム凌辱中」というコメントを書き込んだ。とうとう有料ルームを開設したのだ。チョ・ジュビンは有料ルームに入室した会員に被害者をその場でセクハラしたり脅したりするよう煽った。有料ルームの中までは確認できなかったが、リアルタイムの参加者が100人を超える無料ルームでは、被害者の実名と被害内容が共有され続けていた。絶対に博士を逮捕しなければならない。しかし、チョ・ジュビンだけの問題なのか。チョ・ジュビンさえ捕まえれば、被害者の苦痛は終わるのか。

需要あるところに供給もある。チョ・ジュビンを動かす本当の力は、博士部屋の有料会員だった。どこからどう根を抜けばいいのか。私たちはまんじりともせず夜を明かした。「もし被害者が自殺したら、それはあなたが防げなかったせいだ」と、誰かがささやいているような気がした。自分がこんなに恨めしかったことはない。証拠を集める以外にできることはないのだから……。

## 国会に対する信頼すら

2020年2月、「国会国民同意請願」掲示板にReSET[*13]が上申した「テレグラムで発生しているデジタル性犯罪の解決に関する請願」が、国会の受理条件の同意者数10万人を達成した。それが請願第1号だった。

10万人を超す請願同意は、デジタル性犯罪の解決に無責任な国家に対する国民の怒りの表れだった。国会議長から請願を送付された第20代国会法制司法委員会（法司委）は、3月5日、ReSETの請願を取り上げ、ディープフェイク[*14]技術を利用した「性犯罪の処罰等に関する特例法改正案」等4件を可決した。

しかし、可決直後、この改正案はデジタル性的搾取を根絶するには不十分だという国民からの批判が法司委に注がれた。この日の法司委の出席者の多くは、「n番部屋事件」と「ディープフェイク」を正確に区別すらできていなかった。法司委所属のある国会議員は、「個人的に楽しむことまで処罰するのか？」「頭の中で考えることまで処罰することはできない」「請願をすべて法にしなくちゃいけないのか？」などと発言をした[*15]。

国会議員が、n番部屋事件の被害者にとって2次加害になり得るような発言をしていた。

---

＊13　2019年12月16日、テレグラムn番部屋性的搾取事件に怒った女性たちが始めたテレグラム性的搾取通報プロジェクト。
＊14　AI（人工知能）技術を利用して動画に登場する人物の顔や身体等を別人のものと合成する技術。
＊15　「芸術作品と思って作る場合もあるのではないか」、ディープフェイク処罰法を作った高官らの安易な現実認識（京郷新聞、2020年3月18日付、シム・ユンジ記者）。

彼らがデジタル性犯罪の概念をよく理解していないのは明白であり、国会議員の貧弱な認識レベルがあらわになった現場だった。法司委員であれば、少なくとも自分たちが審査し討議する事案について正確に知っているべきだろう。デジタル性犯罪を根絶させると言っていた立法府への信頼が崩れた瞬間だった。この日の議事が終わると、「n番部屋防止法」が国会を通過したと一斉に報道された。ところが、通過した法は「ディープフェイク」を利用した不法行為に対する処罰強化に関する内容で、「ディープフェイク処罰強化法」と訂正すべきだった。

n番部屋事件（未成年者性的搾取）とディープフェイク、この2つのデジタル性犯罪の本質は「性的搾取」という点では同じだ。しかし、犯罪の形態はまったく違う。ディープフェイクは、私たちがテレグラムで目にした数百種の犯罪類型の一つに過ぎない。だから法司委は、n番部屋防止法を「拙速処理」したと批判されてしかるべきだ。請願の核心は、テレグラムで起こっている種々のデジタル性犯罪を「根本的に解決する」ことだったからだ。国会請願を上申し国民10万人の同意を得るために奮闘したReSETと、ともに闘ってきた多くの女性たちがどれだけもどかしい思いをしているか察しがついた。

私たちの中の火花が少しずつ消えかかっていたころ、国民日報のパク記者から連絡が来た。私たち「火花」を語り手として、n番部屋追跡の過程を記事にしてみようと提案してくれた。国民日報でインターン記者をしていたとき、男性会員がメインのインターネットコミュニティの弊害について報じる記事を書いて、男性のチーフにチェックしてもらおうとしたところ断られたことがあった。彼はこのようなコミュニティの存在を大きな問題と思っていないようだった。その後、パク記者にチェックを頼み、最終的に紙面化された。

——そうだ、パク先輩ならこの問題を世論に訴えてくれるのでは？

そう考えた私たちはパク記者に会い、テレグラム内でどんな犯罪が起こっているのかを3時間にわたり詳細に説明した。それは避けて通れないことだったが、話す側にとっても聞く側にとってもしんどい時間だった。

2月末、国民日報のパク記者は「コロナのせいで、よほどの大事件でなければ報道されない状況だ。紙面がなかなか確保できないんだ」と言ってきた。しかたのないことだったが、だからといって手をこまねいていることもできなかった。もっと薪をくべて情熱の炎を燃え上がらせねば。そこで、2019年7月に取材を始めたときのように、テレグラムのモニタリングを再開した。

2020年3月9日、ついに国民日報で「n番部屋追跡記」が記事になった。私たち2人は今後の進路をどうするか考えてもいたので、後は国がこの火種を引き継いで事件を解決してくれることを望んでいた。

3月17日、「テレグラム博士部屋」の有力な容疑者検挙の記事が出た。被疑者が自殺を図ったという内容を目にして、彼が博士かもしれないと思った。ともかく逃げて、犯罪の事実を消すためなら、そういうことをやりかねない人間だった。翌日、彼が「博士」であるとはっきり分かる記事が出た。あれほど望んでいたのに、いざ犯人が捕まると、実感が湧かなかった。警察に連絡し、国民日報やハンギョレ新聞の記者と思いを語り合い、互いに励ましあった。数カ月にわたり私たちから安眠を奪った犯罪者が検挙されたという吉報を聞いても、心は晴れなかった。テレグラムにはまだ検挙すべき加害者が多く、削除すべき性的搾取動画も残っていた。

3月25日、チョ・ジュビンの身元が公開された。カメラの放列の前で堂々と顔を上げ、不敵な表情を見せる彼を見て、さまざまな思いが頭をよぎった。マイクを手にした記者が、繰り返し質問した。「被害者に謝罪しないのですか?」「罪の意識もないのですか?」チョ・ジュビンは無言だった。あの口は何のためについているのか、間違っていたとも思わないのか……。結局、謝罪の言葉もなく護送車に乗り込む彼を見て、殺意を感じるほどの嫌悪と怒りが湧いてきた。被害者の心境はいかばかりか、想像すらできなかった。

テレグラムに常駐していた会員は、博士の身元が公開されるや、大挙して退会した。その後の数カ月は捜査機関の厳しい取締りによって性的搾取動画の製作や流布は減ったが、

「こんなご時世だから、ぜいたくは言ってられないな」などと言いながら、知人凌辱や盗撮データの流布を止めることはなかった。博士が逮捕されて半年経ったいま（2020年9月）になっても、私たちがテレグラムから離れられないのはこのためだ。

## パチパチと火種が燃え上がる

国民日報で「n番部屋追跡記」の連載が始まると、新聞社には「追跡団火花」を応援したいというメールが続々と舞い込んできた。3月17日に博士検挙の記事が出ると、「n番部屋追跡記」はさらに注目を集めた。各メディアも、2019年7月から潜入取材をしていた2人の大学生記者の正体に関心を持った。まだ就活生だった私たちがn番部屋を「スクープ」した「追跡団火花」として脚光を浴びるのは、何だか不思議な気持ちだったが、多くの人が共感し一緒に怒ってくれたのだから、デジタル性犯罪も根絶できるだろうと思い、胸がいっぱいになった。

「n番部屋追跡記」が掲載されて最初にインタビューを申し込んできたのは、「メディアオヌル」だった。私たちは、テレグラムの性的搾取問題を報じるにあたって気を付けるべき点に重点を置いて回答した。「被害の事実を露骨に描写するかたちで犯罪の深刻さを報じると、刺激的な記事になりがちなので、言葉を慎重に選ぶべきです。そのような事情から、被害の事実を伝えることに困難を感じることもあります。n番部屋事件が報道されることで2次被害を誘発しないよう、積極的な問題解決策と犯人処罰の過程などを中心に報じるべきです」。

つまり、私たちは「n番部屋問題を積極的に記事化すること」と、「しかし、刺激的な記事は2次被害を誘発する可能性があるので注意すること」の2点を、メディアに求めたのだ。ところが、博士検挙後のメディアは、加害者の言動ばかりに注目しているようだった。つまり、彼を悪魔に仕立てあげ、「加害者の横顔」を報じることに血眼になっているように思われたのだ。こうした被害者救済を後回しにするようなメディアの態度に、私たちはがっかりした。そこで2020年3月23日、私たちは「追跡団火花」名義で自分たちの立場を明らかにすることにした。

---

はじめまして。「追跡団火花」です。私たちは2人の大学生からなる「テレグラム内のデジタル性犯罪追跡団」です。

私たち「火花」はテレグラム内で行われているデジタル性犯罪の流れを追い続けています。昨年夏以来、n番部屋、知人凌辱部屋、ディープフェイク部屋、博士部屋をはじめ、デジタル性犯罪が行われている100個以上のチャットルームに潜入取材を行いました。

潜入取材はいまでも続けています。約9カ月にわたりテレグラムを常時監視し、チャットルームの内容のうち問題のあるものを整理して、警察とメディアに情報提供しました。

火花はこの問題を初めて報道・通報し、2019年9月、ニュース通信振興会の「第1回真相究明ルポ」コンクールで受賞しました。受賞記事は、テレグラムの「AV－SNOOPコダム部屋」を中心に広まった各種盗撮データの共有チャットルームと「n番部屋」に、昨年7月から1カ月にわたり潜入取材して書いたルポです。2019年9月、その記事はニュース通信振興会のホームページに公開されました。n番部屋事件を取材してその深刻さを認識した私たちは、2019年7月中旬、地方警察庁に通報しました。また、同年11月にハンギョレ新聞、2020年2月にMBC、国民日報、SBSなどに情報提供しました。各メディアに提供したのは、2019年7月から私たちが収集したチャットルームのリンクや記録などの証拠です。

火花は「最初にこの問題を報道・通報した」ことを誇りたくて活動しているのではありません。ただ「事件の解決」のために、自分たちにできることをやってきました。「最初」というタイトルに、活動を邪魔されたくはありません。私たちはデジタル性犯罪「文化」の解体に焦点を当てています。テレグラム内の性犯罪は、巨大なデジタル性犯罪文化の氷山の一角でしかないのです。

火花は今後、メディアのインタビューに積極的に協力しながら、テレグラム内のデジタル性犯罪に関する事実歪曲を正す役割を担います。加えて、被害者支援と2次被害防止のために努力します。自分自身のためにも、女性たちがデジタル性犯罪に怒ったり、不安を抱いたりする必要がない国を作りたいと思います。

# 第2部

# プルとタンの話

# 第１章

# 出会い

# 「あの先輩、どう？」

## プルの話

タンは同じ学科の先輩だ。学年は1年しか違わないが、うちの学科は学生数が多く、特に親しいわけではなかった。２０１８年の平昌《ピョンヤン》冬季オリンピックでのボランティア活動が一緒だったくらいだ。３週間を同じ宿舎で過ごしたので仲良くなってもおかしくないが、タンとは相変わらず「顔は知っている」程度の関係のままだった。ボランティア期間中に一緒に食事さえしたことがないのだから、考えてみれば当然だ。たまたま廊下でばったり会っても、ぎこちなくあいさつするくらいだ。正直に言って、私は彼女に距離感を抱いていた。タンの印象は悪くなかったが、だからといって好感を覚えたこともなかった。自撮りに夢中になっている姿を見るたび、私とは住む世界の違う人なんだと思った。

私たちがまだ親しくなかったころ、タンが髪をショートにしたと、友達から聞かされた。ふーん、としか思わなかった。他人のヘアスタイルがどうしたって言うんだ。でも、すれ違いざまに見たタンの姿は見違えるようだった。胸まであった長い髪はゴムで結べないほど短くなり、いつも念入りに手入れされ天に向かってカールしたまつ毛も、自然体に戻っていた。タンは足が太く見えるのが嫌だからと、真冬でもスカートにこだわっていたが、そんな彼女がスカートをやめてワイドパンツをはいてきたのだから、誰もが驚いた。私も気になった。タンはなぜ、髪を切り、化粧とスカートをやめたのだろう。

ある夏、タンと私はとある新聞社のインターン記者になり、オンラインニュース部で一緒に働くうちに親しくなった。インターン記者の数は多かったが、先輩記者から認められた者はごく一部で、タンと私は、そのごく一部に属していた。私たちは2カ月でかなりの数の記事を書いた。特に性犯罪関連の事件は、逃さず記事にしようと努めた。タンは#MeToo運動と日本軍「慰安婦」の記事を、私は盗撮問題に関する記事を数本書いた。同じ問題意識に立って記事を書くうちに、タンとしきりに言葉を交わすようになり、自然と同志愛が芽生えた。私がタンと親しくなったことを知った同級生の一人から、「あの先輩、どう？」と聞かれたこともあった。単に印象を尋ねたというより、「タン先輩、フェミになってからちょっと変じゃない？」という意味だった。私はタンのような積極的フェミニストではなかったが、だからといってタンの悪口を言ったり、あら探しをしたりする気はなかった。むしろ、前よりも堂々と自分の意見を口にするタンがかっこよく見えた。それでこう答えた。「どうって何が？　人それぞれでしょ」

学校ではタンと同じ授業を取っていた。記事の書き方を学ぶもので、私たちはインターン記者の経験を活かして、女性問題に関する記事を課題として書いた。すると、それを読んだ教授が、タンと私の2人でコンクールに応募したらと勧めてくれたのだった。1等の賞金はなんと1000万ウォン。教授が勧めてくれたチャンスを逃すわけにいかない。タンと私の気持ちは一致した。学期が終わるころ、タンが訪ねてきて、夏休みにコーディング〔HTMLなどのプログラミング言語を使ってソースコードを作成すること〕の授業を一緒に取ろうと言った。「コーディング……？　プログラミングみたいなもの……？」100％文系の私にとって、コーディングは遠い国のお話だったが、勉強すればもっと深みのある記事を書けるようになる気がした。悩んだ末に、タンの提案を受け入れた。私たちは夏休み期間中、午前9時から午後6時まで授業に出た。休みもなかったので、約490時間も講義を聞いた計算になる。

タンと私は、寝ている時間を除き、1日中ずっとくっついていた。そうするうちに、以前は知らなかったタンの姿を発見した。当時のタンは男性すべてを敵視し、通りすがりの男性を見ても罵《ののし》り、「おしゃれ」をしない男性を見ては怒った。タンには直接言わなかったが、内心で「そこまで……？」という気もした。

いま思えば、タンのフェミニズムは何度か変化したようだ。タンだけでなく、誰もがこのような道を通るのだろう。タンは私よりも前を行っていたのだ。毎日、深く考え、ぶつかり、変わろうとしていた。年月をともにした分だけ、タンと私は似たような思考や信念を抱くようになり、たくさん話し、共感した。つまり同志になったのだった。

## 「プル」と話せるようになった！

### タンの話

プルはその本を一気に読んだそうだ。昨日、本の虫であるコンソリが貸してくれた、薄いフェミニズムのエッセイだった。私が借りようとした瞬間、プルが先に手を伸ばした。プルの方が本を読むスピードが速いので、私はおとなしく引き下がった。プルが言うには、寝る前にちょっと読もうと思ったら、あまりに面白いので夜中の3時まで精読してしまったそうだ。一体何がそんなに面白かったのか聞くと、「痒《かゆ》いところに手が届くようだった」という答えが返ってきた。「私はあのとき、あれが性差別だとは分からなかったよ」とプルが言うのを見て、胸がいっぱいになった。「これでプルとフェミニズムの話ができる！」と思ったのだ。

うれしい気持ちを抑え、プルの言葉に耳を傾けた。プルの言う「あのとき」とは、2018年、大学でマスコミ入社試験の勉強会をしていたときのことだ。そこで『82年生まれ、キム・ジヨン』の読書会をしたのだが、プルはそのときのことを何度も思い返したようだ。プルは自分の発言を恥じていると打ち明けた。私はプルの言葉を覚えてもいなかった。むしろ私の記憶に残っていたのは、プルの言ったことより、勉強会のメンバーである男子学生のショッキングな発言だった。「『82年生まれ、キム・ジヨン』は、ごく一部の人が経験する性差別を、すべての韓国人女性の経験であるかのように、現実をゆがめている。この本のジャンルは『ファクション（faction）[*1]』だが、作家は歴史を歪曲《わいきょく》しており、男女対決の構図を生み出すものだ」などと、彼は『82年生まれ、キム・ジヨン』に怒り心頭の様子だった。このときプルは、興奮して反論する私のことがずいぶん過激に見えたそうだ。そのころの私は、自分が一番賢い女性だと自負しており、そもそもが不平等な社会でどうやって生きていけるのか、と悲観していた。社会的女性性に対する解放運動である「脱コルセット」に加わろうと、髪も短く切ってしまった。その後、勉強会を開かなかったのは期末テスト直前だったからだが、突然インスタグラムにショートカットの写真をアップしたので、プルは「この先輩はどうかしたのか？」と思ったかもしれない。

「先輩、あのときどうして私と友達になってくれたの？」マスコミ入試対策クラスで顔を合わせたときにいきなりそんな質問をされて、大笑いした。わずか1年の間に、プルに何があったのか。実際、性差別やフェミニズムについて気軽に話せるようになってうれしかったし、心地よかった。当時はまだ、「フェミニズム」と口に出しただけで周囲から非難されるような状況だった。いまでもフェミニズムへの風当たりは強いが、そのころは幼稚ですらあった。まるで越えてはならない一線を越えたように騒ぎ立て、その線の向こうには、私たちが知らなかった社会の裏面があった。女性運動史を学び、フェミニズムグッズでささやかながらミーニングアウト[*2]することで、賢くなった気分にもなっていた。越えられない一線は何本もあった。職場でのセクハラ、キャリアの断絶、賃金差別、ワンオペ育児、ペンス・ルール[*3]。ぱっと思いつくものだけでも、5本の指では足りなかった。社会人になる前から、目の前に高いハードルが立ち塞がっている感じがした。就活生として必死だった時期に、江原《カンウォン》ランド、国民銀行、ハナ銀行などが女性への採用差別をするのを目の当たりにし、挫折感に襲われた。

＊1　歴史的事実や実在の人物の話に作家の想像力を加えて新しく創造する文化芸術ジャンル。
＊2　消費者運動の一つで、消費行為を通じて自分の政治的・社会的信念を積極的に表現すること。ＳＮＳでハッシュタグを使って関心事を共有し社会的関心を引き出したり、服やバッグに意味を込めたメッセージや模様を入れるなどして表現することもある。
＊3　２００２年、アメリカ副大統領マイク・ペンスがインタビューで「妻以外の女性とは絶対に２人きりで食事しない」と言ったことに由来する〔上司と２人で食事もできないと昇進に不利で、女性への性差別だとの批判がある〕。

# 私たちはお互いに違う

## プルの話

私は友達に、「あなたと一緒にいると気が楽だ」と思ってもらいたい。でも、これは簡単ではない。というのも、私は相手を楽にさせるタイプの人間ではなく、神経質すぎるところがあるからだ。例えば、他人が口をつけた水筒を使ったり、靴下を履いたままベッドに上がったりといったことが、とても気に障る。帰宅してそのままベッドに寝そべることもない。このように、私は神経質で気難しい人間なので、一緒にいると疲れるタイプなのだ。自分でも嫌になるけれど、どうしようもない。顔に出さないでいられたらいいのだが、不機嫌になるとすぐ顔に出るので困ってしまう。私の名を聞くと、眉をひそめ、口をとがらせ、1オクターブ低い声でしゃべる姿をイメージする人もいるだろう。

だから、こんな性格を表に出さないよう、私はかなり努力した。その場に居心地の悪さを感じていても、笑ってやり過ごそうとした。ところがタンは、そんな私の性格を包み隠さず見せられる相手だった。もちろん、最初からそうだったわけではない。目障りな行動をとるタンにひとこと言ってやりたくなって、ぐっと飲み込んだこともある。しかし、

「追跡団火花」の活動中はずっと一緒にいる必要があったので、私の性格を隠し通すわけにはいかない。悩んだ末に、タンに本音を吐き出した。「先輩のこういう行動が嫌なんだ。もうちょっと気を付けてくれないかな？」そう言って、そっと顔色をうかがった。呆れられるかと思ったが、タンは「分かった」と言ってうなずいた。そして過去の行動についても謝ってくれた。タンのこんなところが、私とはかなり違う点だ。

私は誰かに批判されたり苦言を呈されたりすると、反論しないと気が済まない。しかし、タンは違った。自分の行動をすぐに認めて謝罪できる人は、そう多くはない。不思議だったし、感心もした。タンと親しくなって1年ちょっとになるが、その間に私たちは互いが「違う人間」であることを実感した。私が犬派なら、タンは猫派。私には姉がいるが、タンには妹がいる。私はがっしりした男性がタイプだが、タンは小柄で可愛い人が好きだ。私はよく気が付く方だが、タンはそうではない。気が利かないわけじゃないが、私と比べて神経質すぎないという意味だ。当然、それぞれ時間の過ごし方も違う。私には独りの時間が必要だが、タンは独りでいるのが苦手だ。

こんなに性格が違うのに、どうやって1年も一緒に活動できたのか、不思議に思う人もいるだろう。n番部屋の取材をしながら、私たちは事件を掘り下げて被害者を救いたいと強く願っていた。どうすれば被害者の苦痛を和らげることができ、どう報じれば被害者が2次被害を受けずに済むのか、頭を悩ませた。知恵を絞って、自分たちにやれること、やるべきことを、1つずつやっていった。そうする中で、強い絆が生まれた。自分たちを慰め、支えてくれるのは、自分たち2人だけだったからだ。いまの私がいるのは、タンのおかげだ。つらくてやめたいときも、「私たちは十分にやれているよ」とタンが言ってくれたから頑張ることができた。

タンは時々、「プルがいて本当によかった、ありがとう」と言ってくれるが、そう言われるたびに私は照れくさくなる。でも、照れくささを我慢して、ここで私の気持ちを伝えたい。

私もタンがいてくれて、心強いし、元気が出るよ。ありがとう。だ、だ……大好きだよ。

## プル、私たち友達になろう

### タンの話

うちの学科で、記者やTVプロデューサーを志望する学生はそう多くない。親しい友人たちも、記者という職業にはあまり関心がない。私は記者になりたくてこの学科を選んだのだが、いざ入学してみると、同じ目標を持つ人が少なくて寂しかった。そんな中でプルと出会った。

2人ともメディアを専攻していたが、同じ授業を取ったのはたったの1回だけだった。それも卒業を目の前に控えた時期に。卒業直前に仲良くなるなんて、不思議な縁だ。記者志望ということ以外に、私たちにはもう1つ共通点があった。大学生の身分でできる学外の活動に積極的に参加していたことだ。正直言うと、プルとここまで親しい間柄になるとは、思いもしなかった。賞金で教育ローンを全額返済できるほどの大きなコンクールに一緒に参加することになったときでさえ、そう思ってはいなかった。それがいまでは、毎日5分おきに連絡を取り合うような仲になった。他の誰にも言えないような話でも、2人なら気兼ねなく話せる。ずっと一緒にいるので、考え方や口調まで似てきたようだ。私たちが自分たちを「私たち」と呼べるような関係になったことが、とても奇妙で不思議に思えてくる。

もちろん、私たちが「火花」として一緒になる前も、学外で活動しながらプルの姿を見かけたことはあった。1年間、同じ機関でボランティアをしたのだが、プルが外国人と話している姿はとても素敵に見えた。私は外国人を前にするとドギマギして、思いつく単語をめちゃくちゃに並べ立てることしかできないのに、カナダ人やアメリカ人を相手に、優雅に堂々と会話している当時のプルは、「英語の天才」というイメージだった。

学外で出会うプルの姿は、学内とではまったく違っていた。個人的な問題として片付けられそうなことでも、プルは社会構造的な視点から見つめ、問題解決のために努力する人だった。自分と他人は社会構造の中でつながっているのだから、その責任を果たすべきだと考えているように見えた。インターン記者は1日に5本以上の記事を書く必要があった。これは口で言うほど簡単なことでは決してないのだが、プルはいつもうまくこなしていた。プルの記事を集めてみると、その半数は被害者の声を取り上げたものだった。プルの記事は繊細かつ細心であり、丁寧だった。盗撮やデートDV、校内暴力の被害者を取材し記事を書くことがつらくないのか気になったが、インターン記者の期間が終わると、プルとの縁も自然と切れてしまった。その後はそれぞれの道を歩んでいたが、昨年3月、学校でプルと再会した。

プルも「データ・ジャーナリズム」の講義を受けていた。うれしかった。近所のカフェに場を移して近況を語り合ううち、2人とも文系だったこともあり、プルは「統計プログラムの講義が難しい」と愚痴をこぼした。しかし、データ・ジャーナリズムは重要視される傾向にあり、希望の会社に入社するにはエクセルはもちろん、コーディングの知識も必要だったので、講義が難しくても我慢して聞かねばならない。就職に有利な資格は全部取っておこうという気持ちだった。

将来に対する不安や悩みを打ち明け合ったら、妙に心が楽になった。こんな話ができるのはルームメイトの「ポニョ」だけだったが、そこにプルという友達が加わった気分と言うのか。久しぶりに会ったプルは、私が髪を切った理由は聞かず、恋愛についても無関心だった。何の先入観もなく、いまの私の姿だけを見てくれてありがたかった。プルと親しくなりたいと思うようになったのは、その日からだった。

データ・ジャーナリズムの講義では、隔週で統計プログラムを使った記事を提出する必要があった。記事では導入部や全体を貫く問題意識が重要だが、インターン記者経験のある私たちには手慣れたことだった。おかげで私たちは、その講義でずっといい点数をもらっていた。学期の終わりころになると、実習に入った。テキストを使ってワードクラウド〔文章の中から出現頻度の高い単語をいくつか選び、その頻度に応じた大きさの文字で表す手法。コーパス〕を作って関連語の意味を導き出す作業だったが、みんなが迷っている間に私だけが正しい結果を出すことができた。満足感に浸りながら周りを見渡すと、プルが一生懸命プログラムをいじっている。そこで私はそっとプルを席に呼び、コーディングの方法を教え、自分の結果を見せてあげた。プルは「へえ、すごいね。ありがとう」と、しきりに感心しながら自分の席に戻っていった。当時、同じ学科の首席だった男子学生からもやり方を聞かれた。データの結果をまとめるのは難しくはなかったが、プルとの義理を守り、彼には「私より教授に聞いた方がいいよ」と言って断った。つまり、私はプルにだけコードを教えてあげたのだ。プ、ル、に、だ、け。これだけじゃ足りないと思った私は、一緒に期末テストの勉強をしようという口実でプルをカフェに呼び出し、コーヒーをおごってあげた。同じ授業を取っていれば、試験を前にしてライバルになるはずだが、一緒に勉強する友達になったのだ。「プル、この問題覚えて、その問題もきっと試験に出るよ」などと言って、私はまるで予備校のカリスマ講師さながらだった。この講義は私の関心分野とぴったり重なっており、試験準備も完璧だったので、クラスでA＋をもらうのは自分だという自信もあった。だから、プルには私が持つすべての知識を伝えようと思ったのだ。

こうした努力の結果か、プルとはかなり親しくなることができた。私はプルに、次の夏休みに行われる国家支援就職プログラムに申請しようと提案し、そのポスターを手渡した。学校で2カ月にわたり数百時間のコーディング教育を受ける必要があるという案内文を見て、プルは30分ほど悩んでいたが、最終的に提案を受け入れた。一緒に申請書を提出しに行く道で、プルは私の前を歩いていった。「これで心強い就活のパートナーができた。やはり私には人を見る目がある」と思った。私は、プルと一緒に新聞を読み、論述の勉強をし、マスコミの入社試験の準備をしながら夏休みを過ごすことにした。そのわずか2カ月後、「私の手の中の地獄」が襲って来るとも知らぬまま。

# 第2章

# 何かが間違っているようだ、何かがおかしいようだ

# 飾った私ではない、ありのままの私

## プルの話

私は2人姉妹の末っ子として生まれた。父は一緒に銭湯に行ける息子がいないことをしばしば残念がり、母はそんな父を見て、申し訳なさそうにしていた。生まれる子の性別を母親が決められるわけじゃないのに。私は、父に息子がいなくて物足りないと思わないでほしかったし、母が父を見るたびにすまなそうにするのも嫌だった。

息子の役割？　そんなもの私がやってやる！　そこで私は、父とプロレスごっこをして遊び、幼稚園では友達に鼻血を出させて親が呼び出しをくらい、小学校に上がってからは友達とスコップを手にケンカして血を見たこともあった。親とサムギョプサルを食べにいけば、勇ましくもバラ肉1枚を切らずに丸ごと口に詰め込んだ。こんな私の姿を見て、両親はよく「プルは男の子に生まれればよかったね！」と言ったものだ。

でも、ずっと「息子」のような姿を見せていたわけではない。親の前では「息子」のような娘だったとすると、元カレの前では温室の花のように振る舞っていた。父の前ではパクパクと5口で食べ切るハンバーガーも、彼氏の前では口を大きく開けるのが恥ずかしくて、おちょぼ口でかじった。満腹じゃないのにハンバーガーを半分以上残し、すました顔をしていた。1口食べるたびに口を拭いていたので、テーブルの上にあったナプキンを使い切ってしまった。トイレに行くと言うのも恥ずかしくて、いつも「手を洗って来るね」とか、「電話してくるね」と言って席を外した。時間が長びくと大の方だと誤解されそうなので、急いで用を足して席に戻った。

父の前では、「息子ならこうするだろう」と考えてオーバーに行動していた。なぜなら、父は息子を望んでいたからだ。逆に、彼氏の前でハンバーガーを残したのは、「女ならこうあるべきだ」という考えからだった。どちらも本当の私ではなく、「飾った私」だった。もちろん、私はいまでも大口を開けてパクリと食べる方が好きだ。だからといって、親の前でサムギョプサルを丸ごと1枚口に入れるのはつらい。ただ親を喜ばせたくて、親孝行のつもりで「息子」らしくオーバーに振る舞っていたのだ。でも、いまは心のまま自然体で行動している。「火花」として活動している最近は、男らしい「息子」を装った私や、しとやかな「彼女」に仕立てられた私でもない、本当の自分の姿を探そうと努めている。以前と違い、いまは誰の前でも素の自分でいられるようになったので、合わない服を着ているような居心地の悪さがなくなって幸せな毎日だ。

## また同じことをするのですか?

### タンの話

高校2年の新学期のこと。最初の国語の授業で、隣のクラスの担任でもあった国語の先生が、このクラスの学級委員長は誰かと聞いた。私はさっと手を挙げて自己紹介した。すると先生は、頼みたいことがあるので授業後に職員室についてくるように言った。内心、先生と近づきたくもあったので、ちょっとドキドキした。

「委員長だから成績もいいと思ったら、大したことないな」

ドキドキは止まった。

「でも国語の成績は悪くないね。まだ2年あるから頑張ろうか」

そう言って先生は私の腕を揉んだ。

「頑張ろうか」という言葉に「はい!」と答えたものの、なんだか気持ち悪かった。それから1年間、その先生は成績が全校で5位以内に入っていた副委員長をあからさまに可愛がった。生徒たちから見ても、一目でえこひいきしているのが分かるほどだった。私はこのとき、「勉強ができる」ことが学級委員長の素養だと悟ったのだ。国語の先生は私を見かけると声をかけ、親しげにあいさつしてきた。学級委員長としてすでに目をつけられていたので、嫌な顔はできなかった。1学期が終わるころ、友達の間で「腕の内側は胸と同じ感触がするんだって。だから国語の先生は生徒の腕を触るんだよ」という噂が広まった。不安になった私は、夏服の季節になるたび、国語の先生と出くわさないことを祈った。職員室の前の階段を使えば給食室への近道だったが、わざわざ遠回りした。

最近の「スクールＭｅ Ｔｏｏ」運動を見ながら、自分の高校時代を思い出した。当時は先生の行動がセクハラだと訴えても、まったく話が通じなかったと思う。不快だったのに先生と学校に対して何も言えなかったことが、心の奥底にわだかまっていた。それで高校の同級生に会ったときには、「スクールＭｅ Ｔｏｏ」の対象になりそうな話なんだけど、と切り出して、当時の国語の先生を18分にわたって非難した。同時に、勇気ある後輩たちの行動をありがたいと思った。誰かがやるべきことだけど、誰もやらなかった、いや、できなかったことを、後輩たちが代わりにやってくれた。社会全体が恥ずべきことだ。

「幼い少女はいつまでも幼いままじゃない。強い女性に育って、あなたの世界を破壊しに戻ってくる」

アメリカ体操チームの主治医でありながら、30年にわたり少なくとも332人の女子選手に性暴力を加えたラリー・ナサールに対し、法廷で被害者が語った言葉だ。いまからでも国語の先生にこの言葉を言ってやりたい。

# 果たして愛だったのか？

## プルの話

中学2年のときから5年間付き合った彼氏がいた。5年という時間の中で、10回以上も交際と別れを繰り返した。彼が別れようと言えば別れ、また付き合おうと言えば付き合った。

ここでは彼を「フン」と呼ぶことにする。フンは私がミニスカートをはくのをひどく嫌がった。ふだんは制服を着ていたが、週末に街でフンに会うときは、彼の好みに合わせてほどほどの丈のワンピースやズボンを着用した。付き合い始めて1年が経ち、1周年を記念して週末のデートの約束をした。

待ち合わせ時間の3時間も前から準備を始めたのだが、入念に身支度をしていたため、かなり忙しかった。慣れない手で髪を巻いてみたが、毛先があちこち跳ねてまとまらず、気に入らないので結局2回も髪を洗い直した。1週間前から頼み込んで、姉が最近買ったばかりのワンピースも借りておいた。家を出るとき、こっそり靴まで拝借した。ヒールの音が聞こえないようにと、靴を手に持って玄関を抜け出した。エレベーターの鏡で、自分の姿をくまなくチェックした。自分の目にも完璧だった。私は得意になって、家から徒歩

10分ほどの映画館に向かった。フンがやってくると、にっこり笑いながら手を振った。ところが、フンの表情は険《けわ》しかった。眉をつり上げ、怒っているように見えた。フンは大股で私の前に歩いてきて言った。

「何だよ、これ。いますぐ帰って着替えてきなよ」

「何って……。今日は1周年だから、頑張って準備したんだけど……」

彼の反応を予想できなかったわけではなかった。それでも1周年だから「目こぼししてくれる」と思った。結局フンのイライラに勝てず、仕方なく家に帰った。ジーンズに着替えて戻ると、映画の上映時間はすでに過ぎていた。フンは、さっきのワンピースを着ていた10分間に何人の男が通り過ぎたか聞いてきた。「はあ？　そんなの分かるわけない」と言うと、フンは私を見た男たちの目を全部えぐり出してしまいたいと言い、「お前が好きだから言うんだ」と強調した。腹が立ち、歯がゆくもあったが、「私のことが好きなんだったら仕方ない」という気もした。愛という名の暴力だった。当時、彼は15歳、私は14歳だった。

数カ月経ち、私は中学3年になり、フンは高校に進学した。フンがいないと学校生活がつまらなくなるかもと思ったが、そんなことはなかった。友達と遊ぶのがすごく楽しかった。中2のときはフンとくっついていて、同じクラスの友達とろくに遊ぶこともできなかった。フンがいると男子と一言話すのにも気を遣ったが、そんな必要もなくなった。だからといってフンが嫌いだったわけではない。恋愛をして、途中で別れたりもしたが、結局は復縁したのだから。もし、この時期に男友達を作っていなければ、私には1人の男友達もいなかっただろう。

　私はフンと同じ高校に進学した。フンはひたすら先輩の女子生徒たちと遊び回っていた。私が同じことをしたら、フンは相手の男子を捕まえて乱暴したに違いない。「自分は好きにしておいて、どうして私はだめなの？」フンと私はいつもこの問題でケンカした。フンによれば、自分はただ女友達と遊んでいるだけだが、私は違うのだそうだ。自分以外の男はみんなオオカミだ、というような口ぶりだった。結局、私たちはそれぞれ異性の友達は作らないことで妥協した。中3のころが懐かしかった。

　私は中3から高3まで、ずっと学級委員長を務めたが、フンはこのことも気に食わないようだった。その理由は、私が男子生徒と幹部合宿に行くのが嫌だというものだった。いま思えば、彼は単に自分の彼女が慎ましく従順であってほしかったのだろう。別れと復縁を何度か繰り返した結果、いくつかの理由から完全に別れることになったが、だからといってフンと恋愛したことを後悔しているかと言うと、そうではない。当時は、ほとんどの恋愛がこんなかたちだった。恋人同士の間に存在するジェンダー権力が見え始めたのは、それから間もなくのことだった。

## 大人たちの提案

### タンの話

自宅の前にあるレストランで、週5日、1日6時間ずつアルバイトをしていた。働き始めて1カ月ほどしたころ、マネージャーが唐突な提案をしてきた。いま思えば、それは「不倫」の誘いだった。

レストランでは、接客と配膳の仕事をしていた。従業員は私を含めて計12人。私と同じ仕事をしていた同い年の女性従業員を除くと、他は全員男性だった。従業員はレストラン開業時から一緒だった人たちで、お互いによく面倒を見合っていたので、まるで本当のお兄さんができたような気分だった。開業直後は客足が途切れることがなかった。毎日、重たい料理を運び、無礼な客を相手にしていたので、身も心も少しずつすり減っていった。一緒に働いていた同僚や先輩たちとの人間的な絆のおかげで何とか耐えていたが、和やかな職場の雰囲気を壊すのはいつも30代の男性たち、つまり、金《キム》マネージャーと黄《ファン》マネージャーだった。

「タン、黄マネージャーが、君のことタイプだって」

金マネージャーがふざけた口調で話しかけてきた。私が黄マネージャーのタイプだって？　黄マネージャーには子どもが2人もいる。私は、金マネージャーがまた悪いいたずらを仕掛けたのだと思い、笑って流そうとした。一番忙しいランチの時間が終わってやっと一息つけたので、つまらない冗談が飛び出したんだろう。

「タン、黄マネージャーの〝オフィスワイフ〟になってみるか？」

オフィスワイフ？　初めて耳にする言葉だった。首をかしげながら「それ、何ですか？」と聞き返した。金マネージャーは何も答えず、私をじっと見つめてから厨房の方に消えた。一体、何だろうか。どうも腑に落ちず、黄マネージャーの方を振り返ると、彼は上気した顔でとぼけたように笑っていた。口元をニヤニヤさせ、頬を赤く染めている彼を見て、慌てて周囲をうかがった。落ち着かない空気の中、男性従業員たちが急にせわしなく働き出した。私の困惑した視線を受け止めてくれたのは、同い年の彼女だけだった。私たちだけが知らない何かがあるようだ。私は彼女に向かって声を出さずに口だけパクパクさせ、（どういうこと？）と聞いた。変な雰囲気に、言いようのない不安に襲われた。帰宅後、すぐにインターネットで「オフィスワイフ」と検索してみた。関連検索語として、不倫、18禁、浮気などの単語が出てきた。

**オフィスワイフ　office wife**

「職場で互いに支えあいながら親密な関係を維持する女性の同僚を指す言葉」

2006年にアメリカのあるキャリアコンサルティング会社が行った調査によると、32%以上の会社員が「オフィスワイフがいる」と回答した。（『週刊東亜』2008年9月号）

会社で親しくしている友達を指す言葉？　単に親しい職場の同僚を意味する言葉なら、私にも「オフィスハズバンド」と呼ぶべき相手がいたので、すぐに「オフィスハズバンド」と検索してみた。しかし、辞書にはそんな単語は登録されていなかった。

10人中3人に「オフィスワイフがいる」……不倫の危険性も

既婚の会社員にとって「オフィスワイフ」は「協力か？　浮気か？」

「配偶者よりも親しい同僚がいる」……「オフィスの伴侶《スパウズ》」は危険な関係？　肯定的関係？

記事タイトルと関連検索語で、あの冗談の意味が分かった。要するに「オフィスワイフ」とは「不倫相手」だったのだ。「黄マネージャーは独りで何を考えていたのだろう」身の毛がよだつ思いだった。「精神的浮気」に関する記事を読み、さらに気分が悪くなった。私が黄マネージャーにそんな隙を与えたのだろうか。これまでの行動をよくよく思い返してみても、そんなことは1度もなかった。彼は既婚者だったし、私には恋人がいた。アルバイトの終業時間に合わせて、彼氏が店の前まで迎えに来ることだってよくあった。黄マネージャーの言動が不快で仕方なかったが、それでも理解はできた。2人の子持ちの既婚者にも、理想のタイプくらいはあるだろうから。そういう話を扱ったドラマもたくさんあるし。

黄マネージャーから電話がかかってきた。ともかく職場の上司だから、完全に無視をすることはできない。慎重に「はい、タンです」と答えると、黄マネージャーが明るい声で言った。

「給料のことで電話したんだけど、タンだよね？ 電話で聞くと（声が）子どもみたいだね」

子どもみたいだって？ 携帯のロック画面を自分の子どもの写真にしているくせに、よくそんなことが。恥知らずめ……。黄マネージャーが給料を口実に電話をかけ、悪だくみをしていることくらいは分かる。「不愉快です」と一言で切り捨てようかとも思ったが、反射的に笑いながら答えてしまった。自分でも理解できなかった。笑える話じゃないのに、笑いたくもないのに、私は笑っていた。悔しかった。私がヒラの従業員ではなく、社長だったらどうだったろう。マネージャーが私を見下して、「オフィスワイフ」などという言葉を口にできただろうか。その夜、大きな斧でレストランを打ち壊す夢を見て、1カ月後にアルバイトを辞めた。

## ブラジリアン柔術を習う

### プルの話

何だって？　女が男を倒せる武術があるだって？

土曜の昼、遅く起きてリビングに出て行く。テレビをつけて、ソファに寝そべった。リモコンでチャンネルを回したが、見たい番組がなく、携帯をいじっていた。「ブラジリアン柔術は力に関係なく相手を倒すことができます。相手が誰であれ、技術で勝てるのです」テレビから流れてくる音声に、携帯を置いて画面の方を見た。

小学生のころ、5年ほど合気道を習っていた。黒帯有段者の私にとって、同級生の男子が振り回す拳は取るに足らないものだった。男子たちは私のことを「ヤクザの女房」と呼んだ。校内で私に力で勝てる男子はいないも同然だった。私はいつも意気揚々としていた。しかし、中学生になると状況が変わった。小学生のときは同じくらいの体格だった男子も、中学生になるとぐんぐん背が伸びていった。いつも私を見つけると「おい、ヤクザの女房！　勝負だ！」と言ってとびかかってくる子がいた。常に私が勝つのだが、本当にしつこかった。

彼は中学生になっても、勝負しようと言っては私につきまとった。いつもそうしていたように、挑戦を受けてやろうと彼に近づいたが、何かが変わっていた。彼の背が私より何センチか高くなっていたのだ。もう小学生じゃないんだ、と実感した。相手の体格のせいでちょっと気が挫《くじ》かれたが、それでも私は「ヤクザの女房」ではないか。体が少し大きくなったとしても、負けるわけがない。そう思ったものの、彼に蹴飛ばされた瞬間、考えが変わった。痛さで涙がにじむほどだった。幸い、ちょうど始業ベルが鳴った。先生が教室に入ってきたので、闘いは自然と終わった。私は席に着いて悔しさを鎮めながら、いま起きた出来事を振り返ってみた。私が負けるなんて……。いつも勝っていたのに、私の方が強かったのに……。悔しかった。男に生まれなかったことが恨めしかった。こんなふうに男女の体の違いについて考えたのは初めてだった。

その後、私は体の違いを受け入れて、順応していくしかなかった。なのに、ブラジリアン柔術だって？　技術で体の違いを克服し、相手を倒せるなんて！　目からウロコだった。月曜日になるのを待って、ブラジリアン柔術の道場を訪ね受講料を払い、道着を買って稽古に参加した。初めて合気道の道場に行った日のことを思い出した。ブラジリアン柔術の稽古は面白かった。ひとしきり汗を流してから道場を出て、大きく息を吸いながら考えた。

これで私も男に力で対抗できるのではないか。自分で自分の身を守る技術を身につけられるという事実だけでもホッとした。夜道で誰かにつけられても対処できるという自信が生まれた。しかし、喜んでばかりはいられなかった。なぜ私がブラジリアン柔術に頼らねばならないのか。なぜ誰かにつけられる状況を心配しなければならないのか。そんな現実を思い知らされ、苦い気持ちになった。

2020年5月、「ソウル駅無差別暴行事件」が起きた。ある男性が見ず知らずの女性を暴行した事件だ。被害を受けた女性は目元に裂傷を負い、頬骨を骨折した。報道では、男性が女性を暴行した理由として、「肩がぶつかったから」という言葉が書かれていた。肩がぶつかったから？　肩がぶつかった相手が屈強な男性でも、同じように無差別暴行をしたのだろうか。いや、ただの平凡な成人男性だったとしても、こんなふうに拳で殴り掛かったりはしなかったはずだ。

2016年5月、キム・ソンミンという30代男性が江南《カンナム》駅近くのビルの共用トイレに潜み、入ってきた女性を殺害した。その前に6人の男性が同じトイレを使ったが、加害者は男性のことは「そのまま」見逃し、女性が入ってくると殺害した。これは明白な女性嫌悪《ミソジニー》犯罪だった。にもかかわらず、警察や検察、さらに裁判所も、「女性嫌悪に起因するものではなく、統合失調症による偶発的犯罪」と結論付けた。だが、男性はそのまま見逃し、女性だけを選んで殺害したことを、偶発的な犯罪とは言うことはできない。

女性を対象にした凶悪犯罪は徐々に増加しているが、司法当局はいまだに加害者の精神疾患を持ち出して、彼らの未来を気遣っている。「ソウル駅無差別暴行事件」の犯人である30代男性に対しては、逮捕状請求が棄却された。江南駅殺人事件の加害者であるキム・ソンミンも、心神耗弱状態が認められて減刑された。

女性にとっては命に関わる切迫した問題なのに、加害者は逮捕もされず、裁判所は量刑を軽減したのだ。社会が安全を保障してくれないので、女性はバッグの中に護身用ツールを入れ、休みの日には護身術を習いに行く。だが、いくら頑張ってブラジリアン柔術を習っても、身の安全が100%保障されるわけではない。犯罪者が凶器で脅してきたり、護身術の技術が通じないほど力に差があったら、どうしたらいいのか。それに、予期せぬ状況に置かれたら、人は何も考えられなくなってしまうものだ。犯罪予防は、女性個々人の仕事ではない。女性嫌悪犯罪の解決は国家の仕事だ。

# 同じ経験をしたはずなのに、なぜ私だけが不愉快なの？

鏡に自分の姿を映してみた。体にぴったりフィットするボーダーワンピースと、最近買った白のジャケットはけっこう似合っていた。この服はよく伸びる綿素材でできていて、着心地がよいだけでなく、ナチュラルでこなれた雰囲気が出るのでよく着用している。3月はまだ肌寒いので、ジャケットを羽織った。丈が短めで、ワンピースの上に着るのにぴったりだった。歩きやすいスニーカーを履くと、満足のいくスポーティースタイルができあがった。コーディネートにこんなに気を遣っているのは、久しぶりに高校時代の友人たちに会うからだ。高校の思い出を共有しているので、月に1回くらい、友達の誕生日などの記念日があるたび、忙しくても時間をとって集まっていた。私を含めて全部で9人なので、1年に9回は会っている計算だ。

9人全員が集まる日は、いっそうワクワクした気分になる。この日、私と友達2人が先に約束の場所に着いたが、他の友達を待っていたらお腹が空いてきた。もう我慢できず、先に3人で店に入り、おつまみを注文することにした。そのとき友達から電話がかかってきた。「ねえ、風船は買った?」。最近、大きな金と銀のアルファベット形風船がはやっていて、今日の集まりの主人公である友達がぜひそれを準備してほしいとリクエストしたそうだ。今日はやけに化粧が早く済んだと思ったら、余った時間はこのために使えという神の思《おぼ》し召《め》しだったようだ。私たちは文房具店に寄って風船を買い、「腹減ったー」と歌いながら飲み屋へと走った。

友人たちとおしゃべりしながら約束の場所に向かっていたとき、ふと聞き慣れない声が聞こえてきた。

「韓国の女はダサいよね」

「なんで？」

「ほら、前」

前ということは、私たちのことだろうか。ふだんから私は耳ざとい方なので、誰かが離れた場所で私の悪口を言っていてもすぐに分かった。これは私たちをけなしているに違いなかった。彼らの前方2メートル以内にいる女は私たちだけだったし、彼らは私たちのすぐ後ろを歩いていた。（私たちに言ったんじゃないよね。きっと誤解だよ）（私の服、変だったかな？）（ワンピースにスニーカーが合わなかったかな）（最近太ったかも）。飲み屋で座ってからも、しばらくぐるぐる考えてしまって、友達の話に集中できなかった。

みんなはお酒を飲んで写真を撮るのに夢中で、私が聞いた言葉には関心がなかった。「さっき韓国女性全員をけなしてた奴ら、バカみたいじゃない？」と切り出してみたが、私の声はカメラのシャッター音にかき消された。「何を着ても私の勝手だよね」もっと大きい声で言ってみたが、「タンは胸が大きいから、体にフィットする服が似合うね。うらやましい」などとかみ合わない答えが返ってきた。

まだ8時なのに、すでに携帯のアルバムには今日撮った写真が100枚以上たまっていた。HAPPY BIRTH DAYの頭文字をかたどった「H、B、D」の形の風船のうち、「D」の字が何度も落ちてきたけれど、誕生日パーティーの主人公はご所望の風船イベントに満足そうだった。彼女のうれしそうな顔に、私も気分がよかった。でも、会話が途切れるたび、彼らの声が思い出された。せっかく友達に会って、誕生日パーティーを楽しもうとしているのに、気持ちが晴れなかった。浮かない気分でいたら、去年の冬の出来事を思い出した。

その日も友達の誕生日だった。夜8時頃に会って夜遅くまで遊び、終電に乗って帰ろうかというときのことだ。20歳になったころから、私たちは毎月の誕生日パーティーが終わると、全員で集合写真を撮るのが決まりになっていた。その日もいつものように駅前で集合写真を撮っていた。すると、いきなり30代半ばくらいの男性が私たちに向けて携帯電話を向けた。同じ年ごろの男性4、5人のグループだった。シャッター音がしたので、私が周囲を見回すと、写真を撮った男と目が合った。

「いま、私たちの写真を撮りましたよね」

「いいえ」

「音がしましたよ。携帯のアルバムを見せてください」

「だから撮ってません」

先述の通り、私は道を歩いていて誰かに悪口を言われても気が付くほど耳がいい。数分ほど押し問答していたが、仲間の男たちが「面倒だから早く見せてやれ」と言ったので、アルバムを確認できた。私たちの脚をズームアップで撮影した写真があった。急いで撮ったせいか少しピンボケだったが、意図的に撮った写真に違いない。怒りがこみ上げてきた。

「消してください」

写真を削除するのを見届けてから、その場を去った。

私が素性の知れない男を相手に、無断で私たちの写真を撮ったことを問い詰めている間に、他の友人たちは地下街に降りてしまっていた。だから私ともう1人の友人が5人の男たちに取り囲まれていたのに、他の友人たちは私たちを置いてその場を離れてしまったのだ。悲しさがこみ上げてきた。先に地下鉄のホームへと降りて行ってしまった友人たちが恨めしかった。だいぶ経ってから、私のこわばった顔を見た友人たちがどうしたのかと聞いてきたので、事の経緯を説明した。

「あの男、私たちの写真を撮ったのよ。なんで先に行っちゃったの？」

友人たちは平気な顔で「知らなかった」と答え、「世の中には変な奴も多いよね」と言って済ませようとした。私はあっけにとられた。写真を撮られたのは私だけじゃなく、全員だったのに、大したことじゃないという言い方をされて、もう家に帰りたくなった。もう帰り道だったのが、まだしも幸いだった。地下鉄に乗っていても友達との会話に参加せず、独り黙っていた。みんなが何を話していたかも覚えていない。

# 日常の暴力

## プルの話

中学生のころ、友達とビラ配りのアルバイトをしたことがある。最後の1束を配り終えれば、仕事を上がって家に帰れる。本当はいけないが、早く帰りたいあまりマンションを回りながら1軒あたり2、3枚のビラを配っていった。ところが、それがばれてしまった。私たちに仕事を任せた管理者は、ビラを配り終えてワゴン車に座っていた私の太ももをなでながら、ずるをしたからバイト代から2000ウォン差し引くと言った。当時は減らされた2000ウォンに気をとられ、太ももをなでる男に抗議する発想もなかった。

中1のときも似たような経験をした。合宿授業が終わって写真のプリントを頼みに写真館に行ったところ、その店の主人に30分ほども（プリントされた）私の写真が欲しいと言われ続けた。彼は、私が芸能人の誰かに似ていると言いながら、ずっと私の頬と髪をなでていた。怖くてたまらなかったが、ショッピングセンター2階の奥まったところにある写真館だったので、大声を上げたり逃げたりすることもできなかった。声を上げたらもっと大変なことになるかもしれないと思い、黙って座ったまま耐えるしかなかった。とにかく怖かった。写真のプリントができるやいなや、写真館を飛び出して塾に向かって走った。授業のために教室に座ったが、涙が止まらなかった。驚いた先生に塾長室に連れていかれ、そこで一部始終を説明した。先生はすぐに親に電話し、親は写真館の主人を警察に通報した。児童・青少年にセクハラをはたらいた彼に下された処罰は、たった2週間の営業停止処分だった。数日後、写真館のおじさんはなぜあんなことをしたのかと親に尋ねた。彼は「娘みたいだったから」と言っていたそうだ。まったく、この手の言い訳は当時もいまも変わっていない。

中2のときはこんなことがあった。男子生徒Aがふざけて私の胸をぽんと叩いた。Aは「わざとじゃなかった、本当にごめん」と何度も言った。誤って触れてしまうこともあるだろうと思い、少し文句は言ったが、それ以上は問題にはしなかった。ところが、お昼休みの時間に事件は起きた。他のクラスの男子生徒Bが私のところに来て、「Aがお前の胸を触ったって?」と言ったのだ。あまりにも不快で、何も答えずにトイレに逃げ込み、一番奥の個室に入って声を上げて泣いてしまった。Aをぶん殴ってやりたかったが、顔を見るのも恥ずかしく思えた。恥ずべきは私ではなく彼だったのだが。

こうしたセクハラやわいせつ行為は、いまなら大問題だが、昔は何が何だか分からないままやられっぱなしで、もみ消されていた。それは、その後もずっと続いた。高1のときは学級委員長をしていた。合宿授業の隠し芸大会では、クラスの友達4人と短いワンピースを着て歌を歌った。合宿の後、クラスの友達何人かと学校の前のコンビニにたむろして、座ってジュースを飲みながら合宿での出来事について楽しくしゃべっていた。すると、一緒にジュースを飲んでいた男子がいきなりこう言った。「委員長が合宿の隠し芸のときの服でお酌してくれたら、酒がうまいだろうなぁ」私はいまだに彼の言葉を一言一句覚えている。彼は転校してきたばかりで、留学から戻ってきたので私たちより1歳年上だった。17歳の男子が16歳の女子にこんなセリフを言うとは。私は面くらい、もじもじしながら文句を言ったが、それ以上のことはできなかった。他の友達も問題発言だとは感じはしたものの、それだけだった。

成人になったころ、飲み会が終わってから酔った友達の面倒を見ながら道端に立っていると、誰かが背後から私の腰をぎゅっと抱いた。酔っぱらった友達の仕業かと思って振り返ると、知らない男が立っていた。驚いて叫ぶと、その男はふらつきながらくすくす笑っていた。友達はみんな酔っていて、私に何が起こったか分かっていないようだった。その男は「ちょっと酔っちゃって。ごめんな」などと言っていた。私は何も面白くないのに、その男は笑い続けていた。ようやく私の状況に気付いた友人たちは、「酔っ払いを相手にするな」と言って、男を追い払った。それから1カ月、私は眠れなかった。20歳の1月は悔しさと恨めしさでいっぱいだった。

これまで何度もこんな経験してきたが、これが韓国社会の奥底に潜む強姦文化だとは考えてもみなかった。単にたまたま起きた事件で、私の運が悪くて、「一部」の悪人たちからの被害を受けただけだと思っていたのだ。そんな中、２０１６年に江南駅殺人事件が起きた。私は怒りを覚えたが、日常の忙しさに紛れて、怒りの火を燃やし続けることができなかった。あちこちで「女性」「社会的弱者」というキーワードを中心とする言説が形成されていった。

タンと一緒に参加したマスコミ入社試験の勉強会でも、熱い論争が繰り広げられた。呆れたことに、論争は男女の両陣営にはっきり分かれていた。一方では生存がかかった問題だと不安がっているのに、もう一方は「一部」だけの問題をなぜ「全体」の問題にするのか、なぜ自分たちを潜在的加害者と見なすのか、悔しいのは女性ではなく、汚名を着せられた男性の方だ、加害者の罪をなぜ自分たちが負わないといけないのか、といった主張をするのだった。私はどちらの側にも立たず静観していたが、ようやくこんな発言を口にした。「こんなふうに敵味方に分かれて争わなくてもいいのでは。私はこれまで、特に差別されたこともないですし」私の人生で5本の指に入る妄言だった。差別されたことがない、だって？　すぐに思いつくものだけでも、中学生のとき、高校生のとき、写真館で、20歳になったとき……。些細《ささい》なこととは言えない出来事を、何度も経験してきたのに。

私はつとめて「大したことじゃない」と思おうとしてきたのだ。そうしないと生きていけないと思ったから。子どものころから周囲に吹き込まれてきた言葉が、耳にこだましていた。「お前の気にしすぎだ」「男の子の愛情の表現に過ぎない」「何でもいい方に考えよう」「つべこべ言えば、自分が苦労するだけだ」「加害者にもあなたにも自分の人生があるんだから、忘れた方がいい」「誰でも1度くらい経験することだ」……。幼いうちから大人になるまで、こんな言葉ばかり聞かされて育てば、自分の経験と悔しさに正面から向き合えなくなるのも当然だ。そして自分を責めることになる。「自分が悪かったのだろうか？」と。このような自問が、自分の中に残っていた明白な証拠さえもじわじわと踏みにじり、ついには「自分はちょっと神経質な女の子だから」と決めつけてしまうのだ。こんなふうにして、私が持っていた不安、恐怖、恐れ、羞恥心、侮蔑感、不快さは薄められ、ゆっくりと水面下に沈んでいった。

そんな中、また事件が起こった、それは金曜日のこと、週末なのでバスに乗って故郷に帰った。夜11時ごろにバスを降り、実家へと歩いていくと、途中に分かれ道がある。実家へは直進すればいいので、横断歩道の前に立った。夜だからか、信号が変わるのが遅く感じられ、すぐ近くの脇道を抜けることにした。すると、私の横で信号を待っていた男が、後をつけてくるようだった。――この人も道を変えたのかな。そう思いながら、ぱっと後ろを振り返ったとき、男が道端の草むらに身を隠した。一瞬のことだったが、さっと身を隠すのを見て、ぞっとした。背筋に冷たい汗が流れた。明らかに後をつけられているのに、そのまま歩き続けるわけにはいかない。私は後ろも見ずに、走りに走った。走るうちにポケットに入れていた物がいくつか落ちたが、気にしている暇もなかった。ひとしきり走って、ようやくコンビニの明かりを見つけ、店内に飛び込んだ。そして店の一番奥で座り込んでしまった。その瞬間、気付いたのだ。自分とは無関係だと思っていたことが、まさに自分の目の前で起きていることに。

それ以来、私はフェイスブックやインスタグラムなど、いくつかのSNSで自分の経験を語り始めた。それを読んだ男性たちの多くは、「夜道なんか歩くからだ」と言って取り合わなかった。しかし、男性たちは日常の中で、「誰かに後をつけられているかもしれない」とか、「誰かに見られているような気がする」などという恐れを抱くことが何度あるだろうか。1度もそんな経験をしない人の方が多いかもしれない。では、女性は？　聞くまでもないことだ。

## 姉が正しかった

### プルの話

小学生のころ、姉が私よりも大きなテディベアを持って帰ってきたことがあった。彼氏からのプレゼントだという。こんなに大きなテディベアをもらえるなんて……。私は姉がうらやましかった。それから2週間ほど経ったころ、姉は突然、「おい、生意気太っちょ（姉は私をこう呼ぶ）！　私の部屋に来て」と言って私を呼んだ。何かお使いでもさせる気なのかな。そう思って、つっけんどんに姉の部屋のドアを足で押し開けながら聞いた。

「なに？」

「この人形欲しいって言ってたでしょ？　あげるよ」

「ほんと？　いいの？　でも、なんで？」

「別れたから」

「え！　テディベアをくれた彼氏と？　どうして別れたの？」

「あいつ、私の服装に文句つけるからさ。ミニははくなとか。何様のつもりだよ」

私は内心、彼氏ならそのくらい言うだろう、なぜそんなことで別れたのか、と思った。それでも欲しかったテディベアがもらえてうれしかったので、なかなか気が強いな、とは思ったものの口には出さなかった。自分の部屋でピンクのテディベアを抱きしめ、私は大満足だった。「クマちゃん、ようこそ。お姉ちゃんて、ちょっと変わってるよね」その日は姉の言うことを素直によく聞いた。

先日、夏物に衣替えをして、クローゼットの冬物を整理した。そのとき、クローゼットの奥にピンク色の毛を見て、テディベアをもらったときのことをぼんやり思い出した。あのとき私は、なぜ姉のことを気が強いと思ったのだろう。いまは遠くで暮らしている姉を思い出し、1カ月ぶりに電話した。「お姉ちゃん、あのときのこと覚えてる？　テディベアをくれたでしょ。あのとき、どうして彼氏と別れようと思ったの？」10年以上も前のことなので、姉は覚えてもいないようだった。何度か説明した末、姉の前頭葉の奥深くに隠れていた記憶を引っ張り出すことができた。

「私は彼氏の持ち物じゃないからね。なんであいつの思い通りにしなきゃいけないの？」

わざわざ聞かなくても十分予想できたことだが、姉自身の口から聞けて、すっきりした。私は中学生のとき、フンに言われて、家に戻って着替えてきたことがあるが、姉はそのときの私と同じ年ごろだったのに、私とはまったく違う行動をとった。自分が着たい服に文句を付けられると、姉は別れを選んだ。私は親の言うことはすべて正しいと思って従ってきた娘だったが、姉は親から服装のことで叱られても意志を曲げず、自分が可愛いと思う服を着た。

姉が正しかった。うちの親は、「女がスカートをはくと男に狙われるかもしれないから、服装は地味にしなきゃいけない」と言っていたが、親のこの言葉は結局、犯罪の責任を女性に負わせるものだ。姉は子どものころから、「悪いのは私の服装じゃないよ！　私を狙う奴らが悪いんだ！」と言って、信念を曲げなかった。

「親に叱られても自分が着たい服を着たおかげで、いまでは親の考えもだいぶ変わったんだよ。私に感謝しなよ」

恩着せがましく言う姉がしゃくに障ったが、他人の言葉に振り回されず主体的に生きてきた姿は、ちょっとかっこいいと思う。

## 母とのり巻き

### タンの話

母が酒を飲んで帰ってきた。かなり酔った様子の母は食卓に向かうと、「なんでのり巻きが残ってるの?」と怒り出した。食卓には母が朝作ってくれたのり巻きが置かれていた。「このまま腐らせて捨てるつもり?」母が大声で言って、皿を手にゴミ箱のフタを開けた。それを見て私は駆け寄り、「私が片付けるから」と言いながら母の手から何とか皿を奪いとった。その瞬間、何やら冷たくて固い物が首にぶつかり、ゴツンと鈍い音がした。首に当たって床に落ちたのは、冷蔵庫に保存してあったのり巻き用のハムだった。太さは私の首ほどもある。母がこれを投げつけたことに、私は驚いた。

母が帰宅する前、私は食卓でのり巻きを食べていた。お腹がふくれたので、残りをお皿に移して冷蔵庫に入れなくちゃ、と思いながら、しばしソファに寝そべって携帯を見ていた。そこへちょうど母が帰ってきたのだった。

——放ってあったんじゃない、ママの誤解だ！

ハムがぶつかったところがジンジンするのを感じながら、部屋に入ってドアの鍵を閉めた。母の顔を見たくなかった。私に物を投げるなんて、どうしてそんなことができるのか。恨めしくて、しばらく家出でもしようかと思った。私がのり巻きをどれほどおいしく食べたのかも知らないくせに。

母は私が高校に入ったころから、退職して旅行に行きたいと言っていた。子どもたちが就職して結婚したら、もう完全に働くのをやめて休むと宣言したりもした。私のせいで母が苦労して働いているのだと思うと、何か悪いような気がした。それで、「私、早く就職してママに世界一周旅行をプレゼントするね」と約束した。すると母は、「口先だけの親孝行よりも、いまできることをしっかりやってね。洗濯とか皿洗いとか」と鼻で笑った。

のり巻き事件は、私が生まれてからろくに休んだこともない母が、仕事をやめてアルバイトを始めてから2カ月ほど経った週に起こった。母も私も就職先を探しており、さらに母は主婦業もしていた。私がのり巻きが食べたいと言うと、母は材料を買ってきて、朝早くから切って、炒めて、味付けをし、のりで巻いて、切るという作業を繰り返した。朝7時から作り始めて、完成するのが11時だったから、本当に手のこんだのり巻きだった。そうやって家族の食事をしっかり準備するとすぐに出勤し、仕事を終えて帰宅してみると、食卓に置きっぱなしになっているのり巻きが目に入ったのだ。ああ、そうだ、ここ数日、生ゴミ用のゴミ箱が母の作ったおかずであふれていたっけ。ここまで考えが及ぶと、もう母への憎らしい気持ちは消えていた。

「ママ、今日の豚肉炒め、とてもおいしかったよ。洗い物もしておいたよ」

その日以来、おかずがテーブルに放置されることはなくなった。残ったおかずは、私が食べるか、冷蔵庫にしまった。母はおかずが余っていても、もう誤解することはない。

## 母の仕事は「外の仕事」プラス「家の仕事」

### プルの話

父はサラリーマン、母は学校の先生だった。母親が教師だと勉強を教えてもらえていいと思うかもしれないが、私はそう思わなかった。授業参観日、友達のお母さんたちはみんな教室の後ろで我が子を見守っているのに、私の母はいつもそこにいなかった。それが寂しくてたまらず、授業参観のお知らせをもらってきた日に、もう先生をやめてと言って母に駄々をこねたのをおぼろげに思い出す。

教師という仕事柄、だいたい5年ごとに勤務校が変わった。自宅から父の職場までは車で10分もかからなかったが、母は20年にわたり、平均1時間の距離を通勤しなければならなかった。だから、我が家で一番忙しいのは母だった。疲れているはずなのに、母は毎日早朝に起きてみんなの食事を作ってくれた。それは私が大学に入るまで、1日も欠かさず続いた。祖母も同居していたのでシリアルなどで簡単に済ませるわけにもいかず、母は毎朝欠かさずご飯を炊かねばならなかった。朝食を作り、出勤の準備をし、毎朝あたふたと家を出ていく母の姿が、いまもありありと目に浮かぶ。

母は帰宅すると着替えもせずに、夕食の準備に忙しかった。夜間自律学習〔韓国の高校では授業後に夜9時～10時頃まで学校に残って自習する制度がある。「自律」の名があるが、半強制的である〕の監督をするときや、仕事のスケジュールで夕食を準備できないときは、私たちに電話をしてきた。自分で用意して食べてね、という母の声には、すまない気持ちがにじんでいた。母親ならそれが当然だと、私も思っていた。

父の仕事は「外の仕事」だったが、母の仕事は「外の仕事」プラス「家の仕事」だった。社会的な性役割によれば、母親の本業は家事であり、教師の仕事は副業だった。しかし、母にとって「教師」は決して副業ではない、使命感と自負心をもって献身する本業だった。

母は時々、「学校の仕事のせいでプルの世話がちゃんとできずに心配だ」と言って気に病んでいたが、私はそうは思わなかった。母は自分の体よりも私たちの体を気にかけてくれていた。

「外でお仕事をして、お姑さんのお世話までされていたら大変でしょう」

母が何度も言われた言葉だ。母はいつも「そんなことないですよ」と、気にも留めない様子だったが、実際はどんなに大変だっただろうか。子どものころは、母の言うことを真に受けていた。でもいま振り返ると、自分の人生を守るために、母はどれだけ必死だったことか。そう思うと胸が痛い。

# 第3章

# 自分の声を上げ始める

# なぜ私だけ深刻に悩むのだろう

## プルの話

私は「コンクールキラー」とあだ名されるほど、ありとあらゆるコンクールに参加していた。校内はもちろん、学外のコンクールにもよく応募していた、2019年夏も、コンクール応募の準備で大忙しだった。ニュース通信振興会主催の「真相究明ルポ」コンクールの準備と同時に、学生の「チャレンジ精神」を試す別のコンクールにも参加した。提出時期が重なりどちらを選ぼうか悩んだが、取材に1カ月はかかる「真相究明ルポ」コンクールとは違い、後者は自己紹介さえ提出すればよかったので、さほど負担ではなかった。何よりどちらのコンクールもかなり高額な賞金がかかっていたので諦められなかった。

学生会、海外ボランティア、全国一周旅行、海外研修、冬季オリンピックのボランティアなど、自己紹介シートに書けそうな「チャレンジ精神」のネタはあふれるほどあった。2カ月後、書類審査通過の連絡をもらった。面接の倍率は2倍。十分に勝ち目はありそうだ。面接の日、身なりを整え、胸を張って面接室に入った。ドアを開けるやいなや、2人の面接官が「ずいぶん色んな活動をしたんですね。聞きたいことがたくさんあるから、早くお座りなさい！」と歓迎してくれた。「これは受かりそうだ」と直感した。

面接は和気あいあいとした雰囲気だった。最後の質問が出るまでは――。面接官たちは、いま最も関心のある社会問題について質問した。私は当然、テレグラムの性的搾取と盗撮問題について話した。ずっと取材を続けており、長期にわたる問題でありながら、まったく解決していないのだから、これが深刻な「社会問題」であることは明らかだった。政府や警察、メディアがどんな問題意識を持ち、今後どんな方向に進むべきかを真剣に話した。しばらく話してから、ふと面接官を見ると、彼らは共感できないという目で私を見ていた。

面接官たちは、その問題以外に社会が関心を向けるべき問題は何かと、改めて質問した。いまさんざん説明したのに、まったく理解できていないようだった。「あの、これがいますぐ解決すべき、本当に重要な社会問題だと思いますが」私は事件の深刻さについて再び説明した。大規模なコンクールの面接官なら、社会的にもそれなりに認められた人のはずなので、事件の実態を伝えれば少しは問題解決に役立つのではと思った。しかし、これは単なる希望的観測に過ぎなかった。彼らはこの事件を、社会の問題というより個人の問題と見なしたのだ。

面接が終わって外に出ると、全身の力が抜けた。韓国社会全般に関わる、社会からぜひとも除去すべき強姦文化に対して、この社会はどれほど安易な対処をしていることか。彼らはこれを慢性的な「問題」ではなく、「些細なハプニング」くらいに思っているようだった。なぜ私だけが、なぜ女性だけが、問題意識を抱いているのか。

1カ月後、面接の結果が出たとのSMSが携帯に届いた。すぐにパソコンを立ち上げ、そこのサイトにアクセスした。期待してはいなかったが、でも、ひょっとして、という気持ちで……。やはり、私の名前はなかった。予想していたことなので、大きな失望はなかった。予想通り面接には落ちたものの、盗撮が深刻な社会問題であることを今後どう証明していくのか、より深く考えるようになった。

## ありふれた〝特別な日〟

### タンの話

「女だからこんなことが起こるのかな」大学に来て、身にしみてそう感じた。性差別を、頭と体で実感したのだ。怒り、悔しさ、挫折、強迫観念、愛が、私の経験の中で乱雑に交じり合っていた。

新入生のとき、専攻学科の合宿に行った。宿舎で女性の先輩たちとカードゲームをしていると、いまは連絡も途切れた先輩が、私のことを「男顔」だと言った。四角い顎と一重まぶたのせいで「男顔」に見えるから、メイクでイメージを変えてみてはと勧められた。私はその先輩ではなく自分の顔が嫌になり、まつ毛エクステの施術を受けた。人工まつ毛が上まぶたをピンと引き上げてくれて、目の大きさが2倍になったように見えた。2年生のときまで気の置けない仲だった同期の男子学生は、「これでやっと女に見える」と言った。これが褒めているつもりなのか。一体、「女らしい」とは何で、「女らしくない」とは何なのか、と考えた。男性の同期たちはいつも酒の席で、私と親しかった5人の女性の同期たちに「このメンバーがうちの学科で一番肌がきれいだな。それは認めるよ」と言った。それもそのはず、私たちは彼らと会う前に友達の寮に集まってパックをしていったのだから。親しくしている女性の同期の一人はノーメイクで教室に入ったところ、ある男性の同期から「顔を家に忘れてきたのか」と言われたこともある。実に情けなく、あきれたセリフだ。

通信社のインターン記者として出勤した初日には、性別が自分のすべてだと思い知らされた。「今度も女ばかり2人か?」と、部長がガッカリした顔で言った。ハードワークで有名な仁川《インチョン》国際空港のレストラン街でさえもアルバイトを始めて1週間で適応した私なのに、インターン生活は最終日まで針のむしろだった。警察庁を担当していたある日のこと、ある警査〔警察官の階級で下から3番目。日本の巡査部長クラス〕が私に目配せして言った。「女性の皆さんに独身の記者を紹介してあげようか。年の差が10歳くらいならいいだろ」

インターンを終えた日、仕事を指導してくれたメンターたちが飲みに連れていってくれた。その2次会で行ったビアホールで、ある男性記者が後輩記者に言った一言は、いまも忘れられない。「彼女と長いんだな。妊娠攻撃して結婚しちゃえよ」私の聞き間違いかとも思い、帰りのタクシーの中で友達に「妊娠攻撃」という言葉が聞こえたか確かめてみた。友達は黙ってうなずいた。

休学する前、学外活動チームのリーダーを務めたことがある。今学期の間に得た成果の発表会を終えてから、みんなでカラオケに行った。男子学生10人、女子学生6人、男性の指導教授が1人というメンバーだ。順番が来た私が前に立って歌っていると、指導教授が隣に来てこう言ってきた。「タンはメチャかわいいな」それを耳にした男子学生たちは、あわてて私を席に引き戻した。カラオケボックスは暗くて、とても怖かった。カラオケボックスがもっと明るければいいのに。それに、先輩の男子たちも教授をちゃんと引き留めてくれたらいいのに――。そんなことを切実に思った。

大学の近くの居酒屋でアルバイトをしていたときも、似たようなことがあった。新学期の顔合わせや学期末の打ち上げ、体育祭、文化祭といったイベントのある日でも、ほとんど客の来ない店だった。店が暇だったので、私は男性の社長と2人で店でおしゃべりしたり、たまに社長が考案した新メニューの味見をしたりして、半年ほどバイトを続ける中で社長を信頼していった。私が社長を尊重しているように、社長も私を尊重してくれていると思っていた。その日も店は暇だった。客がいなかったので、社長は厨房に座り、私は厨房の前のレジに立っていた。そのとき突然、厨房の方から携帯のシャッター音が聞こえた。反射的に後ろを振り返ると、社長の携帯が私に向けられていた。驚いた私が困惑の表情を見せると、彼が携帯を見せてくれた。携帯のアルバムには、ジーンズにパーカー姿の私の写真があった。もしその日、私が肌が隠れるような格好ではなく、恋人とデートするときのような、へそや腰が見えるトップスやスカート姿だったらどうだっただろう。写真に私の素肌が映っていたとしたら？

彼氏と合意の下で、お互いの携帯を見せ合ったことがある。当時は大学のグループトークでセクハラ事件があったり、盗撮写真が共有されたりしている事実が社会問題になっていた。彼を信じてはいたが、正直言って不安で、どうしても自分の目で確かめたかったのだ。ちょうどそのころ、チャットルームで男子学生たちが後輩の女子学生を笑いものにしているのを見つけた。彼らはみんなで後輩の写真を共有しながら、悪口を言っていた。「こいつがいるせいで俺の成績がヤバい」というような、劣等感をあらわにした陰口だった。ある者は背後から隠し撮りした彼女の脚の写真をアップして、体型をからかった。そうやって彼らはしばらくふざけあっていたが、そこに別の男子学生が入ってきて、こう書き込んだ。「キャプチャーしたプロフィール画像をチャットルームに上げて、悪口なんか言っていいのか」ごく当たり前の話だが、そうやって批判したのは、その人だけだった。

彼が続けて、「面と向かって言えないことを裏で言うんじゃない」としかり飛ばすと、やっと嫌がらせは止《や》んだ。

2018年7月、盗撮事件偏向捜査を糾弾する第3次デモに参加したときのことだ。私たちは「国産AV」と題した盗撮動画を蔓延させたウェブハード・カルテルの解体を求めた。ひとしきり声を上げた後で、「デモの後でどうやって帰ろうか」と心配になった。デモの参加者はみんな赤い服を着ることになっていたので、それが嫌がらせの標的にされるかもしれないと思ったのだ。家に帰るまでの1時間あまりに何かされないかと怖くなり、心臓が縮む思いだった。その日、あるユーチューバーがデモ参加者の女性を許可なく撮影して嘲笑したり、チキン屋にいた男性がデモ隊に暴言を吐いたりしたケースもあった。「過激デモ」という非難の声もあった。知らない人が聞いたら、デモ隊が石を投げて火でもつけたと思われそうだ。本当に過激な行動をしているのはデモ隊だろうか、あるいは不快な目で私たちを見ている側だろうか。

髪をショートにした数日後、グループ別の課題を一緒にしていた男性の先輩が、私を見て顔をしかめた。「男みたいだな。なんで切っちゃったの?」私が自分の髪を切ると、どうして彼が不快になるのだろうか。彼はしつこく、なぜ髪を切ったのかと聞き続けた。「特に理由はないですよ」先輩は私に、またロングにしたらどうかと勧めてきた。いや、勧めたというより強要だった。発表の準備も大変なのに、こんなつまらないことで時間を無駄にしたくなかったが、不愉快だった。学生時代を通じて、こんなことで日常生活が乱され、私はそのたびに自分の感じたことを整理し、反芻《はんすう》し、怒った。本やメディアに目を通し、私の感情にぴったりくる表現を探した。口がむずむずして、黙っていられなかった。短ければワン・センテンス、長くて20行ほどに考えをまとめて、SNSで発信した。いつしか私は「ガチフェミ」になっていた。

# 日常の嫌悪

## タンの話

大学の総学生会が学生向けに最も熱を入れる行事は、学園祭だ。学園祭には各サークルの発表、出店、のど自慢など種々の出し物が準備されるが、実のところ一番の目玉はゲスト歌手の公演だった。出演するゲストは、1週間にわたって総学生会のSNSで公開される。そこには、「人気歌手を呼んでくれるなら授業料も惜しくない」などというコメントも寄せられる。アパートで同居する友人の「ポニョ」は、ゲストの名が発表されるたびに私に連絡をくれた。火曜日はAとB、水曜日はC。いずれも私が知らないか、興味のない歌手たちだった。

学園祭は2日目（水曜日）が一番盛り上がるので、3日目（木曜日）のゲストには前日と比べてあまり有名でない歌手が呼ばれることが多い。今回もそんな感じだった。実際は誰が来ようが私には何の関係もない。金曜日は授業がなかったので、木曜日の最後の授業が終わったら早く帰って休もうと思っていた。授業がない日の前の夜を学校で過ごすなんて、あまりにもったいない。そのとき、ポニョがゲスト歌手について連絡してきた。「今日のゲストはキム・○○とキ・○○」どちらも私の知らないヒップホップのアーティストだった。「なんだ、今日のゲスト。誰が知ってるの？」だけど、どこかで聞いたような……。そうだ、ヒップホップのオーディション番組『SHOW ME THE MONEY』に出ていたっけ。ともかく私にはどうでもいいアーティストなので、後ろ髪を引かれることもなく帰れそうだった。

私と友人は、ここの学園祭にはなぜアイドルが来ないのかと不満を並べ立てた。「アイドルが来れば見に行くのに」「私はいま、OH MY GIRLにハマってるんだ」「私はRed Velvetだな」「それよりIUをゲストに呼んでほしいよ」そんな身勝手な会話をしていると、小さなフェミニズム団体のチャットルームに通知が来た。

「皆さん、学園祭にキム・○○が来るそうです。〝エブリタイム（全国の大学を対象としたコミュニティおよび時間割作成アプリ）〟に抗議文をアップし、コメントもたくさんつけていますが、キム・○○を擁護する人が多くて残念です」

キム・○○？　変だな。やはりこの名前に聞き覚えがある。そこで、ネットで彼の名前を検索してみた。

「嫌悪がイケてる？」今度はヒップホップ歌手キム・○○の女性嫌悪歌詞が俎上《そじょう》に
「〝メガリア〟の女たちはみな強姦」こんな歌詞もヒップホップなら許される？
嫌悪を歌うラッパー、あなたたちは「ヒップホップ」を知らない

キム・○○は、ほんの1カ月前に「女性嫌悪」的歌詞で物議をかもしたヒップホップ歌手だった。3月末に発売された歌の歌詞は、恐怖そのものだった。「〝メガリア〟の女たちはみな強姦」という歌詞を見て、腰を抜かしそうになった。女性たちのオンライン・コミュニティ「メガリア」〔2017年閉鎖〕を対象に性的暴行を示唆したのだ。ちょうどその日、「某大学グループチャットルームで盗撮・セクハラ事件発生」という記事を見ていたこともあり、すでに精神的に疲れていた。

自分が嫌悪する対象に性的暴行をしてやるという歌詞に、一般大衆はどんな判断を下すだろうか。「産婦人科のようにガバッと広げ」「だめなら殴ってでも俺のものにするぜ。Baby、今日は俺のもの、じゃなきゃ半殺し」といった暴力的で女性を見下すような歌詞が、

ヒップホップ界でも問題になったのを思い出した。と同時に、「強姦文化」という単語も頭に浮かんだ。ひょっとするとキム・〇〇は、自分だけが非難にさらされることを不本意に思うかもしれない。問題の歌詞を書いたのはキム・〇〇ではなくチョン・〇〇だからだ。

キム・〇〇は先輩のチョン・〇〇がくれた歌詞をラップにのせた。それを仲間のラッパーたちが宣伝し、音楽配信サイトが流通させた。こうして歌が生み出され、大衆と出会った。歌がネット民たちの間で問題になると、マスメディアもそれを取り上げた。その結果、この歌は数日で音楽配信サイトから消えた。また、関係者らは歌詞の過激さについては謝罪したが、「女性嫌悪」については謝らなかった。ただ過激な歌詞を書いたことだけが悪かったと言ったのだ。それから3週間後、我が大学の総学生会はキム〇〇を学園祭のゲストに招いたのだ。

キム・〇〇の出演予定日まで、まだ1週間あった。自分が犯した「女性嫌悪」を反省しない人物をステージに立たせたくなかったし、彼が公演に招かれること自体を防ぎたかった。差別と嫌悪を歌うラッパー、その問題になった歌を、数百万ウォンもの学費を払って聞かされるだなんて……。彼の舞台を見にいく学友たちのことも、すでに憎かった。キム・〇〇をゲストに招くことへの抗議文に、「歌は歌として聞けばいい」というコメントがついた。公演を見にいく人たちはみんなそう思っているようだったが、私は同意できなかった。「ヒップホップでは強姦という単語を使うこともある」だなんて。現実に被害者がいるのに、性暴力に関わる単語を単なるお遊びのように乱発するのは、正しい態度ではない。

大学のコミュニティサイトに、キム・○○の歌詞をめぐる論争を取り上げた新聞記事を添付して紹介した。反響は大きく、他の投稿に比べてアクセス数も多かった。コミュニティ内で上がった反対意見をPDFファイルにまとめ、総学生会にメールで転送した。だが、返ってきた答えは、「学園祭まで日がないので、公演は中止できない」というものだった。

大学のオンライン・コミュニティを通じて139人の反対署名を集めた。総学生会が学生の意見を真剣に受け止めるよう、署名には実名を記載するよう依頼した。総学生会に対しては、直接会って話し合いたいとメールを数回送ったが、返信はなく、既読表示もつかなかった。そこで、やむをえず資料を手に直接総学生会を訪ねた。

学園祭まで1週間を切る中、総学生会長、副学生会長、学園祭企画委員長に会い、139人（個人情報を隠し、所属学部だけが見えるようにまとめた）の反対署名ファイルを見せた。ただ、私たちの意見が通って出演契約が破棄されるとは期待していなかった。はやる気持ちで始めた、荒削りの署名活動だったからだ。それでも反対する学生がこんなに多いのだから、総学生会が何らかの対応を取ってくれるよう願った。

「この時節にこんな歌手を呼ぶなんて……」

「学生の声を聞く学生会をスローガンにするなら、問題になるようなゲストを呼ぶ前に学生の意見を聞くぐらいはすべきだったのでは……」

「とにかく反対です」

学生たちの意見は通じた。すぐに総学生会長は、キム〇〇の所属事務所にキャンセルできるか電話で聞いてみると言って、席を外した。10分後に戻ってきた会長は、椅子に座って困惑の表情を浮かべていた。かなり困った様子だった。

「問題の曲だけでも歌わないように頼むことはできますか？」

なんだかすまない気持ちで、妥協案を提示した。学生たちの貴重な意見を貫きたかったが、目の前の人たちの表情を見ると、気後れしてしまった。

「契約のキャンセルは、イベント直前なので難しそうです。問題の曲は絶対に歌わないよう要望します。そのラッパーが過去にどんな歌を歌ったのか確認不足で、本当にすみませんでした。こんな歌を歌っていたことを知っていたら、ゲストには招かなかったでしょう」

「歌詞についても、問題になってから初めて知りました。こうした社会問題には疎くて。初めてのことで至らない点が多く、申し訳ありません」

学生会長と副会長は、目のふちを赤く染めていた。何度もつばを飲み込み、息を整えながら繰り返し頭を下げるのを見て、なぜかやるせなくなった。自分たちが悪役になったようで、気分が晴れなかった。結局、問題の歌手はステージに立った。登場したのは20分ほどだったが、オンライン・コミュニティの書き込みを見ると、問題となった曲は歌わなかったそうだ。

## たかが髪の毛

### プルの話

5歳のころから、ずっとロングヘアにしていた。髪は絶対に肩より下までなくちゃならないと思っていたのだ。2018年から女性問題に関心を持つようになったが、「脱コルセット」は眼中になかった。これまでずっと「おしゃれをする」ことに抵抗はなかったので、「装飾労働」〔化粧や身繕いが社会的に強要されることで、女性が男性より余分に働いているととらえる考え方〕という言葉にもピンと来なかった。大学進学後もせいぜいスキンケアをしてリップを塗るくらいしかしていなかった。マスカラやチークなどは贅沢品だった。外出の準備はシャワーの時間を合わせても30分あれば十分で、前日にシャンプーをしていれば、10分以内で準備を終えることもできた。切羽詰まっているときは、帽子を深くかぶって外出することもあった。

それでもなぜか、髪だけはロングにこだわっていた。幼いうちから「女は髪を短くしちゃダメ」と、心の底で思い込んでいたようだ。2018年、韓国女性の間で「脱コルセット」の熱風が吹いた。タンはこれに加わり、髪を短く切った。それでも私は、「自分も脱コルセットに加わるべきだ」とは思わなかった。正直言って、自分とは関係のない話だと思っていたのだ。だが、女性にまつわる問題に関心がなかったわけではない。この社会には「ガラスの天井」（組織内で十分な素質を持つ人物が、性別や人種などを理由に不当に昇進を阻まれてしまう現象を指す。「目に見えない障壁」をガラスに喩《たと》えた言葉）があり、女性だというだけでヘイトクライムの標的になるという事実は、はっきり認識していた。

タンから脱コルセットを強要されたことはない。ただ、彼女が脱コルセットをして得られた利点を、毎日のように口にしていただけだ。短い髪がどんなに楽か、化粧をしなくてもかまわない状況がどんなにいいか、おしゃれに使うお金でどれだけの貯金ができたか。ときにはうんざりすることもあった。「私にもそうしろと言うの？　だけど、いまも別におしゃれをしてないよ。これくらいはいいんじゃない？」もちろん、なぜタンが脱コルセットしたのか、なぜ多くの女性が脱コルセット運動に加わったのか、気になってはいた。

ある日、友達との約束があって外出し、時間があったので大学図書館に立ち寄った。新刊コーナーを見回していると、『脱コルセット：到来した想像』というタイトルの本が目に入った。脱コルセットのことが気になっていたところだったので、ほんの軽い気持ちで借りてきた。ところが、その本の最後のページを閉じたときには、すでに白々と夜が明けかかっていた。

男性が出勤にあたって備えるべきデフォルト値、すなわち「人としてあるべき姿」が、自分がこれまで備えてきたそれとはまったく異なることに、やっと気付かされた。女性は「人としてあるべき姿」を備えるため、毎日一定の時間と費用をかけて、そのデフォルト値に自分から近付いていかねばならない。ところが男性にとっては、「人としてあるべき姿」がすでに向こうからやってきていたのだ。

イ・ミンギョン、『脱コルセット：到来した想像』から
〔原書42ページ。邦訳は生田美保他訳、タバブックス、2022年〕

これまで積もっていた疑問が、一気に解消された気分だった。本を構成するすべての文章が正しかった。とりわけ頭を殴られたような気分がしたのが、引用した一節だ。私がこれまでロングヘアをやめられなかったのは、「人としてあるべき姿」を維持するためだったんだ——。髪を切ったら男みたいに見えるかも。女に見られなくなってしまうかも。そんな心配は、社会が作り出した「規定」に過ぎなかったことに気付かされたのだった。

本を読み終えて真っ先に思ったのは、「髪を短く切ってしまおう！」ということだった。気が変わる前に切ってしまいたくて、朝一番で美容室に行った。ショートにしてほしいと言うと、美容師から「せっかくの長い髪をどうして切るんですか！　やめておいたら？」と止められた。私は耳が出るくらい短くしたかったが、美容師の不満げな口調に、結局ボブヘアで妥協した。それでも20年をロングヘアで過ごした私にとっては、かなりの挑戦だった。

髪を切ってからも、社会が作った「女性性」から脱皮したいという熱望は止まなかった。結局、1週間後に別の美容院に行った。美容師は私よりいくつか年上に見える男性だった。ショートカットにしてと注文したのに、ちびちびとしかハサミを入れない。

「あのう、美容師さんと同じように、バッサリ切ってもらえますか？」

彼はこれ以上切ったらスタイルが台無しになる、少なくとも1カ月は帽子をかぶって過ごす羽目になると言って、30分にわたり私を説得しようとした。たかが髪を切るだけなのに、こんなに大変だとは！　その日に切った髪は2センチにもならなかった。2週間も経たないうちに、また別の美容院に行った。一度で終われば1万5000ウォンくらいで済んだのに、3回も行ったせいで費用も時間も3倍かかってしまった。今度こそ美容師の言葉に振り回されないぞ、と固く決意して、美容院のドアを開けた瞬間、「ショートにしてください！」と叫んだ。

髪を短く切って美容院を出ると、首のあたりがとてもさっぱりしていた。ちょっと慣れない感じだけれど、頭が軽くなって気分がよかった。翌日、学校に行く準備をしながら服をとっかえひっかえして着てみたら、鏡に映る私の姿はガラリと違って見えた。以前から自分は見た感じそう悪くないと思っていたが、いまではカッコいいとさえ思えてきた。ほら、こんなに変わってカッコよくなった私を見て——。そんな顔で、堂々と教室に入っていった。一瞬、同期の男子学生が目を丸くしていたが、私は平気だった。週末に家に帰ると、親が「身体髪膚《はっぷ》、之《これ》を父母に受く」〔人間の体は全て父母から受けたものだから、これを傷つけないようにするのが親孝行の第一だ、の意〕という言葉も知らないのかと、冗談まじりに小言を言った。

私は長めのショートカットだったのでこの程度の反応で収まっていたが、友達は腰まであった髪を一気にツーブロックにしたため、実にさまざまな経験をしたそうだ。公衆トイレに入ってきた人がわざわざ一度外に出て女性トイレかどうか確認したり、男性トイレかと思った、と叫んだ人もいたそうだ。まったく、たかが髪の毛じゃないか！

## 短く切れば気分がいいから

### タンの話

大学の前に、数十年の伝統を誇るタッパル〔鶏足を辛く炒めた料理〕の店がある。去年の夏、私とプルは週に1度はこのタッパル屋に通い、とうとう店長秘伝の味しか受け付けない体になってしまった。タッパル専門店なのに、サイドメニューのカルグクス〔きしめんのような平たい手打ちうどん〕、大根の若菜のピビンパ、豚皮、タッカルビまで、すべてが素晴らしい。特別な材料を使っているわけではない。大根の若菜のピビンパには、大根の若菜とピビンパ用のたれとご飯だけが入っている。カルグクスであれば、店長仕込みのだし汁と麺と青唐辛子、この3つだけが入っている。

グループ別の課題を終えて疲れた心身を癒すため、大学院生の先輩女性と一緒にタッパル屋に行った。タッパルの味に心酔してビールを追加注文し、大根の若菜のピビンパの味に感動して焼酎も頼んだ。「グループ別の課題、キツいですね」「先輩は統計プログラムの名人ですね。天才です」気持ちよくこんな話をしていると、店長がシメのカルグクスを出しながらこう聞いてきた。

「男なの？　女なの？」

沈黙が流れた。どうしてこんなことを聞くんだろう。髪が短いから？　隣のテーブルの男性よりも先輩の方が髪が短いのは確かだが、髪の長さで相手の性別を判断するのは、どう考えても失礼だった。先輩が答えるより先に、私がカッとなって言った。

「店長！　どういう意味ですか？　私も明日髪を切ってきますから！」

先輩はこの手の質問に慣れているようだった。むしろ私が頭にきて、ショートカット宣言までしてしまった。この突然の宣言に、その場にいた全員が驚いていたが、すぐに「わはは」と笑いが起こった。

その日、友達に電話して、私の決意を伝えた。

「今日、髪を切りにいくわ」

「毛先を整えるの？」

「ううん、ショートカットにするんだ！」

「え？　いきなりどうしちゃったの？　冗談でしょ」

最初は興味がなさそうに聞いていた彼女だったが、ショートカットと聞いて驚きの声を上げた。なぜ切るのかという質問には、「なんとなく」とはぐらかした。以前は勇気が出なかったが、最近は女性たちが我も我もと髪を切るので、つられて私もついに決心した。

午前の授業が終わったら、同じ大学に通う恋人に声を掛けて、一緒に美容院に行こう。心臓がバクバクした。ああ、この10年、ボブにしたこともなかったのに！

「ショートにしてください。もうすぐ卒業なんですけど、その前に切りたくて」

美容院に入りショートカットにしてほしいと頼んだが、美容師は困ったような顔で言った。

「ボブくらいでどうですか？　また伸ばしたくなるかもしれないし」

元々やりたいことはあくまでやり遂げる性格なので、ショートカットにする考えは撤回しなかった。先月、16万ウォンもするヘアアイロンを買ったばかりだけど、絶対に切りたかった。生まれつきくせ毛なので、ロングだと手入れが面倒で費用もかかるからと、それなりに説得力のある根拠も示した。美容師は仕方ないというような表情で、溜め息をついた。髪をばっさり切った頭を鏡に映してみる。うわ〜、自分じゃないみたいだ。私の髪がこんなに短くなるんだ。感慨に浸っていると、美容師に改めて聞かれた。

「このくらいにしておきましょうか？　ボブは手入れも楽だし……」

「いいえ、ショートで！」

失礼かとは思ったが、美容師の言葉を遮《さえぎ》って注文を繰り返した。ボブは眼中にもなかった。ついにショートカットの完成だ。鏡の中の自分の姿は、別人のようだった。ふと誰かの顔が思い浮かんだ。「ママ……？」母親似だとはよく言われてきたが、これからは2人並んで歩いていたらどっちがどっちか区別が難しいかもしれない。美容院を出て、恋人と一緒に記念写真を撮って母に送った。涼しい風がうなじをくすぐり、そのたびに笑いがこみ上げた。

——ウソ〜。

授業に出ていると、母から返信が来た。「ウソだなんて失礼な！」返信を打っていたら、一緒に授業に出ていた友達に肩をトントン叩かれ、メモを渡された。

——ねぇ、彼氏は何も言わないの？

——髪を切ったこと？

——別れたのかと思った。

最後に「私がさっぱりした様子を見て、彼も気分よさそうだったよ」そう書きかけたが、メモを畳んでペンケースにしまった。実は言いたいことを今学期の間ぎゅっと抑えつけてきたせいで、いまさら説明する気にもならず、今日の会話はここまでにしようと思ったのだ。教室を出ながら教授にあいさつしたら、「短くしてさっぱりしたね」と言ってくれた。今日聞いたうちで一番うれしいあいさつに、また気分が軽くなった。

# 第4章

# どこに行けば
# もう一度自分と
# 出会えるのか

# 何てことをしてるんですか？

## プルの話

カフェで執筆作業をしていたら閉店時間になり、追われるように店を出た。道の向かい側からバスに乗るために、横断歩道の前に立った。信号が変わるのを待っていると、イヤホン越しに誰かが言い争っている声が聞こえてきた。そっと横目で見ると、1組の男女がケンカしている。女性が男性に別れようと言っているのに、男性は女性の腕をつかんだまま、話し合おうと言って怒っていた。

他人のケンカを見るのは礼儀に反すると思い、努めて気にかけないようにした。そのとき、男性が女性の肩をどん、どん、どん、と何度も強く押した。

男性の方が女性よりもずっと体格がよかった。20センチほども身長差がある男性に、女性はなすすべもなく押されている。考えるより先に言葉が飛び出した。

「すみません、あなたの彼女じゃないんですか？　女性に対して、何てことをしてるんですか？」

近付いてみると、思った以上に男性は大柄で威圧的な感じだったが、おじけづくまいと気を引き締めた。震える声を抑えながら、男性をにらみつけた。男性はいきなり割って入ってきた私に驚いたのか、ちょっとギョッとした様子だった。でも、そこまでだった。男性はまた彼女に向かって大声で叫んだ。

「ちっ、じゃあ別れてやるよ！」

「お願いだからそうして……」

女性の顔は涙に濡れ、目のふちは赤く染まっていた。男性は悪態をつきながらその場を去って行き、横断歩道には私と女性の2人だけになった。慰めの言葉でも掛けようかと顔色をうかがった。私より4～5歳は若そうな彼女の肩をそっと叩きながら、青信号になるのを待った。

信号が変わり、並んで横断歩道を渡っていると、携帯の着信音が聞こえてきた。画面に「恋人」と書かれているのを見ると、さっき別れた男性からのようだった。辺りを見回すと、横断歩道から少し離れたところから、男性が私たちの方をじっと見ていた。また来て乱暴されたらどうしようと心配になり、結局私から先に言葉を掛けた。

「また何かあるといけないから、私の携帯番号を教えておきましょうか……？」

彼女は迷っているのか、目を伏せて唇をぴくりとさせてから、小さな声で言った。

「大丈夫です……。ありがとうございます……」

私たちは逆方向へと別れた。もどかしかった。中学生のときの彼氏が「好きだから」と言って私の行動を拘束したように、あの男性も「お前が好きで離したくないから、カッとなってやってしまった」と言って、自分の行動を合理化するのではないか？　しかし、彼の行動は明らかなデートDVだった。

警察でもない私に、できることはなかった。これ以上被害に遭わないことを願うだけだ。デートDVの通報件数は毎年増え続けているそうだ。実際に受理された通報以外にも、公然と行われるデートDVがどれほど多いか、想像もできない。通報が年々増加しているのは、何を意味するのだろう。デートDVをれっきとした「暴力」と認識する人が増えたのか、デートDV自体が急増したのか、どう解釈すべきか分からない。デートDVを受けても、被害者がそれを「暴力」だと直ちに認識することは容易ではない。男性は女性に対して、しばしば「俺以外の男は誰も信じるな」と言うが、そういう自分は果たして信用に足る人間なのか。男性である自分が「男性」を信じるなと言うのは、おかしくないか。

デートDVの通報件数を見ると、2014年に6675件、2018年に1万2245件となっている。2019年3月に「韓国女性の電話」〔1983年創立。家庭内暴力や性暴力被害を受けた女性の相談にあたり、シェルターを開設。女性に対するすべての暴力から女性の人権を守る活動を行っている〕が発表した統計によると、その前年に配偶者や恋人のような親しい関係にある男性に殺された女性の数は、少なくとも88人となっている。殺人未遂でかろうじて生き延びた女性は、少なくとも196人だった。

独りで家に帰りながら、うつろな気持ちで友人に電話した。いまあったことを説明すると、友人は真っ先に私のことを心配した。

「そんなことして、あなたも殴られたらどうするの？」

「さあね。賠償金をたんまりもらおうかな！」

# 針のむしろ

## タンの話

恋人と一緒に、ピザとビールの店に行ったときのこと。30分ほど待った末にレストランに入り、席に座ったら、隣の席に私と同じくらい髪の短い女性が2人座っていた。ここでは1人をA、もう1人をBと呼ぶ。彼女たちは食事を終えて店を出るまで、ずっと私たち2人のことを話題にしていた。私が神経質なので誤解したのではと思うかもしれないが、残念ながらそうではないようだ。私は耳ざとい方だ。2つのテーブルの距離は1メートルにも満たなかった。彼氏がちょっとトイレに行っていたせいで、ひょっとすると私が1人で来たように見えたのかもしれない。Aと目が合うと、彼女は口元に笑みを浮かべて目であいさつをした。初めて見る人だったが、私も軽く会釈した。5分後、彼がトイレから戻ってきて座った。そのときから、隣のテーブルの2人の表情が固くなった。

「そこの彼女もじきに恋愛から脱出するわよ」

Bがそう言うと、Aはぷっと笑った。自分たちはあの女より幸せに暮らしている、彼女にもそのうち分かるだろう――。こんな会話が続いた。そんな話は聞きたくなかったが、一度気付いてしまうと、ずっと気になってしまう。ピザを食べている間も、その2人のことが神経に障った。

私が浮かない顔をしていたからか、彼が心配そうに、どうかしたのかと尋ねた。私は何も言えなかった。1年前に戻りたかった。髪を切ったとき、みんなの言うことを聞いてボブくらいの長さにしておけばよかった、と思った。そうすれば、人目を気にすることもなかったろうに。髪の長さだけで私のことを自分と「同じ種類の人間」だと見なして、親しげに会釈しておいて、恋人の姿が目に入った途端に、私を裏切り者扱いするような態度は理解できなかった。私は目の前に置かれたピザをじっと見つめた。彼女たちは、私と恋人についてずっと喋り続けている。脱コルセット、フェミニズム、非恋愛などの単語が、何度も繰り返された。非恋愛がどんなにいいか、覚醒して非恋愛主義者になれば、どんなにいい人生を送れるか、そんなことを力説していた。

彼女たちが私に向ける視線には、何の遠慮もためらいもなく、堂々としていた。この場ですぐ別れろと大声で言われているような気がして、針のむしろに座っているようだった。窓辺の席には他のカップルもいたが、AとBは私たちにだけ関心を注いでいた。

ショートカットにしたとき、友達からこんなことを言われた。「ショートカットにしたのに彼氏がいるの？　あなたのせいで私まで性的対象化[*4]されたらどうしよう」私より先に髪を切った友達だった。私のように髪を短くした女性に彼氏がいると、ショートヘアの他の女性が被害を受けるというのだ。

何も言えなかった。友達の言うように、私に彼氏がいるという理由で彼女が性的対象化されるとしたら、それは性的対象化をした側の問題だ。対象化された側の責任を問うのはおかしいと思った。「家父長制を打破するために、あなたはあれもこれもしてはなりません」と主張し、女性を他者化して非難する姿勢を見るたび、私はやるせない気持ちになる。

---

＊4　自分の性的欲求を満たすために、自分より社会的・政治的・身体的に弱い者を人格や感情のない道具のように扱う現象。女性に対する性的対象化が蔓延《まんえん》する社会では、女性が自分をその身体的特徴で定義したり外見で評価するなどして、自らを対象化することもある。

# 好きで違和感を抱いているとでも？

## プルの話

フェミニストになる過程で、私はさまざまなことに「違和感」を抱くようになった。以前は「かわいい」と言われると、ただうれしいだけだったが、その言葉もいまでは決まりが悪くなった。これまでは面白く見ていたアメリカのテレビドラマも、気に障るようになった。女に対する男のセリフはタメ口に翻訳され、男に対する女のセリフは敬語に翻訳されているのが気になるのだ。ドラマでロマンスの仮面をかぶって公然とデートＤＶが行われているのを見るたび、自ずと眉間にしわが寄った。

中学生のとき、学校で目立っているヤンキーの先輩が近付いてきて「あんた、かわいいわね」と言ってきた。私は「かわいい」おかげで、学校で人気の先輩と知り合いになれた。時々、街で見知らぬ男性が「すみません、〝かわいかったので〟声を掛けちゃいました。電話番号を教えてください」と言いながら近付いてくることもあった。こんなことが続くと、自然と自分が「かわいい」おかげで得しているとさえ思うようになった。かわいいと言われれば言われるほど、もっとかわいくなりたくなった。この言葉には変な中毒性があった。

「女」であれば、かわいくなければならなかった。世間では「かわいい女は試験三冠王〔司法試験、国家高位公務員試験、外交官試験の三大難関試験に合格すること〕と同じ」などと騒ぐ人が多い。女性の価値を判断する第一の基準はルックスだ。BBクリームやティントを使うのは「基本的なマナー」と見なされ、化粧せずに外出すると「具合でも悪いの？」と聞かれたりする。本当に体調が悪いのかと心配してくれる人もいたが、化粧をしないと病人みたいだと、からかわれたりもした。

ある日、日課を終えてテレビでアメリカのドラマを見ていたとき。急に違和感を覚えた。英語には敬語がないのに、なぜか吹き替えでは、女が男に敬語で話しかけていた。相手の男性が職場の上司だったら、敬語に翻訳するのもまだ分かる。でも、夫との会話まで敬語にしているのはまったく理解できない。同年代の夫婦なのに、妻の言葉だけ敬語に翻訳していたので不自然だった。1日のストレス解消のためにアメリカのドラマを見ているのに、こんな不愉快な思いをさせられるとは……。結局、途中でスイッチを切ってしまった。

アメリカドラマの翻訳問題はまだ見過ごすこともできる。だが、韓国ドラマで明らかなデートDVのシーンを美しいロマンスとして描いているのは、一体どういうつもりだろう。一時期、面白く見ていたドラマ『また!?オ・ヘヨン～僕が愛した未来～』を、ふと思い出す。パク・ドギョンとオ・ヘヨンがケンカしてもみ合いになった末、パク・ドギョンがオ・ヘヨンを壁に押し付けてキスするシーンがあった。放映当時も、このシーンをめぐり「デートDVをロマンスとして美化している」との批判があったが、ドラマ業界では反省の色は見られない。壁に押し付けてキスをしたり、恋人の手首を乱暴につかんだりするシーンは、韓国ドラマで頻繁に見られる。さらにはこういったシーンが名場面として高評価されたりもする。韓国社会において、デートDVはただ胸がときめくロマンスのワンシーンとして消費されているのだ。

どうしてわざわざ苦労して生きるのか、なぜどうでもいいことで過敏になるのか、と言う人もいる。だが、それはおかしい。私が自分から望んで不快な思いをしているとでもいうのか。さまざまな社会問題に気付き、それに憤って問題提起するのを「あの人は過敏だから」などと考えてはならない。ある者にとっては当たり前の日常が、他の誰かにとっては勝ち取らねばならないものかもしれない。私の過敏さが、よりよい社会を作るのに寄与すると信じている。

# 私が歩む道

## タンの話

2年以上前のこと。私は恋人がいないふりをしていた。完璧なフェミニズムを実現するには「男性」がいてはならないという空気に、自我が埋没していた時期だった。地元の友達に会うと彼氏の話題ばかりになる雰囲気も気に食わなかった。なぜボーイフレンドの一言一句に振り回されないといけないのか。男が女の門限を決めたり、2人でデート通帳を作っておきながらカードを使うのはいつも男だったりといった行動が理解できなかった。

いつ、どこでも「女らしく」独立した人間に見られたいという思いが強迫観念のようになり、SNSに上げていた恋人の写真をすべて削除してしまった。デートのときも、常に5歩分くらい離れて歩いた。そのほとんどは意識的な行動だったが、特に次のようなことに努めた。

1. 彼とカフェに行っても、それぞれ別のテーブルに座る。
2. 彼と歩くときに手をつながない。
3. デートのときは、ショートカットで化粧をしていない女性が近くにいないか注意する。

彼氏は、私にとって特別な人だった。いつも可能な限りくっついて過ごしていた。なのに、初対面の人のように離れて歩くだなんて。いま思えば極端な行動だった。自分で理想的フェミニストのイメージを作りあげ、それに沿って行動することが正しいと固く信じていた。酔っていた、というべきだろう。酔った人間が、文章をちゃんと読めるはずがない。もうフェミニズム関連の本を読まなくなり、かつて感銘を受けた『フェミニズムはみんなのもの』〔ベル・フックス／堀田碧訳、エトセトラブックス、2020年〕も頭から消した。これまで接してきたフェミニズムを、「女性を助けるのは女性だけ」という一言に単純化してしまったのだ。そして、男性と一緒に女性主義を実践し、家父長制を批判するのは屈辱的なことだだと思った。

韓国の女性たちは、「江南駅殺人事件」「ミートゥーの加害者たち」「ウェブハード・カルテル」に怒りを表していた。「無差別暴行ではなく女性嫌悪暴行だ」「男性たちに性的対象化されるのはごめんだ」「女性が男性との性交渉で得るものは、性病と妊娠の可能性、そして盗撮の心配だけなのか」といった考えが、いつでもどこでも頭の中にぷかぷか浮いていたころだった。一連の事件や自分の経験から、「私を救えるのは、私と同じ女性だけだ」という文章に深く共感していた。

インターン時代にメンターに言われた「恋人がいると仕事に身が入らない」という言葉が耳から離れなかった。またある人は、「恋人のいる女性は家父長制を強固にする純真な女性」と言った。私は、自分に恋人がいるということで、「分かっていない」「目覚めていない」「恋愛優先で仕事は後回しにする」女性だと言われるのが嫌だった。だから、恋人がいないふりをして、彼氏と物理的に距離を置いたのだ。彼はそんな私を責めなかった。私に新たなペルソナ、あるいは目標が生まれたことを認め、「君がそう言うなら」と支持してくれた。

こうして恋人と距離を置くようになって数カ月、ある日デートをしていると、荒波がこちらに押し寄せてくるような気分に襲われた。誰かが「お前にはフェミニズム運動をする資格はない」と言って、私を陸に押し出そうとしているようで、恐ろしかった。「堂々と独立し、1人で何でもできる女性」という新たなペルソナに、「周りの目を気にする」という修飾語が加わった。

しっかりした主観がないまま、誰かに背中を押されるようにして立てた「独立した私」という目標のせいで、「本当の自分」を失うことになるとは、夢にも思わなかった。私は伝統的な「女性像」から逃げたくて、ただ天邪鬼のように正反対の行動をしていたのだ。それを自ら選択した自由だと信じていた。過去を後悔して眠れない日もあるが、恋人は「本当の自分を探す過程に過ぎないよ」と、私の背中をポンポンとたたいてくれる。

## タンの告白

### プルの話

2019年の夏休みは、寝ている時間を除き、1日中タンと一緒にいた。そのため、お互い相手について知らないことがないほどだった。もう家族同然だと思っていたころ、タンの行動から妙な気配を察知した。タンは時々、何か言いかけておいて急に話を変えたり、目をそらしたりしたが、それがどうにも怪しかった。一体、何を隠しているんだろう――。ちょっと残念な気もしたが、あえてほじくり返さなかった。

私たちはコーディングの授業を取っていたので、毎日8時間はパソコンの前に座っていた。タンはディスプレイの隅にいつもメッセンジャーを表示させていたが、いつもトークリストの上位には〝モグラ〟というニックネームが出ていた。誰からメッセージが来ても、タンはその場で返信するのに、私が隣にいるとモグラには返信しなかった。「どうしてモグラには返信しないの？　誰、モグラって？」と聞くと、タンは慌てたように友達だと言いつくろった。何をそんなにうろたえているのか。私が首をかしげていると、タンは急いで携帯のアルバムを開き、「この子だよ！　モグラみたいだからそう呼んでるの！」と言った。モグラとは似ても似つかないのに。

数日後、コーディングの試験を目の前に控え、図書館で勉強していた。睡魔に襲われてウトウトしていたら、タンが思い詰めたような顔で私を呼んだ。告白したいことがあるという。重大発表でもするような彼女の態度に、いっぺんに睡魔が吹き飛んだ。興味津々の顔でタンを見つめると、目に涙がたまっている。そして、とうとう涙をあふれさせたかと思うと、声を上げて泣き出した。告白を聞くどころではない。慌ててトイレからロールペーパーをひとつかみ引きちぎってきて、タンを慰めにかかった。しばらくして、タンがやっと話を切り出した。「実は……モグラというのはジンのことなんだ……」そこまで言うと、またわんわんと泣いた。ジンというのはタンの彼氏で、かなり長い付き合いだ。私はSNSから彼の写真が全部消えていたので、たぶん別れたんだろうと思っていた。

モグラが恋人のことだと打ち明けたタンは、だいぶ楽になったような表情で話を続けた。「脱コルセットをしたのに彼氏がいるというのが不安だったんだ。本物のフェミニストじゃないみたいで……。周りの目もすごく気になったし……」誰にも言えなかったけれどあなただけには話すと言って、タンはまた涙を浮かべた。しかし、脱コルセットをしたフェミニストにボーイフレンドがいたらだめだなんて、変な話だ。

実は私も、以前はなぜかタンの目が気になり、彼氏のことはほとんど口にしなかった。むしろタンの方から私の彼氏のことを聞いてきたが、私はそのたびに自分の彼氏は他の男たちとは違うことを証明しようとするように、ありとあらゆる肯定的エピソードを並べ立てた。タンにも彼氏がいたんだ……。そう思うと、ちょっと裏切られたような感じもしたが、これで自分の恋愛話も隠さないで済むと思うと気が楽になった。タンはこれまで言えないでいた話を全部吐き出すつもりか、その後しばらくは毎日何時間もモグラの話を聞かせてくれた。いまでもたまに、このときの話を持ち出してタンをからかうのだが、これほど面白いこともない。

## プルの前で初めて泣いた日

### タンの話

恋人がいない「ふり」をするのに慣れてきたころ。プルに対してあんまり申し訳ないので、「恋人がいるんだ」と泣きながら告白してしまった。この「告白事件」が起こったのは、去年の初夏、大学図書館のスタディルームでのことだ。実のところ、最後まで隠し通せるなら隠しておきたかった。ボーイフレンドがいることを、誰にも知られたくなかった。だからよく使うメッセンジャーの恋人の名前を「モグラ」に変えた。こうすれば分からないだろうと思ったのに、プルは勘がよかった。モグラとは誰かと聞かれ、機転を利かせて「近所の友達だよ」と答えた。それでもプルは疑わしい表情で、私の答えに納得できないような様子だった。後ろ暗くなった私は、さらに別の友達の写真を見せながら、「ほら、この子、モグラに似てるからそう呼んでるんだ」と言いつくろったが、うまくいかなかったようだ。私は思ったことがそのまま表に出る方で、うろたえると顔の筋肉が凍り付いてしまう。笑ってごまかそうとしたが、声の震えを抑えられなかった。

別に隠さないといけない理由があったわけではないが、何となく隠しておきたかった。恋人がいる弱虫に見られたくなかったのだ。「恋人がいる」というのは、すなわち「恋人に頼っている」という意味に思えた。「恋人がいないことが自立していることだ」という主張が、前提からしてそもそも間違っていることを知らなかったわけじゃない。でも、誰かから「(独りなのに)強いね。カッコいい」などと言われたら、思わずニヤニヤしてしまうのだった。

私なりに悩みは深かったが、プルに「なぜ恋人がいないと言ったの?」と聞かれたときは、「なんだか申し訳なくて」としか言えなかった。友人たちに「男はみんなオオカミ」などと口出ししたことが申し訳なく、恥ずかしかった。5人の友達の恋愛に干渉したが、そのうちのまだ3人にしか謝罪できていない(最近、5人全員に謝罪した。友人たちは自分も同じことをしていたら申し訳ないと言ってくれた)。「なぜ恋人がいない〝ふり〟までしなくちゃいけなかったの？」というプルの質問には、「そうだね……」と答えるのがやっとだった。目頭が熱くなり、鼻水が出た。夏なのに、どうしてこんなに鼻水が出るんだろう。プルはロールペーパーを手渡してくれながら、「人を好きになる感情は隠せないよ」と言って慰めてくれた。涙がこぼれ落ちた。このときの思いはいまも鮮やかだけど、それ以外の細かなことはあまり記憶にない。

# 第5章

# 取材を始めて

## 初めて書いた記事の見出しは「大統領のまぶしい美貌」

### タンの話

新聞社でインターンを始めて2週目。オリンピックの最中だったので、サッカー関連の記事を毎日2本以上は書いた。生まれて20年になるのに、サッカーを楽しんだことがなく、オリンピックも「韓日戦」しか見ていなかったので、ルールもよく知らなかった。そのため、ゲームに関するネット上での反応やトレンドキーワードの上位に上がった選手のプロフィールやエピソードを調べる程度だった。たとえば「ロシア選手の名前に〝スキー〟が入るのはなぜ？」とか「クロアチア大統領はどんな人？」といった記事だ。

それでも、他のメディアでは扱わないような記事を書こうと自分なりに努力した。トレンドワードに関する単純な記事でも、独自の視点から書こうとすると2時間はかかった。午前中かかりっきりで、やっと記事1本書ける程度だ。午後は自分が本当に書きたい記事を書こう、と気持ちを引き締めた。

「クロアチア大統領はどんな人？」という記事は、本当に真剣になって書いた。「クロアチアの美しすぎる大統領」などという記事が不快だったからだ。こうした記事のコメント欄はセクハラが蔓延《まんえん》するのが通例だ。「この人はどうやって大統領になったのだろう。私のように彼女の生き方に興味を持っている人が必ずいるはずだ。彼女の業績を中心に記事を書いてみよう」そう思って、海外の記事も探して翻訳し、彼女の今日までの歩みをまとめた。

「クロアチア大統領の記事を書いたのはタンさんだったの？　我が社のサイトのメインに載ったよ。やったね」月曜日、メンターが隣に来て、先週金曜日に書いた私の記事を褒めてくれた。インターンを始めて2週間、褒められたのも初めてなら、メインに私の記事が載ったのも初めてだった。そんなに反応がいいなら、ちょっと見てみよう。一国の大統領の記事だから国際面？　オリンピックのために訪問したからスポーツ面？　スクロールしていた指が止まり、その瞬間、我が目を疑った。クロアチア大統領の顔は、女性芸能人の写真に挟まれていた。

新聞社のホームページの隅に女性芸能人がSNSにアップした写真を集めた枠があり、その欄のアクセス数はかなり多いという。でも、しかし、なぜクロアチア大統領がここに？　かなり面食らった。見出しも私が付けたものとは違うものに編集されていた。確かに私は大統領への尊敬を込めて、波瀾万丈な政治人生について書いたのに、どうして「クロアチア大統領のまぶしい美貌」という見出しが付くのか。クリックすると、中身は間違いなく私が書いた文章だった。記事の内容とはまったく違う見出しを見ていると、腹が立ってきた。

昼食のとき、メンターが私の隣に座った。社内食堂で並んでいたら、たまたまそういう順序になったのだ。

「クロアチアの女性大統領、すごいね」

「そうですよね、クロアチア初の女性大統領ですって。NATOの元外交官で、3カ国語を使えるそうですよ」

「ああ、そうなの？」

ちぐはぐな会話が続き、ご飯が鼻から入っているのか口から入っているのか分からないような食事を終えた。もどかしかった。

# 「記事というには微妙」

## プルの話

盗撮犯罪は最近になって急に生じたものではない。2018年の時点で、すでに韓国社会に蔓延していたものだ。公共機関の職員がワンルームマンションに住む女性を「こっそり」撮影した事件、男子生徒が女子高の女子トイレに潜入して女子生徒を盗撮した事件、さらには現職の裁判官が盗撮した事件もあった。

これは当然記事にすべきだ――。インターン記者として取材意欲が湧いた。盗撮問題を深く取材するため、「不法撮影」「盗撮カメラ」などのキーワードで、さまざまなサイトを検索してみた。トイレ、アパート、道端など、時と場所を問わず盗撮は行われていた。使用機材も多様だった。ネイバー〔NAVER。韓国最大手のポータルサイト〕でちょっと検索すれば、盗撮用機材を販売するサイトがいくつも出てきた。諜報部員でもないのに、メガネやボールペンで撮影する必要があるのだろうか。

はては帽子や水筒に偽装したカメラまであった。いずれも盗撮用に作られたカメラだろう。そうでなければ、こんなふうにカメラを別の物に偽装する理由はない（2020年5月現在でも、相変わらずこれらの機器が販売されている。技術はさらに進化し、いまやタバコに偽装したカメラまである）。

国内最大のポータルサイトであるネイバーが、こうしたカメラが堂々と売られている状況を黙認しているとは……。買う側も売る側も、そしてサイト運営者も、すべてが問題だった。私は盗撮の犯罪者に下された処罰が軽すぎることを批判し、厳罰を求める記事を書いた。女性たちが盗撮を防ぐために非常に神経を使っている点も説明しつつ、「盗撮防止応急キット」を紹介した。応急キットは、カメラが設置されていそうな穴を錐《きり》で刺し、カメラのレンズを壊してシリコンを塗った後、「見るな」と書かれたシールを貼るというセット商品だった。このようなキットがあるのは、盗撮犯罪によって女性の日常が脅かされている証拠だった。念入りに書いた記事だったが、大きな反応はなかった。だからといって、盗撮問題を掘り下げる記事を書き続けないわけにはいかない。私はさらに記事のネタを探し続けた。

そんなとき、あるポータルサイトの「ゲーム」カフェ〔情報交換・交流を目的としたコミュニティページ〕で、盗撮データが共有されているのを見つけた。会員が50万人を超える大規模なカフェで、「親に注意（親に見られないよう注意）」という掲示板が堂々と開設され、盗撮データや芸能人の露出写真などが掲載され続けていた。「インナーパンツが丸見え」と題したガールズグループの写真もしょっちゅうアップロードされた。スーパーで隠し撮りした女性の写真を共有し、スタイルの品評会を開催する者もおり、制服を着た女子学生を下から撮った写真や、チマチョゴリ姿の幼女の写真もアップされた。

こうした投稿が1万5000件を超え、男性たちはセクハラ的な発言を当たり前のように交わしていた。直ちに取材を始め、記事を書いた。そして当時メンターだった男性記者に内容をチェックしてもらった。だが、その先輩記者は「この内容じゃ記事というには微妙だなあ」と言って、記事を通してくれなかった。

インターン期間はあと数日しか残っていなかったので、気が急《せ》いた。マスコミの記者として活動できるうちに、早く記事にして発表したかった。結局、メンターではない女性の先輩記者に原稿チェックを頼み、幸い記事として世に出せることになった。

記事にはかなりの反響があった。問題のカフェの会員の一人が、私の記事をカフェに転載したのだ。それを見た多くの会員が、「インターン風情が、知ったような記事を書きやがって」と盛んに罵った。記事には5000個ほどのコメントが付けられたが、コメントを書き込んだ80%が女性だった。女性たちは「私たちの日常を、なぜあなたたちのポルノにするんだ」と言って、カフェの男性会員たちを批判した。2020年現在、「親に注意」掲示板は削除されている。

## 私たちの現場はテレグラム

### プルの話

「賞金をもらったら何しようか。どこかに行く？　済州島《チェジュド》とか？」

取材を始める前から悩んでいたのは、「賞金をもらったら何をするか」だった。大賞賞金はなんと1000万ウォン。タンと私は、すでに受賞が決まったかのようにウキウキしていた。最初のうちは、こんな冗談を交わすような軽い気持ちだった。コンクールの締切まで後1カ月となり、私たちはせっせと取材のネタを探し回っていた。東南アジアへの買春ツアーの取材をしていた途中、別の記事ネタはないかとあちこち検索していると、ウォッチマンのブログ「AV－SNOOP」が目に付いた。こうして、初めてテレグラムで繰り広げられている性的搾取について知ったのだった。

私たちはさらに取材してみることにした。「記者は現場に足を運ばねばならない」教授たちから耳にたこができるほど聞いた言葉だ。私たちにとって「現場」とは、まさにテレグラムだった。

ウォッチマンが運営する「コダム部屋」に入り込み、チャットルームが生まれる流れを追った。入室したルームが削除されたら、別のルームに移動しながら取材を続けていった。タンと私が同じルームに入っているときは、加害者の行動や言葉遣いを真似しながらお互いに反応し、それぞれ別のルームに入ったときは、そこの状況が分かるようにトーク内容をキャプチャーして共有した。取材を始めて2日目、加害者たちが被害者「○○の個人情報公開」の賛否を問う匿名投票をアップした。私たちはいても立ってもいられず、即座に警察に通報したものの、防ぐことができなかった。そのときには、すでに80％以上の加害者が「公開可」に投票していた。タンと私はわらをもつかむ思いで「公開不可」に投票した。

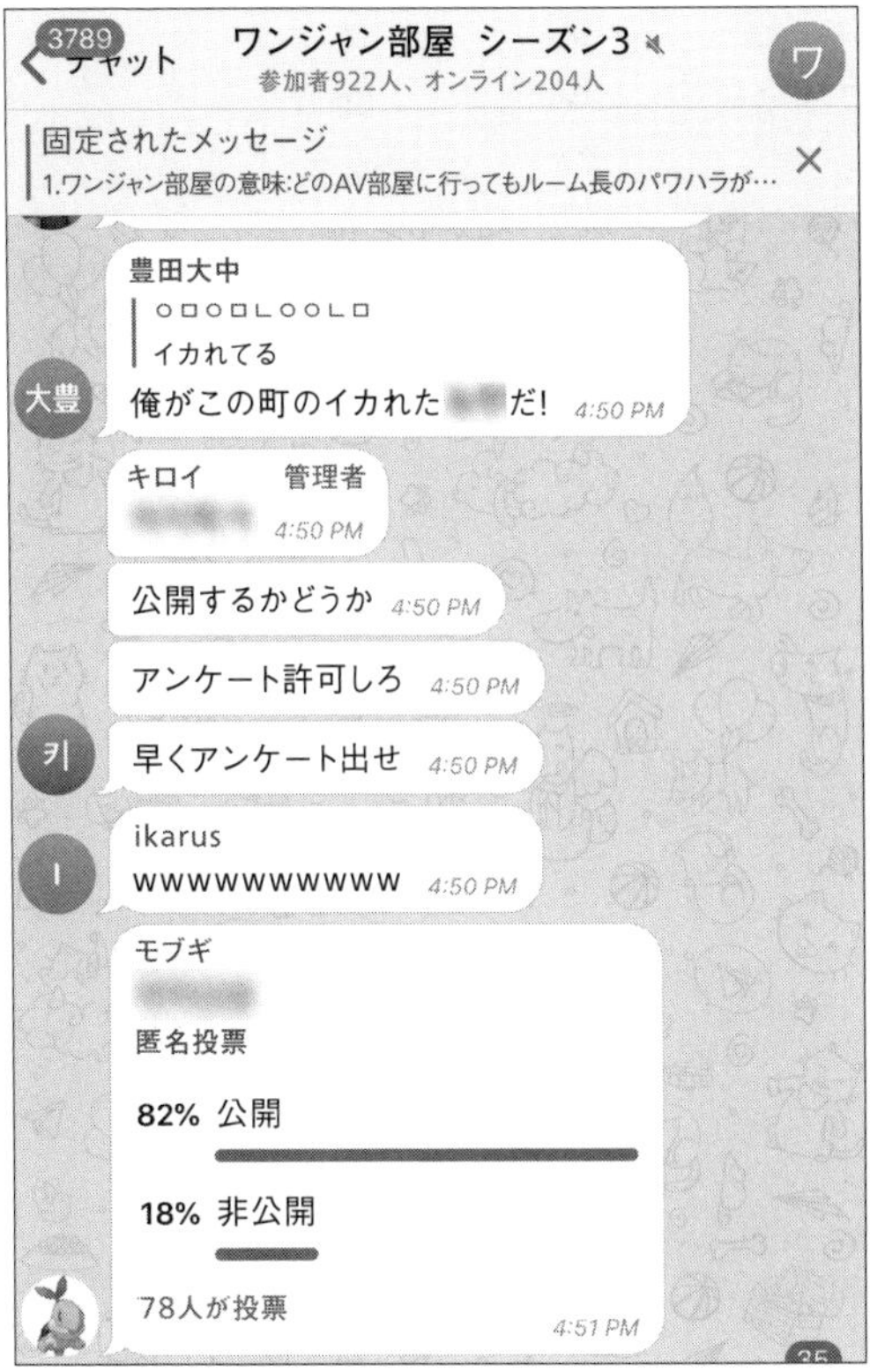
3789
チャット
ワンジャン部屋　シーズン3
参加者922人、オンライン204人
ワ
固定されたメッセージ
1.ワンジャン部屋の意味:どのAV部屋に行ってもルーム長のパワハラが…
豊田大中
イカれてる
大豊
俺がこの町のイカれた　だ!
4:50 PM
キロイ
管理者
4:50 PM
公開するかどうか
4:50 PM
アンケート許可しろ
4:50 PM
키
早くアンケート出せ
4:50 PM
ikarus
wwwwwwwwww
4:50 PM
モブギ
匿名投票
82%　公開
18%　非公開
78人が投票
4:51 PM

学校やカフェなどで見られるような内容ではないので、私はアパートで盗撮画像を見ながら証拠を集めた。何度見ても慣れなかった。彼らにとっては体に染みついた「遊びの文化」でも、私にとってはおぞましい犯罪行為に過ぎなかった。時間とともに参加者は倍々ゲームで増えていき、「コダム部屋」だけでも約2カ月で1000人が7000人にも

なった。長期にわたる取材で、ルームに知人がいるのを見つけたこともある。知人だと分かったときに感じたショックはいまも忘れられない。驚きはすぐに恐怖と悲しみ、怒りへと変わった。

# クローゼット騒動

## プルの話

タンの家で取材をしていた。ディスプレイを見続けたせいで目が乾燥し、だんだん頭も痛くなってきた。「タン、今日はここまでにしようか」午前0時を少し回ったころ、今日の取材を切り上げることにした。帰ってシャワーを浴びたらすぐ寝よう。そう思いながら、とぼとぼと家に向かった。ドアロックの暗証番号ボタンを押して室内に入ると、何だかゾクッとする気配を感じた。部屋はいつもと変わりないが、どこか変な気分がして、いつもと違うにおいが何となく鼻を突いた。クローゼットの扉がしっかり閉まっている。ふだんは開けっ放しのまま外出するのに。クローゼットの中に誰かいたら……。ふと、そう思うと、恐怖で体が凍り付いた。

急いでタンに電話をかけるとともに、息を殺し、忍び足でそっと部屋を抜け出した。タンの家を目指して必死で走る。私からの電話を受けたタンも護身用グッズのクボタン[*5]〔Kubotan。在米日本人で空手家の窪田孝行が考案した護身用具〕を手に、走って私の家に来てくれた。心臓が激しく打っている。外でしばらくうろうろしていたが、お互いにしっかり腕を組んで部屋に入ることにした。暗証番号を押す手が汗ばんでいた。

ピッ、ピッ、ピッ、ピッ。

気を引き締めて、ドアを開ける。室内はひっそりしていた。クローゼットまでたった3歩だが、なかなか足が動かなかった。タンはクボタンを、私はキッチンから包丁を持ち出し、一緒に叫んだ。

「せーの！」

幸いにもクローゼットの中には誰もいなかった。それを確かめて、ようやく気持ちが落ち着いた。不快でぞっとするような映像を見続けたせいで、かなり過敏になっていたのだろう。盗撮は、こうして私の日常生活にも影響を及ぼしていた。

---

＊5　犯罪者に出くわしたら、クボタンの鋭い先端で一撃を加えればいい。航空機の材料にも使われるジュラルミンなどでできており、手に収まるサイズで、相手に効果的な打撃を与えることができる。非常時にはガラス窓を破って脱出するのにも使える。他の護身用グッズと比べて安価でもある。（パク・ジヒョン「護身用グッズ列伝……〝自分の身は自分で守る〟」国民日報2018年7月5日付）

# プルからの深夜の電話

## タンの話

「私、毎日出かけるときクローゼットを開けっぱなしにしておくんだけど。換気のために……。なのに、いま帰ったら閉まってるんだ」

つまり、家に誰かが侵入したかもしれないというのだ。電話を切ると、すぐバッグの背面のポケットから「クボタン」を取り出して、プルの家に一目散に走った。私は中高生のころ、毎年のようにクラス対抗リレーの代表に選ばれていた。通りでからまれたり、暴行や性暴力などの危険が迫ったときには、とにかく逃げて身の安全を守ることを考えてきた。だが、今日は危険に向かって突進した。

——相手の頭を刺して、血が噴き出たりしたらどうしよう。

プルの家までは走って3分。ほんの短時間にさまざまな懸念が頭をよぎった。いま手にしているクボタンは、自分が使いこなすのは難しそうな気がした。催涙スプレーくらいにしておけばよかった。よくよく考えれば、使用法が残忍すぎる。手のひらに収まる大きさなので、使うには相手にかなり近付かなければならない。犯人との距離を詰めるだけで、かなりの勇気が必要だ。そして、近付いたら？　果たしてクボタンを握った手は、思ったように動いてくれるだろうか。正当防衛だから警察で事情を考慮してくれるだろう。とは言っても、クボタンでスイカも割れるというのだから、人を殺す可能性もあるのでは？　一体、護身用グッズをどう使えばいいのだろう。

いつもより速く走ったため、スニーカーの底が熱くなってきた。あとは信号さえ渡ればプルの家だ。そこへプルが、信号の向こうから歩いてきた。

「プル！」

警察に通報すればいいものを、自分たちでプルの部屋を捜索しにいった。プルは万一に備えて、携帯に112〔韓国の警察への通報番号〕と入力し、通話ボタンを押す準備をした。部屋の前に着くと、なんと窓が全開になっていた。プルに小言を言って、そっと部屋に入って叫んだ。

「出て来い！」

シーン……。

どうすればできるだけ犯人に近付かずにクボタンで相手を刺せるか考えながら、握り直した。プルはいきなり包丁を取り出した。何と恐ろしいことを……。だが、もう引き返せない。クローゼットに突撃だ。

「せーの！」

シーン……。

幸い、クローゼットの中に誰もおらず、そこにあったのは、ほうれん草のおひたしみたいにクシャクシャになった服だけだった。ふー、助かった。足の力が抜けてガクガクと震え、クボタンを握った手がピリピリとしびれている。体はいつの間にか汗びっしょりで、シャツの中からムッと熱気が立ち上った。早く家に帰って、冷たいシャワーを浴びたかった。

# 懸念が現実になった

## プルの話

11月になっても、追跡は続いた。その日もテレグラムのチャットルームで繰り広げられる犯罪行為を監視し、証拠を集めていた。

午前2時20分、携帯からピコンと通知音が鳴った。

「○○さんがテレグラムに加入しました」

携帯の連絡先に登録されている人が加入すると、テレグラムはこんなふうにメッセージを送ってくる。

ボランティアをしていたときに知り合った年上の男性だ。住んでいる地域は違うが、年に2回くらいは顔を見る人だった。いや、まさか。仕事のために加入したんだろう……そう思いながらも、嫌な考えが頭をよぎった。私にとってテレグラムは、児童性的搾取の犯罪現場でしかないからだ。まさか、まさか、と思いながら、もしかしてという気持ちで私が入室しているルームの参加者リストを改めて確認した。なぜ不吉な予感は当たるのだろう。盗撮画像とあらゆるセクハラ的なトークが行き交う○○部屋の参加者リストに、見慣れた名前を見つけてしまったのだ。

恐怖と憎悪、そして怒りが一気に込み上げた。数日前に彼と会っていたことで、さらに怒りが湧いた。いっそ、いますぐ電話して彼に罵声を浴びせてやろうか。でも、仕返しにテレグラムに私の写真をアップされたらどうしよう。そんな不安から、結局は何もできなかった。気持ちのやり場がなく、一緒にボランティアをしていたヒョニに「○○先輩がテレグラムに加入してきた。どうかしてるよ」と怒りを吐き出しただけだった。

以前は、テレグラムのチャットルームを社会性のない愚かな人たちの溜まり場程度に思っていた。それなのに、ユーモラスで社交的な先輩がテレグラムに入ってくるとは。ショックだったし、裏切られたとも思った。加害者はバーチャルな空間だけでなく、リアルな空間にも、さらに私の身近にも巣くっていた。恐怖と不安を肌で実感した。こんな世の中で、どうやって無傷で生きていけるだろう。私もすでに盗撮されているのではないだろうか。恐怖はますます大きくなっていったが、最後まで掘り下げてやるという決心もまた、不思議なほど大きくなった。

## あの、○○の友達なのですが……

### プルの話

私の母は教師をしている。私の年上の親友である2人の女性も学校の先生だ。小学校から大学まで、私が出会った先生はみんな好きだった。どの先生も心から子どもをかわいがってくれた。私がこうしてすくすくと育つことができたのも、多くは先生のおかげだった。私にとって先生は尊敬の対象だったし、もちろんいまでもそうだ。

テレグラムのチャットルームの追跡を始めて4カ月、知人凌辱部屋が雨後の筍《たけのこ》のように発生した。その中で一番人気が「先生部屋」だった。加害者たちは「女」とみれば誰でも性的な遊びの対象にしていた。学校の先生を盗撮して合成したり、卒業アルバムの先生の写真を合成してチャットルームに掲載した。さらには先生のSNSのプロフィール写真と電話番号を流布したり、先生の家族写真まで広める者もいた。1つのチャットルームにアップされた先生の写真だけでも1000枚を超えた。先生にまでこんなことを……。

被害を受けた先生に事実を知らせようと、インスタグラムのハッシュタグ機能を利用した。1人、また1人と連絡するたび、申し訳なく、やるせない気持ちになった。被害者の先生全員に連絡することは不可能だった。タンはちょうど論述の勉強中で申し訳なかったが、とても1人では無理なので協力を仰いだ。2人で連絡した被害者は20人あまり。被害に遭った先生は、誰も被害の事実を知らなかった。

ところが、SNSをいくらあさっても見つからない先生が1人いた。被害の程度が特にひどいので、何としても事実を知らせ、加害行為をやめさせたかった。知り合いに聞くと、同じ地域で勤務する先生同士は、地域のメッセンジャーを使って連絡ができるという。しかし、残念なことにその先輩と被害者の先生の学校は同じ地域ではなく、この方法は使えなかった。加害者はさらに自分は○○教師の同級生だといって、保管していた写真を合成して積極的に載せるようになり、会員たちもこれに乗じてセクハラに熱を上げた。

どうしよう。警察にも連絡してみたが、名前と写真から人を探すことはできないとのことだった。私にできることは、すべてのSNSを総動員して被害者を探すことだけだった。3日間かかり切りで探した結果、先生の勤務校を調べ出すことができた。しばらく悩んだ末に、こちらの連絡先を伝えた。幸い、先生から連絡が来た。私たちは協力して犯人の日星を付け、警察に通報した。「記者さんのおかげで犯人を捕まえ、2次被害を防ぐことができました」先生はそう感謝してくれた。私は今回の経験から、記者の役割についてより深く考えるようになった。

「記者にできることは何だろう。記者も目撃者として、事件の解決に役立てるんじゃないだろうか」

取材して報じること以外にも、記者にできることはもっとあると思う。ある先輩記者から言われたことがある「記者が事件に深く介入しすぎた」と。記者は客観性を保つべきだとの先輩記者の言葉に、私は反論しなかった。当時の私にできたのは、小さな反抗だった。目の前で事件が起きているときも維持すべき記者の客観的な態度とは何なのだろうか。私には分からない。

# 残像

## プルの話

テレグラムを追跡しながら見た動画は数千本に上る。性的搾取、盗撮、グロなど、目を背けたくなるような動画の数々……。

追跡の最中は、眠りに就く直前までチャットルームの状況を確認していた。ルームに入るやいなや、何かがうごめいている動画が目に入ってきた。1分ほどの短い動画だったが、その衝撃はとても言葉では表せないほどだった。手足が震え、鳥肌が立つくらい恐ろしいものだった。

n番部屋の被害者の動画ではなかった。ただそれが合成されたものであることだけを願った。動画は1分足らずのものでも、その残像は1週間以上にわたって私を苦しめた。ふだんも加害者を追跡するために眠りに就くのが深夜になることはあったが、その動画を見た後はまったく眠れなかった。目を閉じるとその映像が生々しく頭に浮かび、私の身体《からだ》を少しずつ蝕《むしば》みながら這い上がってくるようだった。こうした気分はしばらく止むことがなかった。

ある日、n番部屋の性的搾取動画を詳しく確認する必要が生じた。ある記者から、性犯罪の判決文に出てきた内容とn番部屋の動画を比較してほしいと頼まれたのだ。その判決文が、もしガッガッに関係する被疑者のものなら、これを活用してガッガッを捕まえることができるかもしれないと思った。記者からn番部屋の動画をもらえないかと言われたが、私があげるわけにはいかなかった。n番部屋事件で世間が騒がしかったにもかかわらず、私が入室していたn番部屋のうち3つは今も残っていた。

元祖n番部屋に入った者が第2、第3のn番部屋を作ったため、元祖n番部屋が削除されたとしても、残りの部屋から動画を再確認できた。判決文の内容と動画の内容を対照するために、同じ動画を10回以上も見た。性的搾取の動画を自分の目で隅々まで確認し、ひょっとして糸口が見つかるかもしれないと思い、何度も一時停止しては画面を拡大して見た。

数時間かけて動画をチェックした末、判決文の内容と動画が一致する明確な証拠を見つけ出した。証拠を見つけ出せた喜びは一瞬のことで、動画では把握できなかった被害事実を判決文の中で確認して、さらに大きな衝撃に襲われた。その衝撃は、何としてでもガッガッを捕まえてやりたいという怒り、子どもたちが犯罪の標的にされる前に守ってやれなかったことへの罪の意識へと変わり、私を蝕んだ。

無力感に苦しみ、頭がずきずきと痛んだ。「一体、なぜこんなことが起きたのか。どうすれば解決できるのか」その答えはいまも得られていない。

私の頭の中には、いまも数々のむごたらしい動画の残像が残っている。それは死ぬまで消えることはないだろう。少なくとも、私が抱いた問いの答えが見つかるまでは――。韓国社会に蔓延するデジタル性犯罪の息の根を止めるため、この傷跡をかみしめながら悩み続けていきたいと思う。

# 残像は残像でしかない

## タンの話

「一番ショックだった場面は何ですか」

最もよく聞かれる質問の一つだ。それへの回答はこうだ。「すべての場面がショックなので答えられない」記者や作家、プロデューサーたちは、いまも脳裏に残っている場面を教えて欲しいと言う。私は彼らの望みに応じて、自分の記憶のかなたに隠れた残像を無理やり引っ張り出す。

この文章を書いている今日は、2020年8月7日だ。テレグラムのチャットルームへの潜入取材を始めてから、約400日目になる。今日だけでも正確に数えて41回、チャットルームで目にした動画の残像が頭をかすめた。朝9時に起きてから午後6時まで、意識的に数えた回数だ。すぐに41回を超えている。この文を書きながらも思い出したからだ。頭に浮かぶ残像は、はっきりとは思い出せないものの、脳のどこかに染みついている。ふとしたきっかけで加害者たちの低劣なセクハラや女性嫌悪的な会話を思い出すと、いまでも不快だ。できれば脳の隅々まで洗い流したくなる。

それより、こんな質問をして欲しい。いまの被害者の日常はどうか、政府の被害者保護対策はしっかりなされているのか、必要な立法は何か、裁判所の軽すぎる判決はどうすれば変えられるのか。これからはもっと活気のある話をしていきたい。

残像は過去の姿に過ぎないのだから。

# 最後まで行く

## プルの話

私とタンが最初に取材しようと考えていたのは、テレグラムのn番部屋ではなく、カカオトークの中で買春ツアーのレビューを載せているオープンチャット・ルームだった。

少ないときでも30人、多いと400人ほどがカカオトークのオープンチャットに集まり、東南アジアへの買春ツアー情報を共有していた。現地の女性を盗撮してアップする者もいた。オープンチャットの中には男の声で認証しなくては入室できないルームもあったが、ほとんどは無条件で簡単に入室できた。私は1日だけで5つのルームに入ってみた。ルームの参加者たちは、どこそこの誰それのスタイルがいいなどと、女性を商品化するような会話を続けていた。

2020年5月、n番部屋事件以降に彼らが勢いを失ったことを期待しながらオープンチャット・ルームに入ってみた。11カ月ぶりだったが、やはり簡単に入室できた。入室を許可するシステムをどうしてそんなに詳しく知っているのかと、私たちに尋ねる人もいるが、実に簡単だ。しかし、新たな参加者が流入するのを防ぐため、ここでは入室方法に関する細かな説明はしない。

女性を搾取しようとする者の振る舞いは、どこでも似ていた。コダム部屋のウォッチマンのように、情報を教えて兄貴分扱いされる者たちがいた。一部の参加者は「コロナのせいでプーインもキムチも食べられない」などと言って残念がった。「プーイン」とはタイ語で「女」を意味するが、チャットルームの参加者は東南アジアの女性を性的対象化する意味でプーインという単語を使う。「キムチ」も韓国女性を見下す言葉だ。

取材を始めた2019年7月当初も現在（2020年5月）も、変化は見られない。いまも彼らは女性を嫌悪する発言をしたい放題だ。テレグラムのn番部屋を発見した私たちは、深層ルポの取材対象を変えはしたが、この問題が深刻ではないわけでは決してない。韓国社会において、女性の性を娯楽として消費することは、公然と広まった文化だ。これは私にとっては新しくもなく、驚きでもなかった。以前、アルバイト先の男性の社長が友人たちと旅行した東南アジアで出会った18歳の少女に関する話を自慢げに語るのを、数日にわたり聞かされたからだ。

## ランダムチャット

### プルの話

スマートフォンがちょうど普及し始めたころ、中学生だった私はアプリストアで人気アプリを手当たり次第ダウンロードしていた。その一つが「ランダムチャット」だった。アプリをダウンロードした途端に、あふれるように連絡が入ってきた。通知音がひっきりなしに鳴り続ける。「自撮り写真を送って」「足の写真を撮って見せて」「いまから会おうよ」といった内容がほとんどだった。そのときは何が問題かよく分からなかった。自撮りを送ってくれという人のことは無視したが、足の写真をくれと頼まれたときは「足くらいなら大丈夫かな?」と思った。彼は私にあらゆる甘い言葉を並べ立て、足の写真を欲しがった。どうして足が見たいのかと思いながらも、足の写真を撮ってみたが、何だか嫌な感じがしてアプリを丸ごと削除した。

n番部屋事件を取材しながら、時々中学生だったころのことを思い出した。もしあのときアプリを削除していなかったら？　足の写真を送っていたら？　連絡してきた人がもう少し手慣れた人だったら、足の写真を手に入れ、手の写真をくれと言い、しまいには顔写真も求めただろう。

2020年7月、n番部屋事件がこれほど社会問題になったのだから、少しは変わったのではという期待から、ランダムチャットのアプリをまた入れてみた。アカウント登録と同時に、「ホテルを予約するからすぐ会おう」「何歳？」「援交やってる？」といった連絡が殺到した。彼らから年齢を聞かれると、中3だと答えた。謝ったのは1人だけで、それでもいいから会おうと言った人は4人いた。5人中1人だけでも良心はあるんだと思った瞬間、なんと同じ人から5分後にまた連絡が来た。「それでもいいから会わない？」

アプリストアにある200個以上のランダムチャット・アプリのうち、たった1つを入れただけだ。アプリを入れて1分もしないうちに、5人の性犯罪者予備軍に出会ったのだ。青少年を対象とする性犯罪事件の相当数が、携帯のランダムチャットを通じて起きている。その事実はこの数年間、絶えず指摘されてきたが、解決していない。2015年にはランダムチャットで出会ったヒモに性的搾取された14歳の被害者は、買春者によってモーテルで殺害された。それから5年後、「博士」チョ・ジュビンはランダムチャットを使って「ターゲット」を物色した。「博士」もまた、オンラインで被害者を脅迫してオフラインにおびき出した。もしかすると中学生のときの私は、運よく被害を免れただけかもしれない。

デジタル性犯罪を報じるオンライン記事に付けられるコメントを見ると、「そもそもなぜランダムチャットをやったのか」「なぜ逸脱アカウントを作ったのか」などと2次加害を与える人を何人も見かける。ランダムチャットと逸脱アカウントを利用したのは女性だけではなく、男性ユーザーも多かった。だが、なぜ女性だけが被害を受けたのか。さらに若い女性の被害者が多いのはなぜだろうか。犯罪者たちが彼女たちを「ターゲット」にしたからだ。ランダムチャットであれ逸脱アカウントであれ、関係ない。被害者にも責任があるのでは、と問うことは、犯罪者に一抹の正当性を付与することだ。被害者に「なぜ？」と問うことは加害に他ならない。私たちは加害者に「なぜそんなことができるのか」と問うべきだ。

青少年をランダムチャットに誘導して利潤を得ようとする企業を取り締まり、ユーザーを処罰することに関心を注ぐことで、私たちは韓国の未来を守ることができるだろう。

## あなたはいま、どちらの側に立っていますか？

タンの話

インターン記者をしていたとき、一番の関心事は「盗撮」問題だった。そのころ、「盗撮事件偏向捜査」を糾弾するデモが行われ、女性デモとしてはアジア最大級だったため、国務会議〔閣議に相当〕のメンバーがSNSの個人アカウントに激励のメッセージを書き込んだりしていた。私はそれらのメッセージをすべて逃さず記事にしたかったが、私のメンターはあまり乗り気ではなかった。ポータルサイトのトレンドキーワードを記事にするだけでも忙しいという理由だった。

たまに、女性優越論者たちによる暴力デモではないかという陰謀論的な記事も目に付いた。こんな調子では、盗撮の深刻さを世に知らせるどころか、一部の女性が「被害意識」から男性嫌悪を助長するためにデモをしているように見られるかもしれない。そう思うと、焦燥感にとらわれた。

そんな焦りが、大失敗につながった。ある教授がSNSの個人アカウントに上げた内容を、無許可で記事にしてしまったのだ。ネット上の記事には、目に余るような悪質なコメントが数限りなく付けられた。「盗撮は深刻な犯罪」であるという社会的合意がまだ不足していた時期だった。その日の夜、メンターから連絡が入った。「教授が困惑し失望している」という内容だった。

相手に直接取材せずに記事を書く場合、少なくとも元の文章の筆者にあなたの投稿を記事の中で紹介したいという正式な同意を得るべきだが、私はその手続きを踏まなかったのだ。インターン生活で初めての失敗に、自責の念に駆られた。その教授は日ごろから尊敬している方だったので、メンターから聞かされた言葉が胸に突き刺さった。どうするべきか2日間悩んだ末、謝罪のメッセージを送った。

教授から返信が来た。同意の手続きさえ踏んでくれれば、喜んで取材に応じてくれるという内容だった。さらに応援と激励の言葉も添えられていた。このときのメッセージは、いまもメールボックスに保管してある。取材対象と接するたびに取り出して見る、大切な宝物だ。

それから1年後、私とプルはテレグラムのn番部屋事件を取材することになった。事件を記事にする前、デジタル性犯罪の被害者の2次被害についてアドバイスを求めるため、1年前に私が無礼を働いた教授に連絡した。私たちは「n番部屋事件の被害者の安全が保障されない状況で、この事件を世論に訴えてもいいのか」という問いへの答えを探していた。現役記者と警察にもアドバイスを求めたが、アカデミズムからの意見も聞きたかった。メールにいくつか質問を書いて送り、返信を待った。

あなたはいま、どちらの側に立っていますか？　加害者たちのスクラムを突き崩す第一歩は、もうこれ以上、被害動画の流布を黙認・傍観しないことです。性犯罪の被害者に恥を転嫁するのではなく、加害者たちに恥を知らしめ、彼らのスクラムを暴露し、告発することです。

加害行為を止めるには、n番部屋事件を世論の目にさらすべきだということは十分に承知していたが、私たちは怖かった。私たちはこの事件に、関心を持ち続けていられるだろうか。被害者だけが無駄に苦しむだけではないのか。そうしたあふれる心配を前に、ためらっていたからだ。

私たちは、改めて決心を固めた。教授からの回答を書き写して、ペンケースの内側に貼った。そして気弱になるたびペンケースを開き、筆写した内容を繰り返し読んだ。「加害者のスクラムをこれ以上傍観しない」という決意を胸に刻みながら、n番部屋の取材を続けていった。

# 第6章

# n番部屋報道、その後

## 70回のインタビュー

### プルの話

3月9日、国民日報でn番部屋追跡記の連載が始まると、『メディア・オヌル』を始め、数々のメディアからインタビュー依頼が殺到した。以前はこちらからMBCの『実話探査隊』やSBSの『それが知りたい』のような番組に連絡して、事件の情報提供をしたというのに、いったん火が付くとメディアの方から飛びついてきた。

3月第4週の1週間は、インタビューばかり受けていたと言っても過言ではない。食事の時間はおろか、睡眠時間もなかった。韓国中の大小さまざまなメディアを駆け回りながらインタビューを受けたのだが、記者たちはひっきりなしに連絡してきて、追加質問をしたり資料写真をくれと言うので、次のインタビューの約束場所に移動するときも休む暇がなかった。

最初のうちは、私たちも情熱に満ちていた。もし記者たちの関心が薄れてしまったらと心配で、聞かれていないことまで自分から必死になって話した。朝早くから夜遅くまで取材を受ける日々が続くと、だんだん疲れてきた。あんなに食べることが好きだったのに、次第に食欲がなくなった。インタビューを終えると精根尽き果てて、誰とも話したくなかった。体もきつかったが、心が本当につらかった。そんな日々が続いたある日、タンがインタビューの途中に涙を流した。私はテレビで泣けるシーンを見ただけで泣いてしまうのに、他でもないタンの涙を見た日には……。しかし、人前で弱い姿を見せたくなかった。私たちを頼りにしている誰かにとって、しっかりした支えでありたかった。何とか涙をこらえようと、唇をぎゅっと噛みしめたけれど、その決心は長く続かなかった。

あるプロデューサーからは、n番部屋の取材がどれほど大変だったかという質問を受けた。その瞬間、これまでのことがいっぺんに思い出され、引き締めていた理性の手綱が一度に緩み、とめどなく涙があふれ出した。どうにかして耐えようと天井を見上げたが、目の前が曇って仕方なかった。タンも私もしゃくりあげながらインタビューを終えた。

被害の事実を証言しなければというプレッシャーと、n番部屋に関する証拠集めをする中で受けたトラウマは、想像以上に強烈だった。取材を受ければ受けるほど頭がズキズキした。同じような質問に対して同じように答えているのに、つらさは増していった。できたら残りのスケジュールを取り消したかったけれど、インタビューを通じてより多くの人に事実を知らせたいという一心で苦痛に耐え抜いた。

私たちはメディアで報道されることを強く望んでいたが、インタビューを断らざるをえないこともあった。ある時事教養番組でのことだ。その番組のスタッフは4時間ものインタビューを申し込んできて、私たちを主人公にドキュメンタリー番組を作りたいと言った。「私たちにできることは、真実を知らせることだけです。私たちは主人公ではありません」と、丁重にお断りした。すると彼らは、次善の案として「〝デジタル葬儀社（依頼者にとって不都合なオンライン上の個人情報を完全にネットから削除する事業）〟に出演を依頼したので、一緒に犯人を追跡する映像を撮らせてほしい」と言った。私たちはデジタル葬儀社の人と一緒に犯人を追跡したことはなかった。事実とは異なる内容なので提案を断ると、放送作家からこんな答えが返ってきた。私は自分の耳を疑った。
「やっていただかないと」
それは木曜夜の生放送のインタビューが終わって帰宅途中に受けた電話だった。これまでメディアのインタビュー依頼はすべて受け入れ、彼らが望む写真資料（被害写真を除く）を提供してきた。すぐに番組を作らねばならない人たちの心情が理解できないわけではないが、この事件が放送時間の埋め草として使われて欲しくはなかった。結局、タンと相談して、その依頼をきっぱりと断った
インタビューを断ったことで気が重かったが、少しでも休めたのは幸いだった。この1週間というもの、食事する時間もないほどだったので、その休息は何よりも貴重だった。私たちはすぐに病院に行った。色んな人から心理カウンセリングを受けるようすすめられたときは、いつも「大丈夫」と答えていたものの、実はかなりつらかったのだ。

私たちは、途切れることのないインタビューの依頼、繰り返される質問、頭から離れない残像、ジェンダーへの配慮が乏しい何人かの記者の態度などのせいで、大変な思いをしていた。インタビューに応じれば応じるほど、世論に対する責任も重くのしかかった。いまでこそ大分楽になったが、活動中に何が一番つらかったかというと、やはり3月の4週目が頭に浮かぶ。メディア対応が1週間にわたって続いたその期間が、一番苦しかったと言っていい。しかし、私たちの目標だった事件を広く社会に訴えることができたので後悔はない。

## 1週間が1年のようだった日々

### タンの話

2020年3月の第4週の苦労は、1年分にも匹敵するほど大変だった。3月の第3週にチョ・ジュビンが検挙されると、マスコミ就職試験の準備を始めて6カ月目の就活生だった私は、9カ月前にテレグラム性搾取の実態を告発・報道した大学生記者「追跡団火花」に変身した。論述・作文勉強会を一時的に抜けて、「追跡団火花」のユーチューブチャンネルを開設し、多くのメディアを走り回ってインタビューを受けた。「家↓カフェ↓バイト↓家」という日課が一晩で変わってしまったのだ。3月23日から27日の間に、KBS、MBC、SBSをはじめとするメディア17社で、30人以上の記者やプロデューサーに会った。

アイドルでもない私が、地獄のスケジュールを体験することになった。いつもなら、たまったストレスを好きな食べ物やデザートで解消するのだが、このときはそんな余裕も、食欲もなかった。祖母には「友達に会ったら一緒に食べるから」と言って出かけても、帰宅前に1食でも食べられればいい方だった。

その1週間のうちでも特に多忙だった火、水、木曜日は、生きるために食べていたようなものだった。火曜日はYTNのニュースショー『卞相昱《ビョン・サンウク》のニュースのある夕べ』の電話インタビューの順番待ちをしながら、その日の1食目として麻辣湯《マーラータン》を食べ、それから水曜に予定されていた5つのインタビューを終えるまでは何も食べられず、週刊『ハンギョレ21』の記者がインタビュー場所を中華料理店にしてくれたので、やっとマツタケ丼を食べることができた（同日、JTBCテレビの記者が買ってくれたサラダは食べる時間がなかったので、夜食としておいしくいただいた）。木曜日は昼前にハフィントンポスト・コリアのインタビューを終えてうどんを食べ、夕方に国民日報とのインタビューを終えてから純豆腐《スントゥブ》チゲを食べた。こうして整理してみるとよく食べたように見えるが、いつもよりかなり量が少ない。

木曜日は薬局で1万ウォンの栄養ドリンクと滋養強壮薬を買って飲んだ。TV朝鮮《チョソン》『ニュース7』のスタジオ出演前の非常手段だった。帰って休みたい気持ちは山々だったが、「スタジオインタビューは生放送だから、言いたいことを遠慮なく言える」という記者の提案に、疲れを押して出演を決めたのだった。ところが、頭でそう思っても体が言うことを聞かなかった。記者と一緒に車でスタジオに移動する途中、何を話すか考えていたら涙で目の前が曇った。こらえようと慌ててまぶたを閉じたが、涙が止まらず困った。幸い車内が暗かったおかげで誰にも気付かれずに済んだようだ。

事件の取材を初めてから数カ月、この瞬間を一番待ち望んできたはずなのに、うれしいどころか、悲しく悔しい気持ちだった。いまさら関心を示し始めたメディア権力に腹が立った。同時に、自分がこれまで活動に立ち上がれなかったために被害が広がったのかもしれないという罪悪感を覚えた。家族を心配させないように平気な顔をしていたが、内心では加害者たちから危害を加えられたらどうしよう、と恐ろしかった。

3月の4週目に経験したことは、プルと私の友情を強める重要な契機となった。この1週間、私たちはインタビュー場所に移動する地下鉄で、路上で、互いに励まし、心配し合った。やめたくなったらいつでもやめようと言って、重圧感を軽減しようと努力した。大変だったけれど、ずっと憂鬱だったわけではない。私たちにはユーモア感覚があった。

それは「涙」を笑い飛ばすもので、インタビュー中に先に泣いた方をからかってストレスを解消した。1日中一緒にいても、帰宅して1人ポツンとベッドで寝そべっていると、プルは元気かな、と気になった。「ありがとう」「大好き」と、慰めの言葉をかけたかった。当時は就寝前に必ず「大好き」「ありがとう」と言い合っていた。追跡団火花が私1人ではなくて、本当によかった。

## 「追跡団火花」の活動をしていなかったなら

### タンの話

あの日、違う道を選んでいたらどうだっただろう。3月末に「追跡団火花」としてインタビューを受けて以来、過去の選択を振り返る日が増えた。テレグラムのチャットルームを見ながら、その場で性搾取被害を通報することは、思ったよりはるかにつらいことだった。私は自分の部屋にいるのに、自分の部屋に座って安全に過ごしているのに、それが信じられず、誰かに脅されているようで、恐ろしかった。怒りと憂鬱が繰り返し訪れ、これらの感情が私を締め付けた。何度も「他の選択をしていたら」と後悔もした。

――あの日、○○駅ではなく△△駅でプルに会っていたなら。

そのころ、何度も考えていたことの1つだ。

――他の駅でプルに会って、一緒に乗り換えしていたなら……。そうすればプルはあんな目に遭わなかったのに。

プル　警察に通報したよ。迎えに来て。怖い。
タン　分かった。いまどこ？　どの駅？
プル　○○駅。
タン　電話しようか？
プル　大丈夫。警察署で電話するから。
タン　そのおばさん、まだいるの？
プル　そっちを見られないから分からない。駅に来て。
タン　向かってるよ。心配ないから！

○○駅に着いてエスカレーターを駆け下りた。無我夢中で走りながらも、プルから電話が来るかもと思い、携帯をぎゅっと握り締めた。プルの身の無事を願った。

プル　あと1駅だよ。おばさんは見当たらない。
タン　こっちは、〇〇駅のプラットフォーム。降りたらすぐ会えるから！
プル　分かった。ありがとう。

——プルが乗っているのが何両目か分かっていたら。
——もう少し早めに会うことにしていれば。
——他の日に会う約束をしていれば。

そんなことを思っていたとき、地下鉄を降りるプルの姿が見えた。泣いていた。プルに向かって走った。用意しておいたティッシュを差し出した。プルが落ち着くまで待ちたかったが、そうもいかない。警察に行くことになっていたのだ。プルと一緒に地上へのエスカレーターに乗ったが、気が気ではなかった。プルを抱きしめて背中を優しく叩いてやった。プルが私の前で首を垂れながら声を上げて泣く姿を初めて見た。

思えばプルと私は「初めて」経験したことが本当に多かった。n番部屋に潜入取材したのも、学生記者として注目を集め、多くのメディアのインタビューを受けたのも、匿名で社会運動をしたのも、全部初めてだった。初めてだったが、それでもこれまで頑張ってきた。そう信じていた。私たちはよく、追跡団火花が2人でよかったと言っていた。でも、いまのプルは1人で泣いていた。私にできることは、ただ慰めることだけ。喉がカラカラで、唾を飲み込むと涙の味がした。

その日はプルを1人でアパートに帰すことはできず、ホテルに泊まった。そこでもずっと、こんなことを考えていた。プルの後をつけてきたおばさんを捕まえていたら、私より早く警察が来ていたら、インタビューを受けるためにあちこち出歩かなかったら……。

私たちは取材する中で受けたトラウマをお互いに吐き出すことはしなかった。自分の経験を口に出して言うことが、お互いの負担にならないかと心配だったのだ。病院でも別々にカウンセリングを受けていたので、お互いがどんなトラウマに苦しんでいるのか分からなかった。ただ「自分と同じくらい相手もつらいんだろう」と想像するだけだった。私の経験を話しながら、「プルはあのとき、どんな気持ちだったの?」と尋ねると、プルはさっと顔をこわばらせて無表情を貫いた。時々、唇を尖らせていたのは、答えを口に出せなかったからだろう。記者たちから同じような質問をされたときのプルの表情を思い出してみた。そのときのプルは天井を仰ぎ、唇を噛みしめていた。

プルは誰かに○○駅でのことを話そうとすると、いつも顔をこわばらせる。目元と口元から表情が消え、しかし声だけはしっかりしていた。プルは常に、自分の意見や思いを正確に伝えようと努めていた。そんなプルを見るたび、頼もしく思え、私も心強かった。

プルの我慢強さはありがたかった。6月末、かかりつけの医師から集団カウンセリングの効果について聞いた後、自分たちの経験について詳しく話せるようになった。私たちはそれぞれ瞑想をして、その気持ちを分かち合いながら、思い出したくもない出来事をただの記憶の一部として受け入れられるようになった。各自が感じた苦痛を繰り返し話し合うことで、心の傷が癒やされていった。私たちは各自の瞑想の好みについても語り合った。プルは「山の瞑想」、私は「鐘の音の瞑想」が好きだった。

7月頃、心理カウンセリングが終わった。最近もプルの状態が気にかかるが、本人が先に言うまで聞くのはよそうと思う。苦痛を受容するスピードは人によって違うし、今日は大丈夫でも明日はそうではないかもしれないから。私もそうだ。

# 父さん、私の気持ち分かるよね？

## プルの話

n番部屋事件に対する世論の関心が高まると同時に、家族のことが心配になった。両親は私がコンクールで受賞したことは知っていたものの、何を取材したかは知らなかったし、私も教えなかった。両親には私が受けた苦痛について知らせたくなかったからだ。けれど、家族もインタビュー記事を通じて事態を把握した。家族のグループチャットに母からメッセージが入った。「国民日報の記事を見たよ。プル……。どうしてあんなものを取材したの？　お前のことがとても心配だよ」海外で働いている不愛想な姉も、生まれた初めて私のことを心配した。「生意気太っちょ。本当に気を付けて」父が何も言わないのが不思議だったが、しばらくしてこんなメッセージを送ってきた。

「社会正義の実現のために孤軍奮闘するプルに拍手を送る。初めは小さな蝶の羽ばたきだと思っていたが、こんなふうに驚くべき結果を得たんだな。デジタル性犯罪の温床があらゆる方向に影響を及ぼし、弊害があまりにも大きいことが分かった。プルは本当に大したもんだ」

これまで父からもらった中で一番長いメッセージだった。それも私への心配ではなく、褒め言葉だったので、ありがたくて胸がいっぱいになった。3月の第4週は、私たちのことが知られてから、最も多くのインタビューを受けた週だった。最後のインタビューが終わった金曜の夜、バスターミナルに向かった。寝られない1週間を過ごして疲れていたが、やっと家に帰るバスに乗り込んだ。家族に会いたかった。迎えに来てくれた父の顔を見て、うれしさが喉元まで込み上げてきた。

車に乗るやいなや、父が質問を浴びせてきた。どうしてn番部屋に潜入することになったのか、加害者たちはどんな奴らなのか等々。インタビューで何十回も答えたことだったので、もう話したくなかった。疲れを隠せず、「父さん、ニュースを見てよ。そこに全部出てくるから」と言って、ぎゅっと目をつぶった。

家に帰ってからも、気まずい空気が漂っていた。繰り返し流れるn番部屋関連ニュースを見ていた父が、私を呼んだ。小さくため息をつき、重い足取りでリビングに入った。真剣な顔つきでニュースを見ていた父から、こう聞かれた。

「加害者が大きな過ちを犯したのは確かだが、被害者の方にも少しは悪いところがあるんじゃないか？」

「どういう意味？　どうしてそんなことが言えるの？　これは加害者が100％悪いでしょ。どうして被害者の責任を問うの？」思わず父に向かって声を荒らげた。「プル、そうじゃなくてさ……」

それ以上、何も聞きたくなかった。私は限界まで疲れていた。私たちの証言を聞く人たちがみんな、何が問題かに気付き、共感してくれるのを願い、当然そうなると思っていた。ところが、自分の父すら納得させられなかったのだ。どうして世間の人々を説得できるだろうか。挫折感に襲われ、部屋に籠もって布団をかぶり、声を上げて泣いた。

私はいま、何をしているのだろう。私がやったからといって、何かが変わるのか。頭が痛かった。夜が明けると、すぐに荷物をまとめて家を出た。父にはろくにあいさつもしなかった。

その翌週も忙しかった。父の顔を見る自信がなかった。まだメディアとのインタビューも残っており、女性家族部（性平等と家族に関わる業務を扱う行政機関。部は日本の省にあたる。尹錫悦《ユン・ソンニョル》大統領は同部の廃止を選挙公約に掲げたが、議論が続いている」との懇談会、KBSとの共同取材、心理カウンセリング、警察庁への身辺保護要請などもあった。多忙な1週間が終わった週末、実家に帰るかどうか悩んでいると、父から連絡が来た。肉を食べさせてやるという言葉に負けたふりをして、実家へと向かった。いつものように父が迎えに来てくれた。父はマスカットジュースを差し出した。長時間バスに揺られて来たので喉が渇いただろうと思い、カフェに寄って買ってきたのだそうだ。店員に「娘が20代なんですが、20代に人気の飲み物は何ですか？」と聞いて、選んだという。父なりのお詫びの印なのだろうか。もじもじしながら質問する父の姿を思い浮かべると、目に涙が溜まった。あくびするふりをして、溢れそうな涙をさっと拭った。

追跡団火花として活動していると、選択の岐路に立たされることがある。父に意見を求めると、返事はいつも一緒だった。「プルのやりたいようにやるのが正解だ」父は私以上に私を信じてくれる。娘のことが心配で眠れなくても、私がやることを信じて疑わないのだ。先週末は、パソコンの充電器を忘れてきたため早めにソウルに戻ったのだが、ソウルに向かう途中、母からメールが来た。父が私に会うために仕事を早退したのだという。父に電話をかけようかとも思ったが、何だか恥ずかしくて、写真だけ送っておいた。口を突き出し、鼻の穴を広げて、目をまん丸にした変顔の写真だ。

来週は一緒にご飯を食べようね、父さん。

# 父さん、ありがとう

## タンの話

追跡団火花として活動しながら、ソウルのあちこちをインタビューで飛び回っていたころのことだ。父は早朝から働いており、私はほぼ外で過ごしていたので、父子が顔を合わせる時間はほとんどなかった。だから家族が心配しているだろうとは思っても、なぜ、どれほど心配しているのかは正確に分からなかった。

3月第4週のある日、インタビューを終えて夜遅い電車で帰ろうとしたところ、予報が外れて雨が降り出した。父に電話して、傘がないから自宅の最寄り駅まで迎えに来てほしいと頼んだ。受話器越しの父の声は、優しくて、でもどこか不安そうだった。間もなく、父が遠くから傘を手に走ってきた。その笑顔を見て、ほっとした。車に乗ってやっと息をつくと、父があれこれ質問し始めた。「父さん、私ね、今日だけで7社もインタビューを受けてきたから、ちょっと休ませて」私は泣き声交じりで言った。

　すると、父は心配そうに言った。「奴らは失うものがない。大人でもかなわないのに、お前たちが若い女だと知ったら放っておかないだろう。いまは大丈夫でも、刑期を終えて出てきたら報復されるかもしれない」父にとって、こんな心配をするのは初めてだったろう。私も口に出したことはなかったが、内心では心配だった。さらに父に言われて、一撃を食らったようで、心が激しく動揺した。

「お父さん、疲れてるからやめて！　明日は病院で心理カウンセリングを受けるから、心配いらないってば！」

「心理カウンセリング？　どこでだ？」

「ソウル。国民日報で手配してくれたの。だから心配しないで」

「ダメだ。だったら家の近くで、誰にも知られないように受けよう。父さんが調べてみるから」

「いや！　いますぐ受けたいの！　死にそうなんだってば！」

　父に向かって声を上げるなんて……。それに、何てことを言ったんだろう。一瞬、静寂が流れた。言い過ぎたと思った。

「父さん、ごめん。大げさ過ぎたね」

「そうか……。父さん、タンがそんなにつらいなんて知らなかったよ。ごめんな……」

　その日以来、父の顔を見るたび申し訳なくなる。そして、私の気持ちを大事にしてくれる父が、そんな人が自分の父であることが、ありがたいと思う。

# 私の変化、社会の変化

## プルの話

2020年初め、ソウルに上京した。就職準備のための塾に入って、朝と夜に通うことにした。朝の授業が終わると、カフェでサンドイッチを食べながらオンライン講義で学習不足な点を復習し、夜の授業の前にも勉強した。就職を控えた大学生は、大学の入学試験を目の前にした受験生と同じくらい追い込まれている。そうやって2カ月、時が過ぎるのも忘れて3月を迎えた。

3月末になると、以前は扉を叩いても返事すらなかったメディア各社から、続々とインタビュー依頼が舞い込むようになった。マスコミだけでなく、省庁との懇談会、警察庁への訪問、被害者対応、ユーチューブ動画の制作と、スケジュールは立てこんでいた。体が10個あっても足らず、塾は休学するしかなかった。

しきりにメディアに登場するようになると、親の心配は極限に達した。母は事あるごとに電話をかけてきては、「もう家に帰ってきたら？　誰かがやるべきことだと思うけど、あなたがやらなくてもいいでしょ」と言った。誰かがやるべきことなら、それは私がやるべきだと思った。

友達からは、すぐにSNSのプロフィール写真を消すようせかされた。そこで、50枚以上もあった写真をすべて削除した。博士部屋の有料会員にMBCの記者も含まれていたことが分かり、友人の忠告を聞いてよかったと思った。SNSに上げていた家族や恋人との写真も削除した。万一、自分の家族や恋人が攻撃されたらと思うと、恐ろしくて耐えられなかった。

あるとき、地下鉄の駅で見知らぬ女性に後を追われたことがあって以来、しばらくは地下鉄に乗るのも怖かった。多少歩くことになっても、家から離れた駅まで行って地下鉄に乗った。目的地が近ければタクシーに乗るようにした。まだソウルのバス路線に慣れないので、急ぎのときは地下鉄に乗らねばならないが、そんなときは5秒に1度ずつ周囲をうかがっている。

いまでも、どこかに隠しカメラがあるのでは、という恐怖心が消えない。公衆トイレはもちろん、いま住んでいるソウルのアパートでも不安を覚えるときがある。私は1人で家にいるときは軽装で過ごす方なので、ベッドに入るとき、ふとエアコンに隠しカメラが設置されていたらどうしようと心配になる。ルポの取材を続け、証拠を収集する間に不安障害と妄想障害が生まれたのだ。事実、それは根拠のない心配ではなかった。一昨年もアパートのエアコンから隠しカメラが見つかったという記事が出ていたし、似たようなニュースを見ていると、自分も被害に遭うかもしれないと考えてしまうのだ……。

昔のように平凡な日常に戻ることはできそうにない。過去が懐かしくなるときもあるが、後悔はしていない。私の日常が変わった代わりに、社会も変わったからだ。2020年5月、いわゆる「n番部屋防止法」が制定され、デジタル性犯罪の量刑は以前よりはるかに重くなった。社会のさまざまな変化を見つめていると、自分がやったことには価値があったんだと、満ち足りた気持ちになる。もちろん、まだ先は長いが、変化の風は確実に吹いている。

# 第7章

# 「追跡団火花」の始まり

# 今日の悩み

## プルの話

私の人生計画はこうだった。

26歳、放送記者として就職。

32歳、プル2世を出産。

50歳、それまでに貯めたお金で、60歳になるまでの10年で世界一周。

60歳、10年間の旅で見聞きした経験を文章にして出版。

子どものころに立てた漠然とした計画だ。ところが、なぜか就職より先に本を書くことになった。30年以上も後の計画を先に実現してしまったいまのように、何事も計画通りにはならない。本に載せる文章を書いている自分のことを考えると、ふと笑いが込み上げることもある。

大学卒業を前に、悩みが深くなった。そこそこの大学で、成績もまあまあ、こんな平凡な「スペック」で就活がうまくいくだろうか、と怖気《おじけ》づいてしまったのだ。考え抜いた末に、ふだんなら死んでもやらない勉強が突破口だと思い、大学院に行こうと決めた。親は私が就職することを希望していたが、その期待はなるべく知らないふりをし、ソウルに上京して自分なりに頑張って勉強した。

3月になると、ついにn番部屋事件が水面に浮上した。世の関心がこの問題に集中し、追跡団火花はマスコミから引っ張りだこになった。私たちは誰よりもn番部屋事件に関する世論の盛り上がりを望んでいたものの、その代わりに自分の日常に乱れが生じた。塾の授業料も、4カ月分を一括払いすると割引があるというのでまとめて払ったが、塾には行けなくなった。

いま住んでいるアパートは、1カ月後に契約満了の予定だった。ソウルは家賃も高いし、本を書き終えたら故郷に帰るべきか、家賃が安い場所に引っ越す方がいいか、考えた。しかし、やるべきことが山積みで、物件を探して回る暇もないし、就職もまだなのに、いま引っ越して他の地域に就職が決まったらどうしよう。悩みは果てしなく続いた。

人生計画はとっくの昔に台無しになり、未来は不確実だった。記者になるにはどうすればいいのかも分からなかった。追跡団火花として活動を続けるべきか、マスコミの採用試験に向けて準備した方がいいのか。

追跡団火花として活動する中で、記者たちから「どこかの社で特別採用の話はないんですか？」という質問を何度も受けた。あるときなど、「○○日報に特別採用されたそうですね！」と、笑顔でお祝いしてくれた記者もいた。

「え？　それは初耳ですが、本当ならとてもうれしいです……」
しばしば、「マスコミに就職などせずに、追跡団火花の独立メディアを立ち上げたらどうですか！」と言う記者もいるが、私たちも生活費を稼がねばならず、警察がいつまで保護してくれるかも分からない。

悩みは尽きなかった。何が正解だろう。果たして、後悔のない選択、完璧な正解はあるのだろうか。相変わらず未来は見えてこないけど、ゆっくり前に進んでいけばいいだろう。いま与えられたことに最善を尽くしていれば、いつかはこの選択がよかったと思える日が来るだろう。「人生において重要なのは、速度ではなく方向である」とゲーテは言った。正しい人生に向かっていることは間違いないのだから、焦らずにいよう。

## 私たちは花ではない、「火花」だ

### タンの話

「プルも盗撮問題を取材しているの？　だったら一緒にやろうか？　ああ、あなたは盗撮の○○を扱っているのね。だったら素材が違うから、一緒にしたら複雑になるかも。それならそれぞれ書こう」

記事作成の授業で、私とプルは同じテーマを扱っていた。同じ土俵で競うことになり、プルがどんな記事を書くのか気になっていた。

教授は、取材対象も関心も近いのだから、2人で一緒にコンクールに応募したらどうかと言ってくれた。「ダメ元でやってみようか。こんな機会はめったにないし、この深層ルポコンクールは賞金もすごいよ！」そして、私たちは一緒にコンクールに挑戦することにした。ただし、実名は出さずに。

「チーム名は〝火花〟でどう？」

「いいね！」

しかし、あのときどうしてチーム名を「火花」と決めたんだろう？

私たちが「火花」と名乗った理由を知りたい人は、数百人はいそうだ。身の安全のために匿名で活動していることは、誰でも簡単に想像が付くだろう。なぜ「火花」なのかも、簡単に推測できそうだ。

最近、性暴力の予防教育講師を対象に講演したことがある。このときも「なぜチーム名が火花なのか」聞く人はいなかった。「やはり聴衆のレベルが違う。数日間、事前調査をしたのだろう」と思った。しかし、講演を終えて退場しようとしたとき、聴衆の1人が質問した。

「なぜ〝火花〟なんですか？　ドラマ『ミスター・サンシャイン』の名台詞に〝私も花として生きている。ただ私は火花だ〟とありますが、そこから取ったのですか？」

——ドラマは見てないけど、そんなに素晴らしい意味が？

「ああ、だいたいそんな意味です」

「やはりそうですか。実にいい名前を付けましたね！」

4月、女性家族部長官が主宰した緊急懇談会に参加したときも、長官から「本当にいい名前だ。ファイトに溢れている」と言ってもらえた。

国民日報に「n番部屋追跡記」が掲載され、次々とメディア各社のインタビューを受けていたときは、「デジタル性犯罪事件への関心の導火線に火を付けたから。（……）この事件を火花のようにバン！と爆発させようと思ってこの名前にした」と答えていた。「火花」の由来を探せば探すほど、素晴らしい答えが出てくるので、自分たちでも「いいチーム名を付けたものだ」と満足していた。私たちは、「火花」の由来をはっきり決めないでおくつもりだ。それぞれ自分が覚えやすい理由を心に留《とど》めてくれればいい。名前の由来よりも、追跡団火花がどんな活動を、なぜしているのかを、考え続けていこうと思う。そうすれば、私たちの活動が火花を定義してくれるだろう。

「いつか枯れる花ではなく、燃え上がる火花のように生きたいのです。私たちは女性をきれいな花として他者化し、ついには『性器』として対象化する家父長制と資本主義のスクラムを断ち切りたいのです。私たちは花ではなく、火花です！」[*6]

## 顔出し

### プルの話

n番部屋の記事を最初に書いたときも、「火花」という名前を使った。加害者たちは女性の人権問題を報道した記者や、ＳＮＳに掲載された女性の写真を対象に辱《はずかし》めを加えてきたので、身元が明らかになれば私たちも被害を受けるかもしれないと思った。匿名報道は、万一の危険を避けるための最小限の防御策だった。

２０２０年３月、事件が世に知られて以降、多くのメディアからインタビューを受けた。映像はモザイク処理されてはいたが、知人が見ればシルエットや声から誰だか分かるかもしれないと心配になった。両親はモザイクがしっかりかかっていないテレビのインタ

＊６　「私たちは花ではなく火花です」は２０１８年、女性団体「不都合な勇気」が主催した「盗撮事件偏向捜査糾弾デモ」のプラカードなどによく書かれていたスローガンでもある。

ビューを見て、「誰が見てもあなたにしか見えないよ。人に知られるんじゃないか」と懸念した。

家族や友達の心配もよく分かるが、顔を出して活動したいと思うこともあった。間違ったことをしているわけでもないのに、いつも顔を隠さねばならないのも歯がゆかった。いっそ顔を出してしまえば活動の制約が減るはずだから、もっと色んなことができそうに思えた。3月から何度となく悩んだが、記事を匿名で書いた理由を思い起こすと、答えは常に「NO」だった。当時は「合成」凌辱が心配だったが、追跡団火花に関する情報が広く知られたいまでは、どんな危険が待っているか分からず心配だ。ただちに危険が及ばないとしても、安心はできない。

もし自分の盗撮画像が流されていたら、という懸念もあった。自分が映った映像はまだあまり知られていないが、もし身元が公開されたら、「これが〝火花〟の出ているAV」として「人気作」になるのではないか。先日も、行きつけのカフェのトイレに、これまで見たことのない芳香剤があったので不安だった。いつになったら、こんな不安を抱かずに生きられるのか。

知人たちから裏切られるのでは、と思うのも怖い。同級生や友人、隣人の中に加害者がいるかもしれないという不安に、私の心はさいなまれる。デジタル性犯罪の類型の一つである「知人凌辱」の怖さ、明らかに知人が犯人だとしても、捕まえることが難しい点だ。

すでにこの社会を信じられないでいるのに、知人まで疑わねばならないのは実に恐ろしいことだ。事件がすべて解決し、私が安心して顔を出せる世の中になるのは、いつのことだろうか。

## 追跡団火花のメンバーは「2人」の「女性」です

### タンの話

いつだったか公営放送局のラジオ番組で、父親ほどの年齢の男性司会者が、私たち2人が心配だと言いながら、こんなことを言った。「アマチュアの若い女子大生はこの問題から手を引いて、既存のマスメディアがこれを引き継いで取材すべきだ」プルはあきれ顔をし、私は思わず悪態をついた。これまでn番部屋の取材をして欲しいというから情報提供していたときは黙っておいて、激励の言葉だと言いながら私たちに手を引けとは。聞いてあきれた。n番部屋の加害者たちは主に若い女性を狙っており、追跡団火花も若い女性だから心配だという思いは理解できる。でも、余計なことは言わないで欲しい。「私たちは記者として当然のことをしただけです。むしろ、もっと積極的な取材ができず残念です。

年齢や性別は関係ありません」

「追跡団火花は何人ですか？　2人ですか？　しかも2人とも女性？　だったら、なおさら素晴らしいですね」

私たちに頼み事があって連絡してきた人が、あいさつもそこそこに、こう言った。その人は、私たちが女なので「なおさら」素晴らしいと言ったが、私はそうは思わない。デジタル性犯罪の撲滅を目指す人なら、誰でも最終的には「追跡団火花」のような活動をしたことだろう。性別は関係ない。困っている被害者を傍観することはできない。少なくとも、私たちはそうだった。

私たちへの心からの感謝の言葉や、美しい出会いを、改めて思い出す。最近の講演会でのことだ。講演を終えて、参加者に名刺を手渡した。その名刺には仕事用の携帯番号を載せていて、私たちはこの番号にかかってくる電話だけを受けていた。その日、家に帰る電車の中でその番号宛にこんなショートメールをもらった。


先ほど、「火花」というチーム名について『ミスター・サンシャイン』の名台詞から取ったのかとお尋ねした者です。この年で恥ずかしがり屋の私ですが、ぜひお伝えしたいことがあるので、こうしてメールを送ります。

私はテレビを見ながら、娘にこう教えています。「この人たちは独立運動をしているんだよ」と。1つのグループはサムスン財閥と闘う人たち、そしてもう1つのグループは検察の不正と闘う人たちです。そして2020年になって、「火花」が私の前に同じような存在として現れました。次にニュースに登場したら、娘には新しい意味の独立運動家だと教えてやろうと思います。

この電話番号は、こうした私的な感情を伝えるために教えてくださったものではないでしょうが、今回に限りこのように使わせていただきます。本当にありがとうございます。

感謝の言葉とはこういうものなんだ、と思った。1つ、私たちをありのままに見てくれた。2つ、恥ずかしがり屋でも勇気を出して感謝の気持ちを表してくれた。3つ、私たちの活動を次世代に誇らしく紹介しようとしてくれる気持ちが感動的だった。

プルと私は喜びを分かち合いたくて、真っすぐ家に帰らず、疲れた体を引きずって、大好きな麻辣湯を食べにいった。

# 第3部

# ともに燃え上がる

## 2020年になって

追跡団火花は「これからが始まりだ」をスローガンとしているが、まさに2020年は異例の年だった。私たちが2019年に書いたn番部屋の記事はいったん埋もれたものの、2020年3月になるとデジタル性犯罪に対する国民と政府の姿勢は驚くほど変化した。デジタル性犯罪が現実の性犯罪に劣らず深刻な犯罪であるという認識を、国民の多くが共有するようになったことに対して、韓国社会に生きる女性としてやりがいを感じている。解決への希望に心が躍る一方で、被害者に向けられる過剰な社会的関心も肩に重くのしかかっている。私たちが本書を書いているのは、希望をつなぐためだ。デジタル性犯罪のおぞましさを文章として記録し、再び同様のことが繰り返されないことを望むからだ。

この1年余りで目撃したデジタル性犯罪は、言葉で説明できないほどむごたらしいものだった。また、自分の写真や動画がバーチャル空間に出回っているかもしれないと思うたび不安な気持ちになった。私たちが出会った被害者は、食事のときも、外を歩いているときも、友達と遊んでいても、「誰かに気付かれたらどうしよう」という不安に苛まれているると告白した。また、携帯に友達からのメッセージ通知が入るたび、「私の写真を見て連絡してきたのでは」と思い、心臓がドキリとするという。被害者たちは事件が起きる前に戻って、以前のように何の心配もなく安心して暮らすことを望んでいる。

公衆トイレに行くたび、「この穴が隠しカメラのレンズだったらどうしよう」と思って、怖くなる。「○○大生アパート盗撮映像」(○○大は私たちがいた大学)という動画が共有された瞬間、「自分はまだ盗撮されていないだろう」という思い込みは錯覚に過ぎなかったと分かった。そして、同年代の盗撮被害者が自殺したとの記事を見た日、その思い込みは暴力として襲いかかってきた。「まさか自分にそんなことが起こるわけがない」と思ってきたからだ。最近は「盗撮」や「デジタル性犯罪」関連の記事を読むと、被害者と私たちが心臓を共有しているかのように苦痛が伝わってくる。心臓が針で刺されているかのように痛むのだ。

インターネットが普及して以来、2000年代のオンライン文化は男性が中心となってきた[*1]。2000年代初め、ソラネットはもちろん、男性中心のオンライン・コミュニティで「盗撮」動画のレビューが数多く書き込まれた。2020年現在でも、オンライン・メディアや10大日刊紙の「オンライン・ニュース」などの部署では、女性芸能人や有名人がSNSに上げたビキニ写真をネタに「記事」を書く。メディアが「アクセス数」稼ぎに走って、女性を性的対象化しているのだ。

女性への性搾取を遊びや金儲けの手段として消費する国に女性として生まれた以上、盗撮やデジタル性犯罪の被害に遭わないために、また加害者を処罰するために、大変な努力を要求される。デジタル性犯罪の被害を受けたら、自ら被害者であることを訴え、立証しなければならない。加害者に相応の処罰を与えるには、被害者自ら証言する必要があるのだ。被害者がどれだけ「汗をかく」かによって、犯罪者の処罰が左右される。デジタル性犯罪に遭ったら、日常のすべてを犠牲にして被害の事実を訴えねばならないが、そこから自由でいられる女性は韓国にはいない。

デジタル性犯罪の種類は、少なくとも数百を超えると思われる。名前が付いているものだけでも、デジタル性搾取、知人凌辱、ディープフェイク、盗撮、オンライン・ストーキング、オンライン・グルーミングなどがある。このおぞましい犯罪の数々は、瞬時に、かつ同時多発的に発生する。韓国では2020年になって初めて、デジタル性犯罪を「犯罪」として認識するようになった。政府と司法機関は事件が起こるたびに専門チームを組織して、犯人を厳罰に処すると言ってにらみを利かせるが、その程度でデジタル性犯罪を根絶するのは難しい。警察庁内のサイバー捜査隊とは別個に、国が指揮するデジタル性犯罪・バーチャル空間犯罪を専門に扱う常設組織の設立が切実に待たれるところだ。

＊1　金裕香《キム・ユヒャン》（国会立法調査処）、「デジタル時代の進化する性犯罪と法制度的対応方向」（第17回科学コミュニケーションフォーラム「性犯罪のブラックホール、サイバー世界を診断する」）、2020年6月12日。

## 「博士」検挙の1週間後、私たちは

2020年3月17日にチョ・ジュビンが検挙されると、博士部屋をはじめ、「n番部屋」事件が再び注目を集めた。3月10日〜13日付の国民日報の1面に「n番部屋追跡記」が連載されて1週間にもならないタイミングだった。

2019年7月で止まっていた私たちの時間が、また流れ始めた。チョ・ジュビンが検挙された翌日、メディア・オヌルのインタビュー記事[*2]が公開された。インタビュアーは私たちを「テレグラムn番部屋事件」を最初に取材して記事にした「追跡団火花」として紹介した。

当時、テレグラムn番部屋事件などのデジタル性的搾取物の流布は現在進行形の問題である以上、性搾取事件に関して性差別的で刺激的な報道を控え、数次にわたり作成された性暴力報道ガイドライン（2006年の「韓国女性民友会付設性暴力相談所性暴力報道ガイドライン」、2018年の「韓国記者協会・女性家族部による性暴力セクハラ事件報道共通基準および実践要綱」）を順守すべきだと言ったことが思い出される。捜査が進展している状況だったので、少し軽い気持ちでインタビューに応じた。主要な加害者も逮捕されたし、マスメディアを信じてみることにしたのだった。ところが、n番部屋事件を単なる「ゴシップ」扱いする記事が多く見られた。「淫乱物」「逸脱」といった刺激的な用語を使い、売らんかなの見出しを付けるメディアもあった。それは主にオンライン専門メディアの記事で、テレビの深層ルポ番組（MBC『実話探査隊』、SBS『気になる話Y』、JTBC『イ・ギュヨンのスポットライト』）の内容を引用したものだった。

チョ・ジュビンが実際にどんな犯罪を行ったのか、世間は知らなかった。記事に「テレグラム」「博士」「性搾取」「モネロ（暗号資産）」という単語がなぜ一緒に出てくるのか分からない人も多かった。それから1日か2日の間にハンギョレ新聞と国民日報が連載した「博士部屋」「n番部屋」関連記事が再び脚光を浴びた。「博士」ことチョ・ジュビンがテレグラムで数十人の女性を脅迫して性搾取し、数万人におよぶ会員から仮想通貨を受け取って性搾取動画と被害者の個人情報を取引するなど、犯罪の事実が白日のもとにさらされたのだ。テレグラム性搾取が蔓延していたときに1本の記事も出さなかった大多数のメディアが、チョ・ジュビンが逮捕されるとこのように態度を変えた。

メディアは「チョ・ジュビンは悪魔」などとして、加害者個人にスポットを当てて報道した。また、同時期に検挙された加害者らの生育歴や学校での成績、将来の夢などに注目した。加害者が犯罪に走った理由を並べ立てて加害者中心の報道を行う一方で、被害者に

＊2　チョン・ミンギョン記者、「『テレグラムn番部屋』最初の通報者はテレグラムを消せない」、メディア今日、2020年3月18日付。

取材することが難しく、その立場が分からないからと言いながら、被害者が「逸脱アカウント」をやっていたとか、自分から先に体を露出したと報じた。これでは被害者が原因を提供したと言っているようなものであり、メディアが「被害者にも過ちがある」といった世論を助長したと言える。これに対し、メディア権力を牽制・監視する市民団体である民主言論市民連合では、「加害者に免罪符を与え被害者に責任転嫁する報道はやめろ」という緊急の論評を出し、過熱報道の問題を指摘した。

多くのメディアはテレグラムでデジタル性犯罪が起こっているときに取材をしなかったので、関連の「犯罪現場潜入ルポ」や「被害者保護対策の検証」といった社会にぜひ必要な取材や報道はできなかった。メディア側では、「主要な加害者が逮捕され、国民の関心がチョ・ジュビンに注がれているいま、まずは彼が何者なのかを詳しく明らかにしてこそ、国民の視線に合わせてデジタル性犯罪を報道できる」と反論するかもしれない。しかし、メディアに足りなかったのは正確な報道の視点ではなく、倫理意識だった。

私たちは、チョ・ジュビンが逮捕された週の週末にユーチューブ・チャンネルを開設した。できるだけ多くの人にこの事件の深刻さを改めて伝えるとともに、メディア報道の誤りを正そうとした。「テレグラム n番部屋を最初に報じた者が事実を正します」という最初の動画をアップすると、翌日から「追跡団火花にインタビューしたい」という記者たちから連絡が殺到した。主犯格の人物が逮捕され捜査が進展しているところへ、事件の加害者ではない私たちに注目が集まると、事件への関心が分散して問題解決に支障が生じるかもしれないと思って迷った。しかし、私たちは事件の目撃者としてやるべきことがあり、この事件がまた尻すぼみになると、韓国では生きていけないような気がした。私たちは就職や留学の準備をしばし控えることにした。タンはアルバイトと勉強会に出るのをやめ、プルは通っていた塾を休んだ。そうやって、私たちは可能な限り多くのメディアで発言することにした。

「人それぞれに見るメディアが決まっているので、できるだけ多様なメディアの取材を受けて、事件が現在進行中だという事実とその深刻さを必ず知らせよう」と思ったのだ。

3月23日月曜日。テレビ局2社のインタビューを受けたが、帰りはいい気分だった。私たちに取材を求める記者たちからの連絡がメールボックスにたまっていた。やることは山積みだったが、これで多くの記者が関心を持ってくれると安心した。当初は、テレグラムで起きたデジタル性犯罪をすべて「n番部屋事件」と呼ぶメディアが多かった。「n番部屋」をタイトルに入れるとアクセス数が増えるからでもあるが、彼らはn番部屋と博士部屋の区別も付かなかったのだ。

n番部屋が一体どんな場所で、「デジタル性搾取」とは何なのか、被害者に会ったことがあるか、いつから追跡を始めて警察と協力したのか、などについて記録した資料をパソコンから削除しないでおいてよかったと思ったが、資料はなくても大丈夫なくらい、すべてが頭の中に保存されていた。

私たちは目撃者であると同時に、被害者でもあった。事件を解決しなくてはという気持ちがあまりに強かったせいか、覚醒状態が続いた。収集した資料のセリフの一言一言が、頭の中で絶えず再生されていた。そのおかげで、記者から「加害者がこんなことを言っていたそうですが、資料はありますか？」などと聞かれると、「その会話は別の文脈で出てきたものです。資料も一緒にお送りします」というぐあいに、素早く答えることができた。脳内にアルバム機能でも備わっているように、頭の中にキャプチャーした写真とそれをめぐる記憶が生々しく保存されていた。真っ暗な加害の現場で停止していた私たちの時間が、日の光を浴びて動き始め、二本の足と心は走り出す準備をしていた。

3月24日火曜日。テレビ局と新聞社、計6社のインタビューを受けた。世論の関心が高まらず気をもんでいた過去数カ月とは違った展開に、あきらめなくてよかったと感じる瞬間だった。午後3時から汝矣島《ヨイド》（国会議事堂や金融機関、テレビ局が集中する政治経済の中心地）でKBS、MBC、CNN、さらにMBCのインタビューを受けたら、夕食の時間になった。家に帰れず、近所で麻辣湯を食べた。その日のスケジュールの最後に、ソウル新聞の取材とYTN『卞相昱《ピョン・サンウク》のニュースのある夕べ』の生放送で電話インタビューに応じることになっていたからだ。

あたふたと食事を終え、隣のスタディカフェ〔時間制の有料自習室〕で個室を1部屋借りた。タンは生放送の電話インタビュー、プルはソウル新聞の電話インタビューを受けることにした。インタビューは事前に質問用紙を渡されていたおかげで、準備をしておいたので困ることはなかった。ただ、生放送の電話インタビューは静かな部屋で電話を受ける必要があったので、タンは個室、プルは非常階段で電話インタビューを受けた。生放送の電話インタビューは初めてだったので緊張した。

タンはYTNのアンカー、卞相昱氏から、「去年7月からn番部屋を取材する中で、困ったことや受け入れがたい反応はありましたか?」と質問されると、いきなり泣き出してしまった。これまでは「n番部屋と博士部屋は、別の犯人による性搾取犯罪だ」というような、事件に関する質問にだけ答えていたので、自分たちの活動中に起きたことを思い浮かべると、いきなり感情が込み上げたのだった。実際、2019年9月に私たちが最初に報道して以来、数カ月間は何の反応もなかった。ところが7カ月後の2020年3月になって先輩記者たちから、私たちの報道が2次被害を誘発するのではないか、むしろn番部屋の宣伝になっている、といった声を耳にしたところだった。急いで気持ちを落ち着かせ、最後の質問に冷静に答えることができた。

3月25日水曜日夕方。ああ、こうなると分かっていたら、普段から体を鍛えておくべきだったのに……。体力が底を尽いたせいか、昨日タンが泣いたのをからかっていたプルが、インタビュー中に涙を流してしまった。それを見てタンも泣き、インタビューしていたプロデューサーも目元を拭った。恥ずかしくてたまらず、私たちはお互いに「やめてよ」と言いながら泣き笑いした。疲れていたからだと言ってごまかした。水曜日午前6時のCBS〔キリスト教放送〕生放送の電話インタビューを皮切りに、午後1時に中央日報、3時に中央日報論説委員、3時30分にニュース1、4時30分にJTBC報道局、6時に同じくJTBCの『スポットライト』、6時30分にTBS〔交通放送〕生放送の電話インタビュー、7時に週刊『ハンギョレ21』、9時にKBSと、1日で合計9本のインタビューを受けた。食事をとる時間もなかったので、『ハンギョレ21』の記者がインタビューの場所を食堂にしてくれた。その日は漢江《ハンガン》大橋を何度も渡らなければならなかった。

3月26日木曜日午後。水曜日と同じくらいの回数のインタビューに応じた。午後3時、国民日報の特別取材チームと追跡団火花の座談会（「n番部屋追跡記：『今日は少し眠れました』との被害者のメールに涙」）に行ったとき、インタビューだけするのかと思っていたら、精神科専門医のリストを渡された。新聞社側で「心理カウンセリング」を世話してくれるという。私たちが通うのに便利な場所にある病院を選んでくれたようだ。実にありがたく、心強かったが、その一方で、こんな支援を受けてもいいのだろうかとも思った。

プルはリストのコピーで顔を隠し、時々声を詰まらせながら質問に答えた。「つらければ休みながらやりましょう」と、インタビュアーが言った。予定では1時間ほどだったのに、終わってみるとあっという間に2時間が経っていた。

3月26日木曜日24時。国民日報のパク記者に連絡した。「先輩……。明日すぐ病院に行ってもいいですか?」

翌日、パク記者はYTNとのインタビューの場所に、病院代を持ってきてくれた。急な連絡だったが、私たちのカウンセリングを引き受けてくれる医師がいたとのことだった。江原《カンウォン》警察庁にも連絡して、身辺保護を頼むことにした。休みなく走り回った1週間だったが、これからが始まりだという気分になった。

## 被害者が日常に戻れるように

「公営放送の力を借りて、できるだけ多くの被害者が実のあるサポートを受けられるような報道をしよう」

私たちは4月の総選挙に突入する前に、約3週間にわたりKBSと協力した。このとき、被害者のKと直接会って話を聞くことができた。Kが私たちに会ってくれたのは奇跡だと思う。メディアは被害者の実名以外の個人情報を詳しく描写し、個人を特定できてしまうような報道をしたことが何度もあったからだ。被害者が先に私たちを信じてくれたので、信頼に背くわけにはいかなかった。

「答えられる質問にだけ答えていただければけっこうです」

Kの負担を軽くするため、こう約束した。Kは私たちが用意した20個の質問のうち、10個程度を選んで答えてくれた。「追跡団火花」としては恥ずかしいことだが、「博士」チョ・ジュビンが被害者を脅迫し苦しめた方法を、この日初めて正確に知った。メディアでも報じられなかった内容だったので、被害者がなぜ被害に遭ったのか、十分に理解できる人は少ないだろう。Kの証言を聞きながら、その苦痛が肌で感じられた。全身に鳥肌が立ち、目に涙が溜まった。Kは言った。「被害者が経験した苦痛は『性搾取』という単純な言葉では伝えきれない」と。

インタビューが終わって数日して、KBSの記者がよい知らせを伝えてくれた。警察が番組に出演した被害者を助けると連絡してきたのだ。被害者が以前の日常に戻れるよう、1人でも多くの人を助けたいと心から思っている。

以下は私たちとKBSが共同で取材・報道した記事から、被害者の話の一部を抜粋したものだ。

## 「早く自分の番が終われば」……「博士部屋」被害者が経験した「地獄」

### ■「単なる『搾取』ではなかった」……「私を殺しに来るのでは」という恐怖

昨年12月のある日、Kさんはツイッターで「高収入アルバイト」を募集する投稿を目にしました。Kさんは好奇心から、その投稿に書かれたテレグラムのIDに連絡します。相手の男性はKさんに札束と預金通帳の写真を見せて懐柔し、別の男性とKさんを「マッチング」させました。マッチングした男性は、Kさんに写真を要求し始めたのです。

「顔の見える写真を10枚送ってほしいと言われて。ただの顔だけだからと思い、送ったんです。すると『今度は手を撮って』というぐあいに、要求がだんだん増えていき、チャットを始めて1時間ほどで要求のレベルが高くなってきました。『裸の写真を送れ』と言われ、できないと言うと、ツイッターに私の写真を上げると脅されました」

脅迫だけでなく、この男性はKさんが自分に詐欺を働いたと言い始めたと言います。

Kさんと自分をつなげてくれたチャットルームに送金したのに、そのチャットルームが突然消えたので、Kさんがチャットルームの人と仕組んで自分のお金を横取りしたのでは、という話でした。

「『お前も共犯だ』と言って私の写真を送り返し、『お前の人生終わるけど、いいの？』などと言って、次々と脅迫と罵詈雑言を送ってきました。メッセージを確認しないと罵られ、『すぐ返事しろ』『目を離すな』と言われました。いますぐ何かされそうな感じで……。私の写真に落書きをして送ってくることもありました」

この男は最終的に、身分証の写真も撮って送れと要求しました。Kさんが共犯でないなら、それを信用させろというのです。具体的な指示までしました。

「（動画を撮るとき）常に『朴《バク》社長』に言及しろと言うのです。1分間で特定のポーズを撮り、マイクに向かって『朴社長、申し訳ありませんでした』と言えと、セリフまで書いて指示してきました」

この男性は会うことも要求しました。

「『タクシーに乗ってソウルの○○に来い。そこに社員を送るので、会って言うことを聞け。お前が共犯でないならそのくらいの誠意は見せられるだろう』と言いました。行けないと言うと、『それなら（写真を）全部上げてやる』と言って笑い出し、『死ね、イカれた××』と言って電話を切りました」

男性が電話を切ると、Kさんは通報を決心しました。そして警察署に行く前の早朝、ネットで検索をしました。自分の写真がアップされたテレグラムのルームを探すのに、

30分もかかりませんでした。チャットルームの名前は「博士の資料集」「博士のサンプル共有ルーム」でした。

「すでに私の写真が全部上がっていて……。ルームには2600人もの参加者がいました。被害者たちには『○○女』といったニックネームが付けられていて、私にもそんなニックネームが付いていました」

ツイッターを通じて初めて連絡をしてから男性が電話を切るまで、罵詈雑言と脅迫のメッセージが送られ続け、Kさんが恐怖に震えていた時間はわずか3時間でした。そんな短時間に撮影された写真と動画は、年が明けたいまでもどこかで出回っており、それがいつまで続くか分からないという事実に、Kさんはとても不安になりました。冷静に取材チームに被害の事実を打ち明けたKさんは、テレグラム部屋の性搾取記事に対する不満も漏らしました。自分の被害は単なる「搾取」という言葉では言い表せないということです。

「搾取などというものではありません。それは……言われた通りにしなければ殺されるのでは、私を探して押しかけてくるのでは、というような……。そうしたことは（記事には）まったく書かれていません。だから人々は、ただ『高収入アルバイト』という単語だけを見て、『被害者にも問題があるのでは？』と思うのです。始まりはそうかもしれません。私も馬鹿だったと思ったりもします。でも、正直に言って、アルバイトの募集サイトを見ても、『キャバクラのアルバイト募集』などというものは多いでしょう？　私はただそういうことだと思ったんです」

## ■「ホッとする自分の姿を見るのが一番苦痛……自分の番が終わることだけを願った」

しかし、Kさんにとって最もつらかった記憶は、チャットルームにアップされた自分の写真を見たり、脅迫されたりしたことではありませんでした。Kさんは警察に通報した後も、自分の写真がテレグラムのルームに流されないか心配で、前述のように「博士の資料集」「博士のサンプル共有ルーム」に入っては、一般ユーザーのふりをしながら見守っていました。

「ある日、チャットルームの管理者が、『晩飯の時間だし天気もいいから、投票でもしようか』と言ったかと思うと、私と他の被害者3人の名前を挙げて、『4人のうち得票が一番多かった者の資料を配布する』というのです。私は2位でした。ところが、それを見てホッとしている自分がいるんですよ……」

他の被害者の資料が共有されるのを見ながらも安堵している自分の姿、そうならざるを得ない状況が、一番の苦痛だったとKさんは告白しました。

「そのチャットルームのアイコンは元々私の写真になっていました。写真が変わった日も、私はホッとしたんです。私よりずっと若そうな女の子の顔に変わって、ああ、よかった、と思ったんです。チャットルームのメンバーたちを恨むより、ただ自分の番が早く終わればいいと思っていました」

Kさんは博士部屋の運営者たちが組織的に被害者を搾取した状況についても証言しました。

「誰かが車の中で性行為をしている写真をアップしました。本人が撮影したもののようです。それを上げると同時に、『博士が送ってくれたこの子と××した』『お前たちも博士に感謝しろ』などと言いました。自分は博士のところの社員だと言う人が、少なくとも4~5人はいました。『俺は今月このくらい給料をもらう』という話をしている人もいました」

Kさんを脅迫した男も「博士」チョ・ジュビンの社員である可能性が高いと思われます。Kさんは、ソウル某所に来いと言う「社員」の要求を自分は拒否したけれど、脅迫に負けてその場所に行き性的暴行を受けた女性たちもいるだろうと、つらそうに言いました。

## ■「晴れの日は太陽の光を浴びて、雨の日は雨に打たれ……みんな頑張って」

Kさんは次第に日常を回復しつつあります。しかし、当時の記憶を語りながら涙が出るほど、いまもつらい状況です。その中でKさんは勇気を出して、被害事実と自分の思いを取材チームに伝えました。被害者の女性たちが「みんな大丈夫なのか気になった」という理由からでした。Kさんが被害者たちに言いたい言葉を最後にお伝えします。あきらめずに頑張るようにと、重ねて強調しました。

「朝起きて、何気なくリビングの床に座りました。すると、その日はやけに日の光が暖かく差し込んできました。急に涙が溢れてきました。その日、本当に久しぶりに空を見たというか、久しぶりに何かを肌で感じたようでした。『ああ、私はまだ生きてるんだ……』正直、これから何がどれほど変わるのか、もっと多くの犯人が捕まるのか、期待はしていません。自分のファイルがまったくなかったころに戻ることも望めないでしょう。忘れたころにまた上がってきますから。他の場所でまた広まるだろうと思います。でも、生きなければならない。だから……。みんなにも頑張って欲しいんです。私も毎日、つらくてたまらないけれど。ただ、晴れた日は太陽の光を浴びて、雨の日は雨に打たれ……。そんなふうに、みんな頑張ってもらえたらと思います」

—KBS NEWSキム・ジスク記者×火花（2020年4月19日付の記事から）

## 日常の性犯罪

ＫＢＳと取材協力をする中で、「知人凌辱」被害者の崔《チェ》さんと出会った。私たちは彼女にＳＮＳを通じて連絡し、テレビでの報道を通じて世論に訴えたいと言った。崔さんは知人凌辱がどれほど苦しい犯罪なのかを証明するための、長い闘いを始めたばかりだった。この犯罪はオンラインの世界で起きている性犯罪であるため、捜査機関が加害者を逮捕できないケースが多かった。被害者は、知人の中に逮捕されないままの加害者がいるので、いつ、どこで、再び被害に遭うか分からないという恐怖を感じるのだ。

崔さんと約束の場所を決めるところから、慎重に調整する必要があった。身元が分かりそうな場所は候補から外した。だからといって、汝矣島にあるＫＢＳスタジオに呼ぶとなると、撮影チームとインタビューのスケジュールを合わせるのが難しかった。その日の夜9時のニュースで流すインタビューなので、一分一秒を争っていた。結局、私たちが住む町と崔さんの家の中間地点を約束場所に決め、被害者が気兼ねなく話せるような屋外の静かな場所にＫＢＳの記者が案内した。

崔さんは気丈にインタビューに答えてくれた。インタビューを終えて、お互いを抱きしめた。もう少し温かい言葉を伝えられなかったのがとても心残りだ。ＫＢＳのスタジオに戻りながら、手がすごく冷たかった崔さんのことを思い浮かべた。何よりも、温かい一杯のご飯をごちそうしたかった。

崔さんとのインタビューは無事終わったものの、9時のニュースの生放送を2時間前に控えて、インタビューをオンエアできないかもしれないという危機が訪れた。崔さんと「知人凌辱被害者連帯」が連絡してきたのだ。崔さんはテレビで報道されたら2次被害が起こるかもしれないと心配し、被害者連帯の側は崔さんが被害者全体を代弁しているように見えるかもしれないと懸念したのだ。私たちは被害者の選択を支持し、今度も立場を同じくすることを伝えた。知人凌辱がデジタル性犯罪のうちに入れられず、単に加害者の「逸脱」程度と見なされることに無力感を感じてきた崔さんと被害者連帯は、最終的に報道することに同意した。2次加害の危険に甘んじて報道を許可した彼女たちの願いは1つだった。「被害者にも何か過ちがあったのだろう」という烙印を被害者側に押すことなく、加害者を全員逮捕することだ。

私たちは彼女たちが以前の日常を取り戻すことを切に願い、被害者の崔さんが国の支援を受けられるよう、引き続き支援を続けている。

## 被害者は私たちの隣にいる

もどかしさ、怒り、喪失感……。デジタル性犯罪事件の実態を知るたび、こうした感情が高まる。デジタル性犯罪には何百というタイプがあるが、それがメディアでは「n番部屋」と「博士部屋」の2種類に縮小されている。社会が注目しないデジタル性犯罪の被害者たちは、ろくに支援も受けられないでいる。そればかりか、被害者は自分を責めてしまう。私たちはデジタル性犯罪の深刻さを認識し、多くの声を聞く姿勢を持たねばならない。それでこそ、民主的な方法で「被害者を守る」ことができるだろう。

　私たちが出会った被害者たちは、みな異なった苦痛に苦しんでいた。恥ずかしいことに、私たちもなぜ彼女たちが被害に遭ったのかを正確に理解できていなかった。被害者とほんの短時間会っただけで、自分が持っていた社会的な固定観念ががらがらと音を立てて崩れた。私たちは被害当事者ではなかったので、被害者の立場で質問しようと努めた。それが他人に対する礼儀であり、インタビュアーとして保つべき態度だと思ったのだ。これまで韓国社会は、「どうして夜遅く出歩くのか」「なぜ短いスカートをはいたのか」といった、被害者自身に原因があるというような言葉を投げつけてきた。さらに「性犯罪の被害者がああやって笑顔で出て来られるのか」「私なら恥ずかしくて一生言えない」「証拠はあるのか？　金目当てだろ」などと言って被害者の口封じをしてきた。

　被害者を理解するには、その人を「被害者」という枠にはめて見るのではなく、その人個人の生き方を尊重する態度が必要だ。性犯罪被害者が堂々と証言できるよう、私たちは彼女たちとともに歩んでいきたい。皆さんにもその道を一緒に歩んでもらえたらと思う。

オンライン空間で起きている加害の形は馴染みがなく、被害者と加害者が次第に低年齢化している以上、デジタル性犯罪の実態をもっと調べる必要がある。韓国社会で繰り返されているデジタル性犯罪の事例を紹介しよう。

### ①n番部屋の前兆、ランダムチャット

2020年4月初め、JTBCの記者から連絡があった。「2018年、JTBCは盗撮物の流通ルートを追っていたが、その1年後の2019年、追跡団火花が取材したn番部屋事件が起きた。火花のメンバーに直接話を聞かせてほしい」という。そこで4月のある日、カフェで記者に会った。

2018年7月、JTBCの調査報道チーム「トリガー」は、「盗撮データ」の流通ルートを追ったが、その過程で「ア○」という有名なランダムチャットのアプリを舞台に性犯罪が起きている事実をつかんだ。「ア○」のアプリを入れた取材陣が、未成年者を装ってチャットに参加すると、次々と卑猥なメッセージが入ってきた。メッセージを送ってくる成人男性たちは、相手が未成年でも気にも留めず、矢継ぎ早に猥褻な言葉を吐き出した。いきなり性的要求をする男も多かったが、会話に時間をかけて親しげな雰囲気を作ってからアプローチしてくる男もいた。JTBCの取材陣が10代の少女を装ってある男とやりとりした内容は、典型的な「グルーミング」の手口だった。

以下は加害者たちが話を切り出すときに使う典型的なセリフだ。

「何歳なの？」

「今日は楽しかった？」

「彼氏とはどこまでしたの？」

グルーミング犯罪（被害者を手なずけたあとに行われる性犯罪）は、児童・青少年を対象にして頻繁に起きている。オンラインでのやりとりで親しくなり、オフラインの場に誘い出して強姦や買春などの犯罪を狙うもので、いっそう危険が大きい。加害者はチャットルームでの会話内容を密かに録画しておいて流出させたり、親に言うといって脅迫することもある。

2018年夏、JTBCの取材陣は、ア○で制作された盗撮動画がテレグラムで流布・販売されている現場を目撃し、加害者の目星を付けて警察に情報提供した。n番部屋事件が起きる前に、すでに「未成年者性搾取」犯罪を捜査機関に通報していたのだ。当時は警察庁サイバー捜査隊に性暴力を捜査する専門チームはなく、担当記者がテレグラムの性搾取販売口座を調べて警察に告発したものの、10人ほどの加害者のうち逮捕されたのは1人だけだった。捜査機関はデジタル性犯罪を深刻な犯罪と見なしていなかったようだ。捜査機関が捜査もしないうちに「捕まえられない」と断定しているのだから、まともな捜査が行われるはずがなかった。当時、警察は記者に「テレグラム犯罪者は逮捕できない」と繰り返し言っていたという。

## ②加害から逃げ出して1年、トラウマは進行中

2019年8月、私たちがちょうど「知人凌辱」犯罪について取材していたころ、テレグラムのチャットルームに流れた悲報があった。

「皆さん、被害者のあの子、死んだらしいです」

「あの子って誰？　とにかく俺のせいじゃない笑笑」

「嘘じゃない？　（性搾取のせいで）誰かが死んだなんて1度も聞いたことない」

性搾取被害者が命を絶ったという痛ましい話だった。この悲報はSNSを中心に、コダム部屋とテレグラムの性搾取チャットルームに広がり、その真偽をめぐって議論が巻き起こった。それから7カ月後の2020年3月、私たちは性搾取被害者の死亡事件について取材しようと決心した。

結論から先に言うと、その被害者は自殺を偽装したのだった。加害者の脅迫で息苦しくなった被害者は、何としてでもその状況から逃げ出したかったという。被害者は性搾取問題を糾弾してきたSNSの運営者に、自分が自殺したという文章を掲示してほしいと依頼した。被害者は、こうしたやり方が倫理的に問題があると知りながら、他に方法がなかった。その当時、「逸脱アカウント」をやっていた被害者を見る社会の目は、いまよりずっ

と厳しかった。泥沼から抜け出せるよう手を貸してくれる人もなかなか見つからなかった。偽装自殺の文章が出て、ようやく加害者の脅迫は止まったそうだ。しかし、被害者のトラウマはその後も続いた。

被害者は「1年以上経つけれど、親や友達には言えない」と語った。毎日SNSやグーグルなどのポータルサイトで自分の名前と学校名を検索しては、ふと涙が出てくると言う。私たちはそれとなく心理カウンセリングを受けることを勧めた。

「大学に行かなければならなくて。よい成績を取らねばというプレッシャーが大きいので、なかなかカウンセリングに行く時間がありません」

言葉を失った。それでも簡単な電話相談を受けたというので、それが役立ったか聞いたところ、カウンセラーは警察に通報するようにと繰り返すばかりで、役に立ったかはよく分からないという。追加で対面のカウンセリングは受けなかったそうだ。カウンセリングは対面で行ってこそ、クライアントに合わせた段階的で実質的な支援が可能になるが、被害者の立場からするとカウンセリングを受けること自体、心理的な壁があるものだ。被害の事実を外部に知らせて助けを求めるべきだが、未成年被害者の恐怖心は想像以上に大きかった。特に、通報すると親に知られるのでは、警察が学校に来るのでは、と恐れるケースが多い。デジタル性犯罪を通報した人が未成年であっても、警察は保護者に詳しい被害内容を知らせる必要がないということを知らないからだ。被害者はこれまでの経験を忘れたいと言って、受話器越しに泣いていた。

「私の話を聞いてくれてありがとうございます……」

いまも1人で恐怖に震えている被害者はどれほどいるだろうか。性犯罪は1人だけの闘いではない。社会が先頭を切って解決すべき問題だ。理由を聞いたり問い詰めたりすることなく、ただ手を差し伸べてくれる人がいることを、被害者たちに知ってほしい

## 「アウトリーチャー」連帯の始まり

2020年4月、政府のソウル庁舎国務調整室が主催した会議に参加した私たちは、テレグラム内で発生している加害の実情を説明し、被害者支援を専門的に担当する常設部署の必要性を強調した。その数日前に女性家族部の長官次官実務者会議に参加したおかげで、国がデジタル性犯罪被害者を支援する際に何が必要か把握できた。n番部屋、博士部屋、知人凌辱・盗撮等、各種デジタル性犯罪の被害者を保護するための「被害者ワンストップ支援」〔多数の機関で行われている支援策を一元化して、被害者が一つの窓口に申請すれば望む支援を受けられるシステム〕の仕組みが必要だった。

被害者は、法律的支援を要請する過程で自身のトラウマや被害の事実を何度も説明しなくてはならない。それだとトラウマを治癒する方法を身につけるより先に、体力を使い果

たしてしまい、捜査機関に出頭するだけで手一杯で、心理カウンセリングや法律的支援などの、被害者が享受すべき権利をあきらめることにもなる。政府がワンストップ支援システムを備えれば、被害の事実を代わりに説明できる支援者が同行するなどのサポートが可能になる。各種機関で実行されている支援方法を一元化すれば、被害者保護にも役立つはずだ。

この国務調整室主催の会議には、韓国女性人権振興院、タックティーンネイル（明日児童青少年暴力相談所）、刑事政策研究院、テレグラム性搾取共同対策委員会、情報保護大学院等、多くの機関の実務者・専門家が参加した。午後2時から始まった会議では、「デジタル社会の到来とともに生じた情報の偏り」「性犯罪認知能力レベルの違い」について議論した。旧世代のデジタル性犯罪認知能力が著しく低いという点で、すべての参加者の意見は一致した。参加者の一部は、n番部屋事件の発生前はデジタル性犯罪の深刻さを知らなかったと反省の色を示した。

1年前の夏に私たちが抱いた問題意識が、ついにこの政府庁舎の国務調整室に届いたのだ。これまでの幻滅と挫折が報われたようで、胸が熱くなった。会議後も話を続けたい参加者たちはカフェに場を移したが、そこでテレグラム性搾取共同対策委員会側の弁護士から、「あなたたちの正体を知りたがっている活動家がいるから会ってみてはどうか」と勧められた。これまで週に何度も警察や記者に会ったことはあったが、活動家に会ったことはなかったので、期待に胸が膨らんだ。すぐにタクシーに乗り、韓国性暴力相談所に向かった。そこで私たちを歓迎してくれたのはキム・ヘジョン副所長だった。前週末に裁判で使う性搾取被害者関連資料を暗号化して送ったことはあったが、現場で何十年も活動してきた方に直接会うのは初めてで、心強かった。この日の突然の出会いを後にじっくり思い起こしてみたが、おそらくキム副所長は私たちが元気で過ごしているか確認し、励まそうと思ったのだろう。私たちに会うやいなや彼女がかけてくれた「大丈夫ですか」の一言は、いまも胸の中に温かく残っている。

3月末、警察はチョ・ジュビンに性搾取された被害者は74人(うち未成年者16人)と発表したが、キム副所長は被害者の身元が特定されていないのに、なぜ74人という数が出てきたのか疑問だと言った。警察は被害者の数をどう推計したのかを明かしておらず、被害者の中には自分に被害を与えた者がチョ・ジュビンかどうか分からない人もいるため、支援に困難が伴うという。被害者の証言は加害者の量刑に大きな影響を与え、事件解決に重要な役割を果たす。にもかかわらず、今回の性搾取事件は「被害者のいない事件」と言われるほど、被害者の身元が把握できないでいるそうだ(3月31日、被害者74人のうち二十数人の身元が検察によって特定された)。

キム副所長の悩みに私たちも同感した。私たちはこの事件を報道するたび、2次被害について頭を悩ませてきた。加害者処罰を促しつつ、同時に被害者保護を念頭に置いた報道戦略が必要なのだ。報道から生じる2次被害を完全に防ぐのは困難であり、被害者個々人と継続して連絡を取る余力もない。そんな悩みを私たちは打ち明けた。

これに対して、副所長はこう言ってくれた。「あなたたちは自分たちの役目をよく果たしている、被害対策に関する情報を多く与えれば、それだけ被害者には自己判断力が生まれるのだから」と。警察に通報するか、法的支援や相談だけに頼るのか、被害者自身が解決策を選択できるようになるというのだ。

韓国性暴力相談所の本棚にあったハガキとステッカーをもらって帰ってきた。「私たちは性暴力の監視者」というメッセージが書かれたステッカーを、携帯の裏に貼った。「被害者は活動家の活力を信じている」という副所長の言葉を心に刻んだ日だった。副所長は、被害者に自分から近付いて手を差し伸べる私たちのことを、デジタル性暴力の「アウトリーチ（Outreach）[*3]」活動家だと思ったそうだ。そう言われて、「アウトリーチ」という語感と意味が、私たちの活動にぴったりだという気がして、それ以来、私たちは自分たちのことを「ジャーナリスト」ではなく「アウトリーチャー（Outreacher）」と紹介するようになった。

---

＊3　支援が必要な住民に対し、行政や支援機関などが積極的に働きかけて情報・支援を届ける活動。

## 「あなたたちはこちら側の人になりました」

KBS「『あなたは悪くありません』……『火花』が伝える声」という記事を書くため、京畿《キョンギ》大学犯罪心理学科の李水晶《イ・スジョン》教授にインタビューすることになった。午前10時、ソウル市内の新村《シンチョン》にあるスタディカフェで李教授に会い、3つの質問をした。

1．n番部屋事件をどう捉えるべきか。

2．KBSによる「コダム部屋」のチャット15万件の分析結果をどう見るか。

3．今後、韓国社会に求められる課題は何か。

1時間にわたるインタビューの終了後、一緒にエレベーターを待ちながら李教授に言われた言葉が印象深かった。

「あなたたちの勇気は大変なものよ。追跡団火花はもうこちら側の人間になりましたね」

KBSの記事は被害者の声を取り上げることに重点を置いたので、李教授のインタビューは掲載できなかった。そこで、テレビには出なかった話をこの場で公開したい。

▼加害者たちの心理をどう見ていますか。

いまや成人だけでなく児童の性も、お金さえあればいくらでも売買できます。成人ポルノよりも未成年者の性的搾取動画の方が入手困難なので、好奇心の的になるのだと見ることができるでしょう。なので、幼い子どもを対象にした性的搾取物が、刺激的な性的動画程度に思われている可能性が非常に高いでしょう。加害者たちは性的搾取動画の希少価値にお金を払っても惜しくないと思うような人間だということです。こんな思考がなぜ韓国社会で生まれたのか、よくよく考えるべきです。1次的には加害者個人の問題ですが、実は社会全体で考えるべき問題だと、私は思っています。

児童性的搾取物を特に厳罰の対象とする海外の事例を見るにつけ、韓国もいまが選択をすべきときだと思います。私たちの子どもが脅威にさらされているのに、手ぬるい扱いを続けるのか、あるいは海外の例のように厳罰を下すのか、考えるべきでしょう。

**▼海外の例が出たついでに聞きますが、アメリカやオーストラリア、イギリスなどでは未成年オンライン性犯罪に対しておとり捜査[*4]が行われています。韓国ではまだお**

＊4　通常の方法では犯人逮捕が困難な犯罪を捜査する場合、捜査機関や協力者が身分を偽って犯罪を誘導し、犯人が動くのを待って逮捕する捜査方法。韓国では現在、麻薬取締法において許容されている。

**とり捜査に反対する声が多いようですが、どう思われますか？**

おとり捜査に関する見方は、１９８０～９０年代の感覚がいまも維持されているようです。テクノロジーは非常に早く変化したのに、いまだに「おとり捜査は思想調査だ」と考える旧世代がいるのです。彼らの常識では「無辜《むこ》の市民をわなにはめるのは反人権的」とも言えるでしょうが、「人権だけが唯一の価値なのか」「すべての人の人権が保障される社会は実際に存在し得るのか」という根本的な問題について熟考する必要があるでしょう。

児童・青少年の人権は、成人の人権よりも優先して保護すべきです。児童ポルノに対するおとり捜査は、子どもをおびき寄せようとする加害者を、児童を装って摘発する捜査ですが、捜査官が児童に偽装するのは、児童の法益が大人の法益に優先するからです。保護すべき対象が性的に誘引されるのを何としてでも防ぐことが、国家の優先順位の上位にくるわけです。

すべての人が安全を望みますが、中でも子どもや青少年の安全が優先されてこそ、未来があるのです。大人の立場からすると少々納得がいかず、人権が侵害されているように思うかもしれませんが、法的に優先的に保護されるべき対象は児童・青少年なので、「児童偽装捜査」または「児童を装ったおとり捜査」には妥当性があるわけです。

つまり、私たちがまず選択すべきなのは、「誰を守るべきか」ということです。違法な捜査手続きによる人権侵害を防ぎながら、すべての人の人権を守れるかといえば、それはあり得ません。いくつかの問題があるとしても、まずは「児童や青少年を誘引するすべての行為は取り締まる」ことで、法益を優先すべきです。

はっきり言って、この主張は民間人の思想調査を意味するわけではありません。「捜査権を利用してすべての人の思想を調査する」という話ではなく、「児童を誘引する加害者を選り分ける」、つまり児童を性の道具化して性的搾取しようとする者を処罰するということです。この意図が明確なら、バーチャル空間であれリアルな空間であれ児童を装った捜査の手法に反対する理由はないはずです。相手が児童であると分かった瞬間から、その人権を侵害する行為をしてはならないのは明らかなのですから。児童だと知りながら接近すれば、それ自体が違法です。

▼デジタル性犯罪の対象が低年齢化する以前は、20代〜30代女性がその被害に遭っていました。専門家たちの分析によれば、オンライン被害者の低年齢化の傾向は、デジタル性犯罪を厳しく処罰しなかったことに原因があるとされています。実際、大法院の量刑委員会ではデジタル性犯罪に関する量刑基準は特に設けておらず、そのため裁判官ごとに減刑処分にする基準も異なっていました。量刑委員会がこの事件

**を契機に量刑基準を確立するなら、何を最優先に考慮すべきでしょうか？**

量刑委員会で基準を定めるとき根拠にすべきものは現行法です。そのため現行法に基づく措置を土台に、多くの凡例を実証的に検討して統計を算出しなくてはなりません。各裁判所で量刑の重さにバラツキがあってはいけないので、実証的に何が量刑に影響を与えるのかを探り出し、処罰の程度について基準を定めるべきです。実は、いま量刑委員会でも悩んでいるのは、従来の判決が寛大にすぎ、それは裁判官が事件の本質をちゃんと理解せずに判決を出している可能性が高いのではないかという点です。だから、今回の事件を通じて世論も大きく変わると思います。

さらに、既存の罪名では捉えられないこの犯罪の独自性を把握する必要があります。たとえば、児童性的搾取物や児童を対象にした盗撮データを制作する罪であれば、児童・青少年の性保護に関する記載が法律にはあるのです。ですから、どんな罪名で検挙するかを決め、それを量刑基準に反映させなくてはなりません。

実際、現行法上の罪名と量刑基準には問題があります。たとえば、博士部屋の一番の問題は、お金を払ってチャットルームの最高等級に上がった人たちの行為ですよね。また、ストリーミングという新たな技法を使って、動画を所持することなく視聴だけした人は無実なのでしょうか。不法画像所持の罪では逮捕もできません。新種の犯罪も量刑基準に含めることができるかが、大きな宿題だと言えます。

▼**総選挙の前に「ワンポイント国会」を開いてデジタル性犯罪関連法を速やかに制定すべきとの意見も多いようです。**

まずやるべきは、正確な被害状況を把握して周知することです。バーニングサン事件〔2018年11月、ソウルの高級ナイトクラブ「バーニングサン」で、セクハラされた女性をかばったことで同店関係者から集団暴行された男性が被害を告発したのをきっかけに、同店での売春や性的暴行、麻薬流通などの不法行為、警察との癒着の疑惑が浮上。人気グループBIGBANGのメンバーが関与していたことから、芸能界・政財界を巻き込む大スキャンダルになった〕で、警察がかつてないほど批判を受けていますよね。では、バーニングサンとn番部屋は本質的に違う事件なのかというと、絶対にそうではありません。どちらも、若い女性の性を売買するという形態が、バーニングサンというある種の特定の空間で起こったということです。n番部屋事件では未成年者の性搾取映像がバーチャル空間で売買されました。バーチャルかリアルかの違いはあっても、児童・青少年の人権や性的自己決定権が侵害された点で、2つの事件の本質に変わりはないのです。バーニングサン事件では、いわゆる「ユーザー」側は1人も検挙されませんでしたが、n番部屋事件の場合はユーザーたちの個人情報が把握され、一部は共犯として処罰されました。この点で、認識はかなり進んだとも思います。

この流れをさらに推し進めるには、メディアが性搾取の実態を報道していくべきです。市民も一丸となってそれに呼応しなければなりません。関心が薄れた途端に、この事件はそのまま忘れ去られてしまいます。政治家の中には、話にならない陰謀論を振り回す人もいます。これがどうして陰謀なのでしょう。現在進行形の問題なのです。

### ▼被害者たちに伝えたいメッセージはありますか？

バーチャル空間における性犯罪の一番恐ろしい点は、被害者がまた生まれるかもしれないところです。この手の犯罪は終わらない可能性が高く、被害者自らが多くの困難を克服する必要があります。政府機関は各種制度で被害者を支援すべきだし、被害者の側ももっと勇気を持つべきです。人間は成長するものです。ある時期、ある年齢で失敗を犯したからといって、そのまま止まっているわけではありません。人生はずっと流れていくし、私たちはそれだけ年を重ね、より成熟します。過去の失敗をずっと反芻《はんすう》して自分を責める必要はありません。

この犯罪は社会現象であり、私たち全員の過ちだったのです。上の世代の過ちによって子どもたちがひどい被害に遭ったのですから、絶対に1人で悲観する必要はありません。「責められるべきは上の世代の人たちだ」こう考え、1人で悩まないでください。みんなで連帯して、何とかして苦難を克服するために努力してくれたらと思います。自分1人の問題と考えて悲観することだけは絶対にしないで欲しいと、心から願います。

▼**追跡団火花に伝えたいメッセージがあればお願いします。**

現場で長く研究してきた立場から言うと、調査をするだけでも被害に遭う可能性があります。精神的にかなり疲弊することもあります。今後、さまざまな試みを通じて、困難を克服しながらこの仕事を続けなければなりません。皆さんのような人たちが自らの精神の健康を害し、それによって他の被害者を探せないようになったら、社会全体の損害だからです。ですから、自分の身辺をしっかり管理することが重要です。問題意識を持ち、関心を傾けながら、目に見える変化が表れるまで、たゆまず調査、発掘、告発する役割を担うべきです。上の世代だけでなく、若い人たちの間でも、こうした社会的な病がどれほど深刻化したのか、今後も語り続けて欲しいと思います。

## 被害者に被害者らしさを求めないこと

中学生のころ、男性器が女性器に触れるだけで妊娠すると思っていた。子どものうちに正しい性教育を受けられなかったせいだ。韓国で「性」は「表立って口にしてはいけないこと」と思われてきた。特に女性が性欲を表すこと自体が許されない社会なので、陰で何か問題が起こって当然だ。一部の者は性的自己決定権*5を持てないまま、SNSで性欲を表現する道を選んだ。これは彼女らの過ちだろうか。これを果たして悪いことだと言えるだろうか。

青少年期に自我を表現して他人の関心を求めるのは自然な現象だ。そんな青少年の心理を利用して金儲けをする行為こそ過ちだ。ところが、いまだに多くの人が「逸脱アカウント」をやっていたとか、「援助交際」をしていたとか言って、そういう子どもたちが犯罪のきっかけを提供したのではと、厳しい物差しで被害者を責めている。

ここで1つ質問をしよう。

バイクに乗った人物にバッグを引ったくられたとする。どう対処すればいいだろうか。「警察に通報する」が一般的な答えだろう。躊躇なく警察に行き、「バッグを盗まれました！」と告げるに違いない。そこで警察官が、盗難の被害者であるあなたに「バッグをしっかり持っていなかったからだ」などと責任転嫁することがあるだろうか。あり得ないだろう。盗んだ方が悪いに決まっているのだから。なのに、性犯罪被害に限って言えば、社会の認識は被害者に対して厳しい。警察に行っても「自分が先に写真をアップしたんでしょう？」「それも犯罪だと知ってますよね？」などと、原因を提供したと言って被害者の責任を問うことに余念がない。

ある弁護士によると、逸脱アカウントをしていた青少年が児童青少年法（児童・青少年の性保護に関する法律）や情報通信法（情報通信網利用促進および情報保護等に関する法律）に基づいて処罰される可能性もあるとのことだ。しかし、これを根拠に、被害者が犯罪のきっかけを提供したのだから被害に遭って当然と主張するのは、果たして正しいことなのか。法は何のためにあるのだろうか。

被害者の行動が常識に合うか合わないかが重要なのではない。被害が発生したという事実が、より重要なのだ。性犯罪に限っては、「被害者として完璧な資格を備えた人」だけを保護してやるという考え方は間違っている。被害者の言葉、文章、行動を評価し、基準に満たなければ非難し、疑うのだ。被害者にも過ちがあるという認識のせいで、性犯罪被害者はなかなか世に訴えられずにいるのだ。遭うべくして被害に遭う被害者はいない。いくら説明してもこのことを理解できない人がいる。理解できないなら（たとえ嫌でも）ただ暗記してほしい。

＊5　自らの決定に基づき、自己責任の下、相手を選択して性関係を持てる権利のこと。韓国憲法第10条（人間の尊厳と価値、幸福を追求する権利）を根拠とする。

## 遭うべくして被害に遭う被害者はいない

重要なのは、認識の転換と持続的な関心だ。n番部屋事件がメディアでしきりに取り上げられていた2019年3月の2週間で、n番部屋関連記事は1万2000件に達した。しかし、それから3カ月後の6月には、1000件を少し超える程度だった。それもほとんどが「n番部屋の主犯格が逮捕された」という程度の記事だった。国民の関心が低下するに従い、記事の本数も減っていく。関心の低下を感じるたび、先日被害者に会ったときにした約束を守れないかもしれないと思うと不安になった。4月に会った被害者の言葉から、一部をここで共有する。

博士が捕まったと聞いて、うれしくてたまりませんでした。本当にこれで終わったんだと思ったんです。これからは何の心配もなくご飯を食べ、眠り、友達にも会えるんだ。あいつが捕まったから、画像も全部削除されるはずだ、そう思いました。しかし、それは違いました。これから1、2カ月は静かでしょう。でも、長くて3カ月、もう少し経ったら、また部屋が開設されて、むしろさらにひどくなるでしょう。きっと隠れてやると思います。

これから半年後、1年後、2年後がとても怖いです。世間の関心が薄れると、その途端に本当にもっと多く……もっと広がりそうで。

#MeTooやスクールMeToo、バーニングサン事件などの性犯罪関連の出来事が、社会の記憶の中からあまりに簡単に忘れられているようだ。関心を持ち続けないと、加害者たちの犯罪行為を予防し、然るべき処罰を与えることも難しい。

eNd[*6]やツイッターで活動するD[*7]のような市民たちが先頭に立ち、テレグラムで性搾取を行った加害者たちの裁判を傍聴し続けている。彼らの傍聴スタイルはさまざまだ。以前のような軽すぎる処罰を防ぐため、プラカードを掲げて直接プレッシャーを加えたり、傍聴の感想を書いて裁判官を牽制している。このように関心をつないでこそ、国や司法当局が国民を意識し、きちんと法を作り、然るべき処罰を下すことができるだろう。

＊6　n番部屋性搾取に対する厳罰を求めるデモチームを指す。@nbun_out

＊7　ツイッターのアカウント名はD、ユーザー名は@D_T_Monitoring。各種性犯罪に関する裁判を傍聴し、法廷でやり取りされる話の内容をモニタリングしてツイッターで公開することで、被害者に連帯する活動を行っている。

## 被害者支援はうまくいっているのか？

n番事件以降、各所で被害者支援の動きが起こったが、被害者支援に関する記事が出るとともに2次加害も深刻化した。検察はn番部屋の被害者のうち、「全治5週以上の傷害を受けた被害者に対して年1500万ウォン（約155万円）、総額5000万ウォンを限度に治療費の実費を支給する。全治5週未満の傷害に対しても治療費支援が可能になる予定」と発表した。これに対してメディアは「n番部屋被害者に最大5000万ウォン支援」という見出しの煽り記事を争って出した。これらの記事を見たネットユーザーは、「純粋な被害者でもないのになぜ支援する必要があるのか」「行き過ぎた特権だ」と被害者を非難し、「支援するな」という投稿を大統領府の国民請願掲示板に書き込んだ。被害者はさらに身を縮めるしかなかった。

韓国憲法第30条には、「他人の犯罪行為によって生命・身体に被害を受けた国民は、法律の定めに従い国家の支援を受けることができる」と明示されている。これはn番部屋の被害者だけでなく、他の犯罪の被害者にも適用される。それに、n番部屋の被害者全員に5000万ウォンが支給されるわけではない。細かな要件を満たさなければ、支援は受けられない。私たちが会った被害者のうち、国家から十分な支援を受けられた人はいなかった。被害者が国家支援を受けるには、担当の機関をいちいち訪ねて、被害事実を何度も説明しなくてはならない。私たちは去る3月末、1週間にわたり毎日平均9社のメディアからインタビューを受けた。目撃者である私たちでさえ、証言するのはつらかった。直接被害に遭った当事者が被害事実を何度も説明し立証しなくてはならないのは、本当に過酷なことだ。

何よりも被害者たちが望んでいるのは、金銭的支援ではなく、動画の完全削除だ。各種の盗撮データが流通するバーチャル空間の特性上、金銭的支援は万能ではない。動画削除支援、捜査支援などは、まだ不十分であるのが現実だ。幸い、女性家族部がデジタル性犯罪被害者支援センターの機能強化事業に8億7500万ウォン〔約9000万円〕を投じるとの発表が7月にあった。同センターは児童・青少年盗撮データに関する事前モニタリングと、24時間相談サービスを提供する。本来は流布された性搾取動画の削除を主業務としていたが、今後は犯罪を積極的に予防し、事後管理ができるようになったのだ。

今回のn番部屋や博士部屋の場合、広く世論が盛り上がったおかげで被害者が各種支援を受けられるようになったが、他のデジタル性犯罪被害者は非常に限られた支援しか受けられていないという現実がある。知人凌辱犯罪の被害者たちは、知人すら信じられないという不安に苦しんでいるのに、加害者に適用される処罰は非常に軽いものだ。デジタル犯罪には捜査機関も手を焼き、性犯罪として処罰されないケースもある。被害者に向き合う捜査・司法機関は、デジタル性犯罪の類型を整理し、それに見合った対応をすべき時期が来ている。

政府は今回のテレグラム性搾取の被害者たちを大々的に支援すると発表したものの、まだ特別な対策を立ててはいない。一例として、「法律支援」について見てみよう。性犯罪被害者の場合、女性家族部が支援する無料法律救助基金では弁護士費用等の支援が受けられる。一審の弁護士費用約120万ウォン、1人当たり計500万ウォンの支援金が申請できる。追加の支援を要請する場合、審議を経ることになる。問題は、デジタル性暴力の場合、撮影・流布・再流布等が続く事件が多く、共犯も多いので、多数の裁判が同時に行われ、脅迫・強要・強姦・強制猥褻・個人情報保護違反等、処罰すべき罪名も多様な点だ。既存の法律支援の方法では、適切な対応は非常に困難と言わざるを得ない。

法律救助基金の年間支給額の規模も問題だ。[*8] 韓国性暴力相談所のキム・ヘジョン副所長によると、女性家族部の無料法律救助基金を取り扱う4カ所の実行機関のうち、韓国性暴力危機センターに基金を申請する相談所が最も多い。ところが、同センターの基金は2020年6月現在ですでに底をついている状態だ。基金が例年より早く尽きたなら、その原因を見つけ出して資金を補充する必要があるが、政府はまったく動いていない。性暴力加害者らの弁護士選任費用は日に日に規模が拡大しているのに、被害者のための法律支援基金はまったく足りないどころか、すでに切れてしまっている状況だ。

基金の不足分に充てられる財源として、「犯罪収益金」がある。アメリカ、カナダ、日本などでは、詐欺などの財産犯罪で生じた犯罪収益没収金を被害者支援に積極的に活用している。だが、韓国では犯罪収益の全額が国庫に編入され、被害者が刑事告訴をして、詐欺被害を裁判で立証しても、最終的に損害金の返済を受けるには民事訴訟をする必要がある。日本では2006年に「組織犯罪処罰法」(組織的な犯罪の処罰および犯罪収益の規制等に関する法律。韓国の犯罪収益規制法と同じ [第8条第3項、第10条第2項]) が改正された。被害者が直接損害賠償訴訟を通じて被害を回復しようとする際の報復の恐れ、訴訟費用、被害額立証の困難、犯罪収益金のマネーロンダリングや隠匿などの問題が提起されるとともに、一定の範囲で国が組織犯罪の収益を没収・追徴できるようになった(第13条第3項)。注目すべき点はここだ。日本は「犯罪被害財産等による被害回復給付金支給に関する法律」を制定し、上記のように没収、追徴された犯罪被害財産を国家の一般会計に含めずに、「被害回復給付金」として検事が管理しておき、被害者に分配する制度[*9]を施行しているのだ。

＊8　パン・ユニョン「犯罪被害者支援金……11月、12月にはもらえないわけ」『マネートゥデイ』2019年10月28日付。
＊9　ピョン・ヨンギル「犯罪収益没収制度の現況と活用法」高麗大学、2018年。

## 私は本当にガッガッの被害者だったんだ

4月、追跡団火花のツイッターアカウントに1通のメッセージが届いた。

「2018年、脅迫に負けて性搾取を強要されました。なすすべもなく逃げて、警察に被害届を出したのですが、捜査は打ち切りになってしまいました。これでは（再捜査は）無理ですよね？　もしやと思ってメッセージしました……」

「こんにちは。追跡団火花です。勇気を出してご連絡くださり、ありがとうございます。被害当時にキャプチャーした証拠資料などはありますか？」

被害の事実をはっきり確認しないことには助けることができないので、証拠資料があるか質問した。被害者Bは、「すみません。n番部屋が社会問題になる前、忘れようと思ってすべて削除してしまいました。ごめんなさい」と答えた。被害者は、私たちに謝罪した。それも2回も。彼女が私たちに謝罪する理由はない。何度も謝る被害者のことが気にかかった。

被害者Bが警察に届けを出したなら、警察署には当時の資料が残っているのではないか。警察に届ける際に資料を渡さなかったかと尋ねたが、返事はなかった。もう一度連絡しようかとも思ったが、被害者の負担になりそうで迷った。そうして1カ月ちょっと経ったとき、被害者Bから再びメッセージが来た。警察に渡した資料をもらうために情報公開の請願を出したとのことだった。

それから1週間後、Bから連絡があった。警察に請求した資料を受け取ったという。メッセージには、2018年当時に警察に提出した被害写真も含まれていた。私たちは写真を見るなり愕然とした。n番部屋を追跡していたときに何度も見たガッガッの犯罪手法と、Bの被害内容が同一だったからだ。Bもメディアに公開されたガッガッ（ムン・ヒョンウク）の犯罪手法を見て、自分もガッガッの被害者なのではと疑ったが、確信が持てなかったという。ツイッターやテレグラムなどのオンライン空間で女性を狙う犯罪者は「ガッガッ」だけではなかったからだ。

Bは自分がガッガッの被害者なのか確認したいと言った。もしガッガッが加害者なら、自分の被害を証言して、彼の量刑を上げるのに役立ちたいというのだ。加害内容だけでなく、加害者の活動時期が一致している点からも、Bはガッガッの被害者である可能性が高かった。私たちは2020年5月中旬にガッガッが検挙された後、捜査を行っていた慶尚北道《キョンサンブクト》警察庁に電話し、n番部屋の被害者名簿にBの名前があるか尋ねたが、個人情報に関わることなので、すぐに確認することは難しいとの答えだった。

Bに状況を説明し、自分で警察に被害届を出して陳述するよう勧めたが、彼女は地域の警察署に届けを出してうやむやにされた経験から、気が進まないようだった。そこで、ガッガッの捜査を担当する慶尚北道警察庁に直接届けを出すように言った。Bは慶尚北道警察庁に被害届を出し、その翌日にはガッガッが加害者であることが確認できたという。

n番部屋事件がメディアで大きく報じられると、警察側はn番部屋の被害者たちと連絡を取り、必要な保護措置を講じていると発表した。ところが、被害者Bは警察から何の連絡も受けておらず、初期捜査が終結して1年経った後だったため、被害者支援相談はおろか、その案内すら受けられなかった。

幸い、Bの名前は遅ればせながら被害者名簿に登録されたが、こうした状況に私たちは改めて怒りを覚えた。Bは2018年の被害発生当時、地域の警察署に被害届を出した。しかしその警察署は、海外に拠点を置くSNSの捜査は困難だとして、捜査を事実上終結させてしまった。

その後、Bは被害者が当然受けるべき権利を失ったまま、1人で2年間苦しんだのだ。2020年5月、n番部屋事件が大々的に報道されてガッガッが逮捕されたことで、ようやく被害者支援を受けることができた。私たちがしたことは警察庁の捜査官と電話で相談し、被害者が自分で事件を解決できるよう警察庁に届け出るよう促しただけだったが、Bは私たちに感謝の言葉を繰り返した。

被害者Bは「(物質的・精神的)補償よりも、ガッガッが映像を持っていないことだけを願っています」と言った。私たちが出会った被害者たちは、みな同じことを望んでいた。それは「動画の永久削除」だった。

## n番部屋防止法？　死角は防げない

4月、第20代韓国国会でいわゆる「n番部屋防止法」が可決された。内容は次の通りだ。

**性暴力犯罪処罰特例法改正案**

・不法な性的撮影物を所持・購入・保存または視聴した者を3年以下の懲役または3000万ウォン以下の罰金刑に処する規定を新設する。

・性的搾取物を利用して他人を脅迫・強要した者は、各々懲役1年以上・懲役3年以上の刑に処す。特に被害者が自身の身体を自ら撮影したものであっても、その後本人の意思に反して流布する行為は処罰される。

**刑法改正案**

・同意の有無にかかわらず、未成年者との性的関係を強姦と見なす擬制強姦〔法定強姦〕の基準年齢を、現行の13歳から16歳に引き上げ。

・集団強姦・未成年者強姦等の重大な性犯罪については、準備や謀議をしただけでも処罰する予備・陰謀罪を新設。

**犯罪収益隠匿の規制および処罰等に関する法律改正案**

・性的搾取映像物の取引等において、加害者・犯罪事実・個別の犯罪と犯罪収益間の関連性等に対する捜査機関の立証責任を緩和し、犯罪収益の回収を促進する。

**情報通信網利用促進および情報保護に関する法律（情報通信網法）改正案**

・インターネット事業者にデジタル性犯罪物削除等の流通防止措置、技術・管理的措置の義務を賦課する。

しかし、右の法案だけでは、デジタル性犯罪に対応するには不十分だ。一刻も早く追加で可決されるべき法案を紹介する。

**①ストーカー防止法**

2018年、KBSが殺人事件と殺人未遂事件381件について調べたところ、女性被害者の30%が殺害前にストーカーの被害に遭っていた。この調査結果から分かるように、ストーカー行為を防げば人命への被害を防止することができる。[*10] テレグラム性搾取事件でも、加害者らはn番部屋事件被害者の学校を訪れて強姦しようと謀議しており、知人凌辱のケースでは知人の写真とともに居住地や職場をさらす場合が多く、やろうと思えば誰でもストーカー行為が可能だった。

特に、「博士部屋」を運営していたチョ・ジュビンの共犯者の中にもストーカー行為を働いていた者がいた。社会服務要員〔兵役義務の一形態で、社会サービス業務および行政業務等の支援にあたる〕だったAは、自分の担任教師だったBに8年にわたりストーカー行為をしていた。さらに被害者に対して、「お前の目の前で娘も義母も殺してやる」「韓国の法律はい い。親戚まで皆殺しにしても、心神耗弱が認められれば3年で出られるからな」などと脅迫した。彼は実際に心神耗弱を主張し、懲役1年2カ月の判決を受けた。加害者が予想していた3年より1年8カ月も短い刑期を終えて出てきたのだ。彼は出所後、再び社会服務要員として働きながら、被害者の娘が通う保育園の住所を調べ出し、チョ・ジュビンに400万ウォンを渡して被害者の娘を殺してほしいと嘱託殺人を持ちかけた。

「ストーカー防止法さえあれば……」と、ため息が出る。1999年、初めてストーカー防止法案が国会に提出されたが、可決されなかった。2018年、国会法制司法委員会は、「ストーカー行為にはさまざまな類型があり、単なる愛情表現や求愛と区別するのが難し

---

*10 李水晶、イ・ダヘ他『李水晶、イ・ダヘの犯罪映画プロファイル』ミヌム社、2020年、169ページ〔未邦訳〕。

く、深刻なストーカー行為は刑法の暴行罪や脅迫罪等で処罰できるので、別途に法を制定するのは慎重になるべき」との立場を示した。「単なる愛情表現や求愛」の主体は「加害者」だ。つまり、これは加害者の立場を反映した解釈である。被害者が相手の行動に恐怖を感じるなら、それは明らかにストーカー行為だと言えるが、依然として国会議員の多数は男性主義的な視点から犯罪を見ているのだ。

すでにイギリス、オーストラリア、アメリカなどでは「ストーカー防止法」を制定し、接近禁止命令に背いて被害者につきまとう者を処罰している。また、被害者が深い恐怖を感じているか、招いていないのに相手が週に3回以上訪ねてきたことがあるか、などの項目が含まれたチェックリストを活用しているという。

下はイギリスで使われているストーカー行為のチェックリストだ。

□現在、あなたは深い恐怖を感じている
□以前にもストーカーにつきまとわれたことがある
□招いていないのにストーカーが週に3回以上訪ねてきたことがある
□接近禁止命令が下されているのに、ストーカーにつきまとわれている
□ストーカーから身体的脅威または性暴力の脅威を加えられたことがある
□ストーカーに財産を略奪・毀損されたことがある

□ストーカーが第三者を引き入れて脅してきたことがある
□ストーカーが麻薬やアルコール使用障害、または精神的問題を抱えている
□以前にも警察を呼んだことがある

韓国でもストーカー行為の有無を判断するチェックリストを作る際は、右のような事例が参考になるだろう。この他にもぜひ含むべき項目は、「ネットストーカー」に関する内容だ。たとえば、電話やメッセンジャー、メールなどを通じて拒否の意思を明らかにしているのに連絡を止めないとか、セクハラ発言や扇情的な内容をメールで送って不安をあおるなどの行為は、明白な性犯罪として規定すべきだ。何よりも、ストーカー犯罪に苦しむ被害者の「恐怖」を司法当局が理解することが重要だ。

### ②グルーミング処罰法

「グルーミング（grooming）」とは元々「手入れすること、手なずけること」を意味し、馬の飼育係（groom）が馬をブラッシングして洗い、きれいに手入れすることに由来する。「グルーミング」は、加害者が被害者に好感を持たせて親密な関係を作り、心理的に支配してから性暴力を加える犯罪だ。この犯罪の加害者は、まず目を付けた被害者に好感を抱かせ、被害者の欲求を満たしてやる。そして次第に加害者に依存させて周囲から孤立させ、

性的関係を持ち、徐々に脅迫段階へと進む。そして性搾取へと至る。

去る3月、私たちに連絡をくれた未成年の被害者を通じて、グルーミングについて詳しく知ることになった。被害者Cは頻繁に転校をしていて、親しい友達を作る機会がなかったという。Cはランダムチャット・アプリである「お兄さん」と知り合い、数カ月にわたり友達のように過ごした。その男は「秘密の話も聞かせて」と言って、少しずつCに近付き、数カ月後には体の写真を要求するようになった。拒否すると、「じゃあ、もう連絡しないから」と冷たい素振りを見せた。話をよく聞いてくれる〝お兄さん〟を失いたくなかったCは、写真を1枚、2枚と送るようになり、その結果、Cの顔などの個人情報が知られてしまった。さらに男はCに性的な写真も要求し、これを拒否すると周りにばらすと脅迫したという。親や先生に知られるのを恐れる被害者心理を利用したのだ。

このようなグルーミングによる性暴力が深刻なのは、信頼を基盤にして行われるからだ。そのため、経済的に脆弱《ぜいじゃく》だったり精神的に不安定な状況に置かれた児童や青少年が被害に遭うケースが多い。子どもたちは、誰もが認められ、愛されたいと思っている。なぜ知らない人に写真を渡したのかと責めることはできない。

このグルーミングの過程で、被害者は虐待を受けていることを認識できないばかりか、加害者を愛していると感じることさえある。自分がどんな被害を受けたのかも分からず、被害者の動画は本人も知らないうちにネット上に掲載されたり取引されたりする。性搾取犯罪の大半はグルーミングから始まるので、児童・青少年が性搾取に遭う前に、加害者の誘引行為などの「接近」自体を処罰すべきだ。バーチャル空間でのグルーミング処罰が法制化されれば、性的な出会いや性犯罪の実行に関係なく、性的目的で接近する行為自体を処罰できるようになるはずだ。

海外では、イギリスやオーストラリアなど63カ国がすでに「オンライングルーミング」処罰法を施行している（２０１７年時点）。欧州評議会は２００７年、ランサローテ条約（子どもの性的搾取及び性的虐待からの保護に関する条約）を締結し、「情報通信技術を用いて児童に対し性的な提案をすることは、直接の出会いにつながらないとしても、犯罪に該当しうる」とし、「加害者がオンライン上にのみ留まっている場合でも、児童に深刻な被害を引き起こす」と宣言した。

### ③デジタル性犯罪おとり捜査の法制化

現在、韓国で青少年と成人が接触可能なランダムチャット・アプリは２００個以上ある。２０１９年、女性家族部の研究者らが未成年女性を装いランダムチャット・アプリを通じて２２３０人とチャットした内容を分析した結果、青少年に対して出会いを求めるなど性的目的で会話するケースが76・４％（１７０４人）に達することが明らかになった。

私たちが直接アプリを入れて実態を確認した結果、チャットの状況は数年前と変わりがなかった。チャットの相手はやはり「15歳ならいいだろ」「アダなの？（「アダ」は日本語の「新しい」に由来し、性体験がないという意味）」などと発言していた。こうした状況を防ぐために必要なのが「おとり捜査」だ。おとり捜査は大きく2つに分類できる。単に犯行の機会を与える「機会提供型」と、犯行の動機や意図のなかった者に犯行意図を持たせる「犯意誘発型」だ。韓国では機会提供型が限定的に許容されている。

たとえば、警察官が泥酔したふりをして道端に横たわり、財布を盗むよう誘導したり、嘱託殺人の偽装広告をネット上に載せて依頼者をおびき寄せるのは、機会提供型だ。一方、わざと道に携帯電話を落としておき、それを拾った人に交番に届けずに自分に売ってほしいと唆《そそのか》すのを犯罪誘発型という。問題は、現実に起きる犯罪はこうした事例のように簡単ではないという点だ。時とともに犯罪手法は進化する。現在限定的に許容されている「機会提供型」だけでは、犯罪手法の変化に対応して犯人を検挙するのは難しいということだ。[*11]

すでに多くの国でデジタル性犯罪に関するおとり捜査を許容しているが、韓国ではいまだに激しい議論がある。おとり捜査で犯人を検挙して起訴しても、それは刑事手続きに問題があると言われてしまうのだ。たとえば、15歳の少女を名乗って「泊まる場所を探しています」とチャットルームに書き込んだとしよう。すると、これは「犯意」を誘発するため違法になる。善意の者の犯意を誘発したというわけだ。つまり、現在の韓国法では成人が子どもに不適切な感情を抱くことを未然に防げず、被害が発生するのを待つのと同じことになる。*12

児童・青少年を保護するためにも、ぜひとも性犯罪に関するおとり捜査を導入すべきだ。これまで性犯罪は、問題が発生してからその対応に追われていた。今回も同様だった。将来、もう1つのn番部屋事件の発生を防ごうと思うなら、未然に犯罪を防ぐための法律を作らねばならない。

## 尊敬する裁判長、国民の思いはですね

4月、大法院〔日本の最高裁判所に当たる〕量刑委員会において、児童・青少年を利用した性的搾取物犯罪に関する量刑基準づくりのためのアンケートを実施した。n番部屋事件が起きた後、量刑委員会が「児童・青少年の性保護に関する法律（児青法）11条」の適切な量刑基準を議論するにあたり、その法の条項について意見を問うたのだ。

---

*11　イ・ユノ〔東国大学警察司法学部教授〕「デジタル性犯罪へと拡大された『おとり捜査』……副作用を最小化する手立ては」韓国日報、2020年5月7日付。
*12　李水晶教授との対談内容の一部。

アンケートの結果、犯罪類型別の適正量刑を問うアンケートに対し、裁判官の多くが寛大な回答を出していることが確認できた。一例として、児童・青少年性的搾取物制作の罪の場合、法で定められた量刑は「懲役5年以上の有期刑または無期懲役」となっているにもかかわらず、アンケートでは懲役3年が妥当だという回答が31・6%で最も多かった。ここから改めて確認できるのは、裁判官たちはデジタル性犯罪の深刻さと量刑基準の重要性が理解できていないことだ。ジェンダー法研究会所属の裁判官たちは、アンケートの質問と項目自体に問題があると指摘した。現在の児青法の量刑は次の通りである。

**児青法11条1項**

未成年者猥褻物を制作し、あるいは輸入・輸出した者は5年以上の懲役または無期懲役に処す。

**児青法11条2項**

営利目的で未成年者猥褻物を販売・貸与・配布・提供し、あるいはこれを目的に所持・運搬した者は10年以下の懲役に処す。

ジェンダー法研究会所属の裁判官によると、未成年性的搾取物制作の量刑の下限は5年なのに、大法院量刑委員会のアンケート調査では、量刑の例として懲役2年6月以上から

9年以上までが提示され、10個の選択肢のうち5つが5年未満の刑だった。アンケート調査で挙げられた選択肢の量刑範囲が、そもそも過度に軽かったわけだ。同月末には「ウェルカム・トゥ・ビデオ」の運営者だったソン・ジョンウのアメリカ送還を控え、彼が裁判所に請求した拘束適否審査[*13]が議論になった。n番部屋事件を取材する中で、デジタル性犯罪が広まった背景にソン・ジョンウがいたことが分かったが、にもかかわらず、韓国にデジタル性犯罪の種をまいた者が1年6カ月の刑を終えて出所したのだ。裁判官たちがデジタル性犯罪を軽視したせいと言える。それゆえ、デジタル性犯罪に対する新たな量刑基準が切実に求められている。

ちょうど、ある市民からよい提案があった。追跡団火花でデジタル性犯罪の量刑基準アンケート調査をしてはどうかという内容だった。この提案はReSETにも送られた。ReSETも火花も、児童・青少年を利用した性搾取犯罪をはじめとする多くのデジタル性犯罪に対する量刑基準が作られていない現実に問題意識を持ち、同じ目標を目指す女性として力を合わせることにした。私たちはこのアンケート調査を通じて、デジタル性犯罪に対する適正な量刑と、量刑を決める過程で考慮・排除すべき要素などに関する国民の意見を集めることにした。国民の法意識と実際の判決との乖離《かいり》を解消するのが私たちの目標

＊13　被疑者の拘束が正当かどうかを裁判所が再判断する手続き。

だった。

　私たちはツイッターやインスタグラム等でアンケート調査を実施した。アンケートの結果は7月13日の量刑委員会に持ち込む予定だった。最初のアンケート調査は7月7日に締め切られ、計6360人が参加した。回答を分析した結果（分析作業はReSETが行った）、全回答者の95・8％がメディアや周囲からデジタル性犯罪事件に関する話題を耳にしており、99・2％はデジタル性犯罪の判決の量刑範囲は適切ではないと答えた。また、99・8％は司法当局がデジタル性犯罪に対して真剣に取り組んでいないと見た。

　デジタル性犯罪を減らすため、量刑委員会と司法当局は何をするべきかとのアンケートに、1929人が「量刑の強化」や「厳重な処罰」と回答した。さらに99・8％が、デジタル性犯罪の処罰が軽すぎる点に同意した。このアンケート調査の結果から、明らかな点が1つある。従来のように関連の判例を参考に量刑基準を作るのは無意味だということだ。

追跡団火花とReSETはこのアンケート調査の結果を量刑委員会に伝えようとしたが、すでに資料集が完成していて追加できず、会議に持ち込めるかは分からないとの答えだった。私たちがのんびりしていたせいだろうか。慌てたものの、方法がないわけではなかった。「8月末まで送ってくれれば、9月に開かれる会議の資料集には必ず入れる」という量刑委員会からの回答を得て、アンケート調査期間を延長した。8月20日まで約3カ月にわたって行われたアンケート調査[*14]には、計7509人が参加した。8月27日、大法院量刑委員会にアンケート調査の結果と調査担当者たちの意見書を提出した。アンケートの最終結果では、判決への不信感と時代についていけない司法当局および量刑基準への懸念が明らかとなった。裁判官や現在の量刑委員会がデジタル性犯罪の現実を正しく認識できていないことがその理由だった。司法当局者の大半が中年男性で占められている点を問題視する意見もあり、多様な階層の意見を集約する牽制システムが必要だとの回答も記憶に残っている。火花とReSET、そして韓国で生きる多くの女性が、デジタル性犯罪に対するより合理的な量刑基準が作られるよう、精いっぱい声を上げているところだ。

## これは一体何だ

2020年5月、新たな類型のデジタル性犯罪について情報提供を受けた。テレグラムの加害者たちが決して消えないと知ってはいたが、それでも性搾取犯罪は減っていると思っていた。この勢いで、他の性犯罪も1つずつ解決できたらと考えていた。しかし、これは誤算だった。私たちが思っているより、加害者たちの動きの方がずっと素早かったの

＊14　パク・ミンジ「n番部屋は判決をエサに肥え太った……火花×ReSET『デジタル性犯罪の量刑基準を引き上げねば』」『国民日報』2020年8月26日付。

だ。彼らは別の性犯罪を量産していた。新しい性犯罪はかなり複雑な手法によるもので、情報提供者から2時間にわたり説明を聞き、収集した資料を数十個見て、ようやくぼんやりと犯罪について理解できた。被害者は分かっているだけで30人以上、加害者は数百人に及んだ。

まさに「メンタル崩壊」だった。デジタル性犯罪を根こそぎ断つことができそうだと希望を抱いた瞬間、別の新しい犯罪が起こるとは。張り詰めていた糸がぷっつり切れてしまった感じだった。私たちがいくら頑張っても、増え続ける加害者を止める道はないのか。無力感にさいなまれた。私たちが知らないバーチャル空間の性犯罪もたくさんあるのだろう。恐怖に襲われたが、手をこまねいているわけにはいかないので、いますぐできることを探した。犯罪発生を知った以上、まずは警察に通報しなくては。ただ、テレグラムの捜査で手一杯の警察が、新たな性犯罪をすぐに捜査できるか心配だった。

そこで、昨年7月から連絡を取り合っていた江原地方警察庁に通報することにした。この1年で信頼関係を積み上げてきており、今回もしっかり調べてくれると思ったのだ。私たちは状況をより明確に知ってもらうため、情報提供者とともに春川《チュンチョン》の江原地方警察庁を訪れ、サイバー捜査隊司令室で事件について説明した。説明を聞く捜査官の表情は、私たちが最初に事件について聞いたときの表情と同じだった。簡潔に説明するだけでは理解できない犯罪手法だったからだ。3時間ほど説明して、やっと警察官たちも問題の深刻さを理解してくれた。

問題は、犯罪の事実を立証する証拠がないことだった。テレグラム性搾取の場合、加害者の巣窟に入って資料を収集できたが、今回のケースでは彼らの本拠地がどこなのかも把握できなかった。被害者を脅迫しあざ笑いながらも、犯罪の証拠は残さない、より高度化した犯罪だった。2カ月間追跡したが、うかつに記事にすると加害者が証拠を隠滅して逃亡する恐れもあるので、引き続き注視して報道を先延ばしにしている。これはn番部屋事件と並んで知能化したサイバー犯罪だ。本書が出版されるころになっても、この問題を記事化できるかは分からない。加害者が検挙されたその日に報道しようと思う。私たちは、韓国に蔓延するデジタル性犯罪の醜悪な素顔を知るべきだ。そうして問題を直視してこそ、根深い強姦文化を清算できるだろう。

## ソウル中央地検の懇談会にて

5月末、追跡団火花の公式アカウントに1通のメールが届いた。ソウル中央地方検察庁（ソウル中央地検）から、デジタル性犯罪に関する懇談会への参加を求める内容だった。これまでの活動で感じた法的・制度的限界について直接話せる機会だ。同地検からはさらに、n番部屋事件の全般的内容について参考人として証言してほしいと依頼された。

6月初め、私たちはソウル中央地検を訪れ、捜査官から懇談会の会場に案内された。参加者はソウル中央地検デジタル性犯罪特別捜査専門チームの検事4名と、博士部屋被害者の国選弁護士シン・ジニ、国会立法調査官チョン・ユンジョン氏、ReSETチーム、そして追跡団火花だった。それぞれの役割は違っても、共通の問題意識を持っていたので、互いの意見に誰よりも共感できた。

この問題について精通しているシン・ジニ弁護士は、2012年から性犯罪被害者の支援をしながら、韓国でデジタル性犯罪がどのように、どれほど発展してきたか、また現在の問題は何かを指摘した。シン弁護士が指摘したのは「ストリーミング」サービスの問題だった。違法動画が発見された場合、放送通信委員会に通報すると24時間以内に動画は削除される。ところが、リアルタイムで流されている動画を止めることはできないのだ。その場にいた全員が、この問題の深刻さを痛感した。

続いてチョン・ユンジョン立法調査官は、現在は被害者支援に関する法的根拠がなく、体系的にシステムを構築すべきだと強調した。ReSETも、モニタリングを続ける中で感じた問題点を明らかにした。検事らは、性犯罪被害者が児童の場合は大人が代理で陳述できる一方、成人が被害者の場合は代理陳述ができないため、成人の被害者を保護する必要があると強調した。

デジタル性犯罪の実態、捜査機関への要望、制度の改善点など、共有すべき問題点は山積していた。私たちも、1年余りの追跡活動で感じたことについて述べた。警察が逮捕状を請求しても棄却される場合が多い点を指摘し、SNSなどのプラットフォームごとに性的搾取物がどう共有されるのかなどについて説明した。また、デジタル性犯罪のような女性を対象とした新手の暴力が増加傾向にあるが、実態を把握するための統計資料が不足しているため、防止策を立てるために性暴力犯罪統計資料を構築することを提案した。

1時間半にわたり実務者たちの話を聞いて、まだ韓国社会には改善点が多いことを実感した。同時に、この場の全員が同じことを願っているのだと思うと、連帯感を抱き、安心できた。検察庁の懇談会が終わり、昼食をともにしながら、会議で語り尽くせなかった話を続けた。

午後には、追跡団火花とReSETはそれぞれ検事室に行き、参考人として調査に応じた。私たちは、どうやってn番部屋にアクセスしたのか、テレグラムのチャットルームがどう運営されているか説明し、逸脱アカウントや「博士」の犯罪行為についても陳述した。また、こうした行為が犯罪団体組織罪に該当するのか等についても意見を交換した。検察庁を訪問したのは午前11時だったが、参考人調査を終えて出てくると、すでに午後6時をまわっていた。体はクタクタだったが、希望があるという思いに帰宅の足は軽かった。

## 2度の講演

5月頃から、地域の性暴力相談センターなどから講演依頼が舞い込むようになった。私たちは、デジタル性犯罪を根絶するにあたって最も難しい課題は、「認識の転換」と考えている。それでユーチューブに動画をアップし、インタビューを受けたり懇談会に出たりし、本も執筆しているのだが、講演依頼まで来るとは思わなかった。最初は断ったが、デジタル性犯罪の実態について直接聞きたいという切実な頼みを無視することはできなかった。教育現場の人たちがどんな話を聞きたいのかも知りたかった。

講演依頼を受ける前に、センターの担当者に求めたことが1つある。追跡団火花が講演することを外部に宣伝しないでほしいということだ。ずっと身の安全に脅威を感じていたからだ。幸い、センター側は私たちの状況をよく理解してくれ、世宗《セジョン》市と金海《キメ》市で講演することになった。

――すでにみんな知っている内容じゃないだろうか。

講演の資料を準備しながら、だんだんプレッシャーが大きくなっていった。参加者は全員、性暴力相談の実務者ではないか。心配になって再度センターに問い合わせると、取材する中で経験した犯罪の現場について話して欲しいということだった。

まずは世宗市に行った。毎日大学で講義を聞く側だった私たちが講義をすると思うと、胸が高鳴ると同時にプレッシャーが押し寄せた。世宗市に行くのは初めてだったので、センターの担当者が駅に迎えに来てくれた。「みんな、追跡団火花が来たらおんぶしてあげたいと言っていましたよ」と言われ、思わず吹き出した。昼食の時間がなさそうだったので、ソウルの龍山駅《ヨンサン》でおにぎりやおやつをいっぱい買って食べてきたのだが、担当者の方が「講演開始は少し遅れてもいいから、ご飯だけは食べないと」と言って、温かいご飯をごちそうしてくれた。

講演会場に着くと、受講者が10人座っていた。私たちの話を聞きに10人も来るなんて。これまで身の安全を考え、メディアのインタビューも最小限の人数でとお願いしてきたのに……。私たちは緊急会議を開いた。「講演のときはマスクを取った方がいいかな」「この人たちの前なら大丈夫じゃない？」会議の結果、写真撮影は控えてもらい、顔は公開することにした。

追跡団火花について簡単に紹介した後、デジタル性犯罪の関連用語を説明した。私たちも初めて追跡を始めたとき、分からない用語がたくさんあったからだ。デジタル性搾取、コダム部屋、n番部屋、知人凌辱、ウェブハード・カルテル等の用語を説明してから、2019年7月から現在までのデジタル性犯罪の追跡過程について話した。できるだけ手短にしたのに、喉がカラカラになった。プルの声がかすれてきたころ、タンの番になった。タンはデジタル性犯罪のケースと加害手法を整理し、韓国社会におけるデジタル性犯罪の進化について説明した。私たちにとっては知っている内容だったが、聞いているプルも、話しているタンも気持ちが重かった。何度聞いてもおぞましい話だった。続いてタンは、「被害者に罪がない理由」を、プルは「社会に残された課題」を話して講演を終えた。

2度目の講演は金海女性会の主催で、世宗市の3倍ほどの参加者があった。金浦《キンポ》国際空港から飛行機に乗り、午前11時45分に金海に到着予定だったのに、うたたねから覚めると11時55分、まだ空の上だ。機体が揺れ、窓の外は白くかすんでいた。講演に遅れる心配より、飛行機に何かあったらどうしようと怖くなった。他の乗客もそわそわしていた。それから10分程経ち、案内放送が流れた。「金海国際空港上空の気象状況が悪くまだ着陸できませんが、30分以内に着陸する予定です」。ホッとため息をついた。

やっと金海国際空港に到着し、すぐに相談所の担当者に連絡した。申し訳ないが10分ほど遅れそうです、と了解を求めた。空港からライトレールに乗って講演会場に到着したが、あまり準備もできないまま講演を始めるしかなかった。弱り目に祟り目で、タンのパソコンのパワーポイントが誤作動してしまった。確かにしゃべっているはずなのに、頭がぼんやりして、水中で口をパクパクしているようだった。焦って何を話しているかも分からなかった。

幸い、休憩時間が終わると緊張がほぐれ、私たちは互いに目を合わせながら自然に話を続けることができた。2人じゃなかったら、どうなっていたことか――。まさに以心伝心だった。3時間の講演を終えた私たちは、へとへとになって講演会場を後にした。予定より30分ほど長くなったが、それでも話し尽くせないことがたくさんあった。

会場を出ると土砂降りの雨だった。傘を開く間もなく雨に当たり、髪の毛を伝って雨水が流れ落ちた。いろいろと大変で、疲れた1日だった。あと2回、講演のスケジュールが決まっている。もっと多くの講演を通じて、デジタル性犯罪の実態を広く知らせていきたいと思っている。

終わりに

# きっと終わりは来るはず

インタビュー依頼が殺到していた3月、出版社からも連絡が来た。出版のオファーをしてきたのは全部で9社。被害者対応とメディアのインタビューだけでも体が壊れそうだったので、出版のことを考える余裕がなかったし、自分たちに本が書けるのかと思うと、怖くもあった。しかし、追跡団火花の名前を掲げて活動を続けるうちに、本を書かなければという思いが大きくなっていった。メディアのインタビュー内容だけでは、デジタル性犯罪の現実を市民に知らせるには限界があったからだ。

「そうだ、デジタル性犯罪の歴史を余すところなく本に記録して、人々の認識を変えよう。私たちが感じた怒りと犯罪の残酷さを、社会全体の問題として提起しよう」

9社のうち、私たちの気持ちを一番よく分かってくれる出版社と契約し、5月の第1週に最初の原稿を送った。9月に出版するためには、毎週原稿用紙15枚以上は書かねばならなかったが、やることが多すぎた。インタビューや講演が続き、1日5時間も寝られなかった。韓国のデジタル性犯罪の実態を暴くドキュメンタリーを制作している監督に会い、私たちが初めて資料提供したハンギョレ新聞のテレビで生放送のインタビューに出演し、SBS『それが知りたい』やKBS『時事企画――窓』のスタッフと会ってインタビューを受け、さらにユーチューブ動画を撮影するなど、昼夜を問わない強行軍だった。私たちは平日にインタビューをこなし、週末は朝から晩まで本を執筆した。心身ともに疲れていたが、デジタル性犯罪の深刻さが社会に認識されつつある証しだと思って頑張った。

本を執筆するには、過去を思い出す必要があった。脳内で再生されるさまざまな動画のせいでつらくなり、2日間何も書けないこともあった。編集者には毎週末に原稿を送る約束をしていたが、いつも日曜日から月曜日の朝方にかけてせっせと書いて送っていた。

いいことも多かった。ふだんは多忙で読めなかった本を、ともかく時間を作って読むようになった。やはり本を読まないと本を書けないのだ。第2部を書きながら、思い出し笑いすることもあり、追跡中に生まれたトラウマも癒やされた。第3部を書いているいま、最後の送稿を控えている。執筆中にも実に多くの出来事があった。政治家などによる権力型性犯罪が繰り返され、ウェルカム・トゥ・ビデオのソン・ジョンウのアメリカ送還が拒否され、高校教師による盗撮事件もあった。韓国で女性として生きることの大変さを感じさせる1週間もあった。

しかし、私たちは生きている。この地で生き残り、叫んでいる。それぞれの場所でともに連帯し、動いている人たちがいるからこそ、明日を描くことができるのだ。追跡団火花は、性犯罪被害者の告発を支持する。彼女たちの苦痛は、私たちの体を通って心臓に触れた。被害者の傷が自分の傷に変わって発火した瞬間、熱い溶岩が心臓からほとばしる。

私たちが書き記したこの1年間の記録が、ともに共感し、ともに怒る女性たちの足跡へとつながることを願っている。

エピローグ

# 私たち2人のチャットルーム

プル　（晩）ご飯はどうする？　昼が辛かったから、消化にいいものがいいな。お粥《かゆ》は？

タン　悪くないね……。リゾット？

プル　悪くないね……。ツナ野菜粥？　エビのお粥？　エビがいいかな。

タン　丼は？

プル　悪くない。

タン　じゃあ〝地下2階〟？

プル　また？　そこであれこれ頼もうか。

タン　そうそう。

プル　あれこれね。フッフッ……。

タン　うん、いっぱい食べよ。

**タン　最初に軽く、お互いの長所を1個ずつ言ってみようか。**

プル　うーん、タンはすごく几帳面だね。さっきメールしたときも思ったけど、何か1つのことをするにも、しっかり準備するじゃない。私は適当にやっちゃうときがあるけど、タンのそんなところを見るたび、見習いたいと思うよ。

タン　私はプルのはっきりしたとこが好き。プルは好きなこと、得意なこと、いろいろあるでしょ。運転とか、作文とか、話すのも料理も。自分はこれが得意だって、はっきり言うよね。そんな様子を見て、「はっきりしてるな」って思ってた。自分のことをちゃんと分かっているのはいいと思うよ～。

**タン　お互い相手にストレスを感じたことは？**

プル　この前言ったけど、うちらはいまでもやることが多すぎて、それだけで私は手一杯なんだ。タンがあれこれ言ってくるのがプレッシャーだったりした。休んだり、友達と遊んでても、タンのことが気になるんだよね。あれもやろう、これもやろうって言ってくるでしょ。私は休むときは完全に休みたいんだよ。返事をしなきゃいけないっていうのが、何気にストレスだった。

## タン

それと、2人で一緒にいるとき、自分のことが嫌になることがある。私が神経質でイライラしているような気がして。タンは私にライバル意識があるって言ったでしょ。それを感じるときとか。そういうときがキツかったかな。ふと思ったんだけど、タンが誕生日に書いてくれた手紙、「私よりも成功してほしいと思う唯一の人」って書いてあったよね。読んで感動したよ……。でも、ふと、この人は私にライバル意識を持っているんだな、と思った。それがストレスだった。お互いに頼り合えたらいいのに、それがうまくいかないって感じ？

じゃあ、それについて言い訳する代わりに、プルといるときにストレスだったことを言ってみるね。逆にそれが答えになるかも。私はなんか気になって自分の言ったことにすぐ返事が欲しいときもあるし、そうでもないときもあるな。すぐに返事が欲しいのは、業務メールを早く処理したいとか、私のアイディアについてプルの反応が知りたいときとか？　私はブレインストーミングっていうのか、自然と意識の流れをそのまま口に出す癖があって、プルに連絡すると話が止まらなくって。友達に「タンは暇さえあればプルとチャットしてる」って言われたし。連絡を減らした方がいいのかな……。私が12月にクリスマスカードを送ったら、1月になって返事をくれたでしょ。この前それを見つけて読んだんだけど、覚えてる？

プル　全然ｗｗｗ　なんて書いてあった？

タン　一番の仲良しは「タン」だって書いてあったよ。あのころは話も合ったし、気も合ってたよね。お互いしょっちゅう連絡取り合うのがすごくうれしかったのに、その気持ちはどこに行っちゃったのかなって思う。それでも私はプルが好き。とてもいい友達だから、どうしたらまたいい関係になれるか考えてみたんだ。私はじっくり考えて、記事を書くときも1本でも多く参考資料を読んで書きたいタイプでしょ。プルに最初に読んでもらわないといけないから、もっと速く書かなきゃってプレッシャーがあったんだ。でも、私たち、お互いの分担がしっかり決まってないよね。だからもっと議論するべきなんだけど、議論が足りなかったこともあるし。

プル　**じゃあ、タンはこれまで何が一番つらかった？**

タン　この活動を続けられるかどうか、お金がないから確信できなかったことかな。もしお金がいっぱいあれば、これまで会った被害者の人たちに何も言わずにおいしい食事をごちそうして、支援金もいっぱい渡せるんだけどね。インタビュー続きで大変だったときも、地下鉄じゃなくてタクシーでスケジュールをこなせたし、ソウルにマンション買って、オフィスも作ったりして？　腰を落ち着けて追跡団火花の活動もできるでしょ。そうしたら、誰にも文句を言われず、やりたいことは何でもできるじゃない。お金持ちなら、資本から独立した独自のメディアだって作れるし。就職するか、火花の活動を続けるべきか悩んでて、こんなこと考えてたよ。

プル　お金がないのがストレスだったの？　それは知らなかったな。

タン　自分で食べていかなきゃいけない年になったのに、いきなり社会運動を始めたでしょ。他の子たちより暇というわけじゃないのに、生活のためにカフェで毎日5～6時間バイトをして、家に帰るともうヘトヘト。火花の活動の能率も落ちるし……。いまは賞金で生き延びてるよ。稼ぎがないから、少しずつ貯金を取り崩してる。

**うちらの活動でいつが一番つらかった？　この1年間で一番つらかったときは？**

プル　人によく見られたいというのか、この人によく見られたいのに、そうできないときがストレスだったかな。「飾った姿」というのか、よく見られようとするとつらいんだ。もちろん自分も頑張ってはきたけど。とにかく、それよりも火花の活動をしていて感情がすり減ってしまったみたい。それに気付いたときが、けっこうつらかったね。うれしくても素直に喜べないし、なんか空しいっていうのか……。

タン　じゃあ、悲しいときもあまり悲しく感じないの？

プル　どんな感情なのか、よく分からない。自分の人生を自分の目で見ているんじゃなくて、解脱しちゃったみたいな感じ。「これもいつか終わること」と思っちゃって。1年の活動の中で一番つらかったのは人間関係だね。2人で活動する中で、お互いの意見が合わないときもつらかったし。

タン　2人の関係……。

プル　うん。ずっと一緒にいたからかも。目標は同じなのに、意見が衝突するとか、そんなとき。でも、話し合って解決しようとしてるからね！

タン　私は自分に資格があるのか、自信がなかったな。それでだんだん憂鬱になってつらかった。自分がこんな文章を書いてもいいのかって、よく思う。他人の話じゃなく自分の話をするときも、「この単語や比喩を使って語って、傷つく人はいないだろうか」とか、「自分がこの人を批判できるのか」とか思うし、出しゃばりだと思われないか、変な目で見られないか、そんなことを思ってた。他人の目をかなり気にしていたみたい。どうしても活動で表に出るからそうなったんだろうけど。

プル　◯◯からn番部屋の動画を分析してくれと言われたとき、タンが入っていたn番部屋は閉鎖されてて、私の方は残ってたでしょ。だから動画の中の被害事実を確認するために1個の動画だけ2時間近く、20回も見たんだよね。そのときの残像がいまも時々頭に浮かぶんだ。イモムシ〔博士部屋では被害者への虐待にイモムシが使われた〕を見たのも……。すごいトラウマだよ。大したことないって思おうとしたけど、ふと「これは大したことなくない」と感じるよ。

タン　確かに、私たちにとって性的搾取動画は、どこか遠くの誇張された絵空事じゃなくて、本当に人が自分の手の中にいるみたいな感じだったね。私たちは単に被害を目撃したんじゃなくて、実際に経験したから、どうしてもトラウマになるよね。だけど、たまに残像について考えながら頭に浮かんだ気持ちを口にすることで楽になるんだって。カウンセリングの先生が言ってたけど、覚えてる？

プル　ああ、受け入れろって話？

タン　私も2回くらい、先生と一緒に思い浮かべてみた。最初は思い出してみてと言われたとき、喉が刺されたみたいに痛かったんだ。本当に。先生と相談して、言われたままにやってみて、終わったら治療がどうだったか気持ちを言わなくちゃいけないでしょ。苦痛を言葉にすることで、それを克服する力が生まれる気がする。2回目は喉は痛くなくて、「悲しい、怖い」という感情だった。最初は記憶から逃げたくてもがいていたけど、2回目はわりと冷静でいられたみたい。2人でトラウマの残像を回想する瞑想を週に1、2回できたらいいかもね。集団瞑想は効果が高いって言うし！

プル　そうだね、私も瞑想でよくなった。

**タン　活動してて一番怖かったことは？**

プル　私は地下鉄でおばさんに追いかけられたとき……。あれを思い出すと、いまでも怖い。

タン　講演に行くとき飛行機が墜落しそうになったこと。愛する人たちをたくさん残して、もうすぐ死ぬのかも、と思ったら悲しかった……。遺書も書いたよね……。

**プル　つらいこともあるのに、火花の活動を続ける理由は？**

タン　色んな活動がしたいからというより、義務感でやっている面もあるかな。でも、私たちの活動は十分価値のあるものだから続けられるんだと思う。記者になるより、この活動を続けることでデジタル性犯罪に対する世論を盛り上げて、取材を続けていくことだけでも意味があるし、ジャーナリストとしての可能性を示せるんじゃないかな。

プル　お金にならなくてもずっと続けるつもり？

タン　この活動を続けられるなら、お金は食べていける程度稼げたらいいかな。毎月500万ウォン〔約50万円〕稼ぎたいとかは思わないね。実家暮らしで……親は喜んでるかもしれないけどね（^^）　プルは？

プル　もちろん、たくさん稼げた方がいいけど……。でも、とにかく重要なのはこの活動だから、お金は大して関係ないかな。

タン　自分が「成長」したと感じたのはいつ？

プル　火花でなければできなかった活動をしたときだね。あとは学生生活の中で学生会の選挙管理委員長や学生会幹部としての経験を通じて成長したと思う。彼氏と付き合って別れたことも、成長に役立ったし。この活動の経験から何か1つ選ぶというより、すべてにおいて、人に会って、仕事をして、計画を練って、取材して、他のメディアと協力して。こんなことをしながら成長してるって思ったよ！　かなり色んなことをしたからね。タンは？

タン　私はこの1年の経験で、人をあまり信じなくなったし、同時に人を傷つけたくなくなった。前は何とか自分の言い分を通そうとしたことがあったんだけど、いまはそうでもなくなったというか。私は私の道を黙って歩けばいいと思うようになったよ。相手にしてあげただけお返ししてもらわなくてもいい、そんな気持ちになったかな。だから成長したんじゃないかな。

プル　**私たちが忘れてはならないことって何だろう？**

タン　家訓みたいな感じ？　私は「あえて判断しないでおこう」。

プル　私は、「客観的に自分たちの足取りを見つめよう」。

**本もほとんど書き終わったし、これから何がしたい？**

タン　プルと済州島《チェジュド》に行きたいな。でも最近は飛行機代が高いらしいね。じゃなきゃ……鬱陵島《ウルルンド》や独島《トクト》〔日本語名：竹島〕に行くとか？　あと、日記を毎日書こうと思って。一緒に瞑想もしたいし。

プル　私は毎週本を2冊以上読むこと。それと運動もしたい。あと英語の勉強も！　やっぱり英語ができるようになりたいんだ。昨日も私の前を歩いていた人が英語で電話してるのを見て、ぼーっと見つめちゃった。

タン　プルだって英語で電話できるじゃん。

プル　その人はもっとうまかったよ。

タン　私も英語を勉強しなくちゃ。英語ができれば活動の幅も広がるし。

**これからも問題を乗り越えていけるかな？**

プル　そうだね。乗り越えなくちゃ。私はカウンセリングに行って、だんだんよくなったよ。

タン　私も！　悩みを聞いてくれる人がいるおかげで乗り越えられたよ。話を聞いてくれる人がいるのは、本当にありがたいね。これからもつらいときは、誰かが聞いてくれるよね。

プル　うんうん。じゃあ、そろそろ終わりかな？

タン　もう終わり？　面白かったからもう1つやろう。何かない？

プル　じゃあ、お互いに励ましの言葉を言って終わろうか！

タン　プルはいまでも、私よりも成功して欲しいと思う唯一の人だよ。一緒にいてくれてありがとう。

プル　タンと一緒だったからここまで来られたよ。ありがとう。きっといつか、すべてが終わるから。その日を待ちながら一緒に笑おうね！

# 付 録

付録1

## 法の正義を書き換える

——性暴力・性的搾取根絶市民法廷（集会）での
発言文（２０２０年８月）

付録2

## 「未成年者性的搾取物を売るんですか？」
## ……「テレグラム」の無法地帯

——第1回ニュース通信振興会「真相究明ルポ」コンクール
優秀賞受賞作（２０１９年９月）

付録3

## デジタル性犯罪に関する用語解説

付録1

# 法の正義を書き換える

## ——性暴力・性的搾取根絶市民法廷（集会）での発言文（2020年8月）

発言者　追跡団火花
代読者　「n番部屋に怒る人々」活動家
日　時　2020年8月16日午後6時
場　所　瑞草《ソチョ》駅7番出口
主　催　「n番部屋に怒る人々」

「無知な大衆と比べて高い見識を持つエリートは、大衆の言動にいちいち反応するより、自律的に判断するべきだ」

これは18世紀イギリスの保守主義理論家、エドマンド・バークの主張だ。近ごろ問題になっている性搾取加害者に対する判決を見ると、裁判官たちにバークが乗り移ったように思える。その傲慢な思考から目覚めることを願う。

7月29日の国会法制司法委員会において、共に民主党《トブロ》の金容民《キム・ヨンミン》議員が「世界最大の児童性的搾取物サイト『ウェルカム・トゥ・ビデオ』の運営者ソン・ジョンウ（24）が犯したすべての罪を、ただ1件の併合罪として処理していいのか」と問うと、趙載淵《チョ・ジェヨン》法院行政処長は「裁判所の判断であるので、私見を述べることは控えたい」と回答を避けた。この傲慢な答弁に、国民はみな胸を叩いて悔しがっている。

傲慢さは怠惰を生む。裁判所は（児童性的搾取物に関する）販売、制作、流通をすべて別個のものと見なすのに、ソン・ジョンウの事件では特異なことに併合罪と見なしたのだ。判決を出す前に、量刑や併合罪について根本から検討したのだろうか。怠惰が招いた軽すぎる判決に関して、裁判所は国民の疑問に正面から答えるべきだ。

趙載淵法院行政処長と、ソン・ジョンウのアメリカ送還不可決定を出した姜永壽《カン・ヨンス》判事は、性搾取加害者がどれほど勤勉か知っているのか。博士ことチョ・ジュビン、ガッガッことムン・ヒョンウク、ケリーことシン某、ウォッチマンことチョン某、ブタことカン・フン、イギヤことイ・ウォノ、ウェルカム・トゥ・ビデオのソン・ジョンウなど、性搾取加害者は勤勉だ。

彼らは性搾取の証拠が残らないよう、「白ロム」〔通話するために必要なSIMカードが入っていない端末のこと。回線契約がされていないため電話番号が記録されない〕の携帯を使う。また、「調書の書き方」を共有し、熱心にハッキングのプログラムを作って、被害者の個人情報を抜き取る。

性搾取犯罪の収益のロンダリングも、彼らには容易なことだ。暗号資産の専門家に安全なコインを推薦してもらい、性搾取動画を取引する。博士部屋から刑務所に行ったチョ・ジュビンは、毎日反省文を書いている。1年にわたりテレグラムの性搾取盗撮データを取引するチャットルームを追跡した結果、加害者たちはまずは捕まらないように知恵を絞り、逮捕された後は減刑してもらえるようにあがいていることが分かった。

加害者たちは、いくら殺しても這い出てくる「ゴキブリ」のようだ。司法当局は被害者ではなく「何」に感情移入しているのか。

テレグラム性搾取事件に関わる裁判所は、加害者と同じくらい努力すべきだ。「机上の裁判」ではなく、現場に出て真実を把握すべきだ。忙しくても勤勉に現場検証を行う裁判官がいることを、私たちはよく知っている。鋭くぶつかり合う2つの「真実」のうち、一方の手を上げるのが裁判官の役目だ。だから裁判は難しい。これを実践できないのなら、せめて量刑を通じてでも加害者に厳罰を与えるよう努力しなくてはならない。

控訴審判決の2週間前、ウェルカム・トゥ・ビデオのソン・ジョンウは婚姻届を提出した。裁判所はこれを減刑の要素とした。結婚したことが減刑の理由になることも理解しがたいが、最近ソン・ジョンウの相手方が婚姻無効訴訟を起こし、彼の結婚生活は終わった。減刑され、結婚も無効とされたソン・ジョンウの「社会復帰」シナリオを最終的に承認したのは、韓国の司法当局だ。

ソン・ジョンウの裁判とアメリカ送還審理を担当した司法当局は、法の正義を実現し、守ろうとする初心を塵《ちり》ほども抱いているのだろうか。

そうであるなら、法服を脱いで去るべきだ。

2020年8月16日　追跡団火花

# 付録2

## 「未成年者の性的搾取物を売るんですか？」……「テレグラム」の無法地帯

**海外に拠点を置くモバイルメッセンジャー、**
**国内の未成年違法動画を見ようと1万3000人が押し寄せる**
**トイレやアパートの盗撮動画が20GBも……**
**捜査の国際協力要請など警察の対策が必須**

児童・青少年の性的搾取物を共有するグループチャットが、モバイルメッセンジャーサービスの「テレグラム」内で堂々と運営されていることが分かった。最近、政府が大々的なウェブハード・サイトの規制に乗り出すと、盗撮データ共有の足場となっていたオンラインストレージサービスは、ドイツにサーバーを置くテレグラムに拠点を移した。取材チームはテレグラム・チャットルームの違法撮影データ流通の実態を把握するため、約1

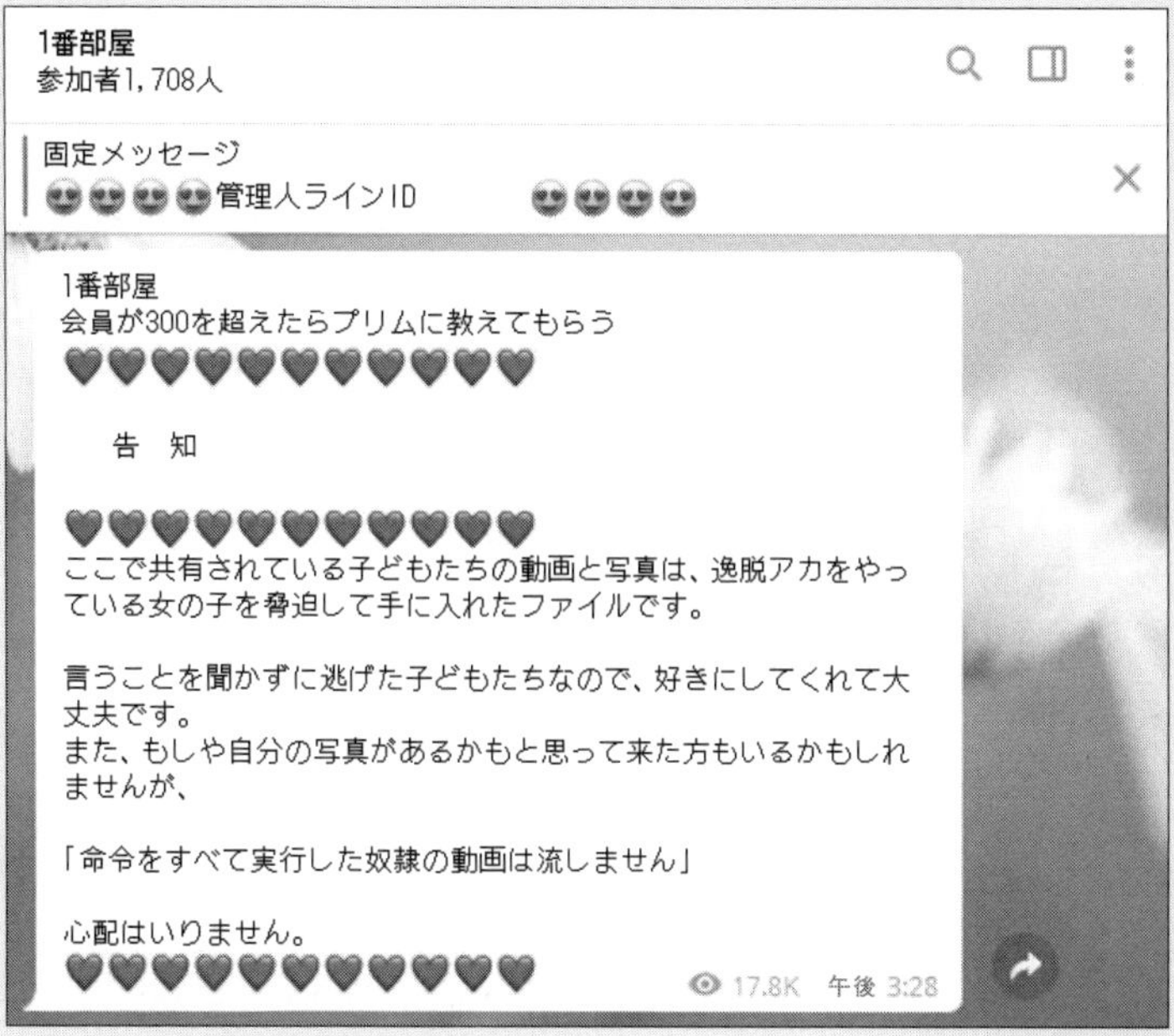
1番部屋
参加者1,708人
固定メッセージ
😎😎😎😎管理人ラインID 😎😎😎😎
1番部屋
会員が300を超えたらプリムに教えてもらう
🖤🖤🖤🖤🖤🖤🖤🖤🖤🖤🖤
告 知
🖤🖤🖤🖤🖤🖤🖤🖤🖤🖤🖤
ここで共有されている子どもたちの動画と写真は、逸脱アカをやっている女の子を脅迫して手に入れたファイルです。
言うことを聞かずに逃げた子どもたちなので、好きにしてくれて大丈夫です。
また、もしや自分の写真があるかもと思って来た方もいるかもしれませんが、
「命令をすべて実行した奴隷の動画は流しません」
心配はいりません。
🖤🖤🖤🖤🖤🖤🖤🖤🖤🖤🖤
17.8K 午後 3:28

図1　児童性的搾取物が流布されるテレグラムのチャットルームに掲示された告知。堂々と「児童・青少年を脅迫して手に入れた資料」と書かれている。「逸脱アカ」は「逸脱アカウント」の略で、一般的にツイッターで逸脱アカというハッシュタグを付けて、本人の性的欲望を表出するために使われる。

カ月にわたりテレグラムのチャットルームに潜入し、児童・青少年が登場する性的搾取物と違法アダルトサイトへのリンク等を共有する加害者たちの実態を収集した。加害者たちはテレグラムの強固なセキュリティーを盾に、盗撮データの流布だけでなく未成年者に対する強姦の謀議まで行っていた。取材を通じて、匿名性の裏に潜む加害者たちの醜悪な素顔を暴いた。

〈編集者注〉被害者に対する2次加害の懸念がある中、これ以上加害者たちのスクラムを黙認、傍観しないため、今回の記事を企画した。性的搾取物を撮影・流布した恥ずべき加害者の責任を問う第一歩になることを願う。

## 盗撮データの遊び場「テレグラム」

「ここで共有されている子どもたちの動画と写真は、逸脱アカウントをやっている女の子を脅迫して手に入れた資料です。言うことを聞かずに逃げた子どもたちなので、好きに(流)してくれて大丈夫です」

違法ウェブサイト「a******」には、テレグラムのグループ・チャットルームへのリンクが貼られている。このリンクをクリックすると、1728人(7月30日午後5時現在）が参加しているチャットルームAにつながる。各種性的搾取物が共有されるルームに入るための入口だ。チャットルームAでは、主に各種盗撮データの情報に関する質問や日常会話がやりとりされている。はたから見るとただの猥談をしているようだが、中身は違った。この部屋は盗撮データの流通の役割を担う派生部屋に入るための架け橋であり、派生部屋へのリンクは不定期に掲示された。7月30日午後5時現在、派生部屋は4カ所以上あり、参加者は合計7000人を優に超える。重複した登録者がいるとしても、少ない数ではない。派生部屋Bだけで、盗撮動画938個、画像1898枚、ファイル233個が共有されていた。主に児童強姦の画像、トイレやアパートの盗撮データ、GHB（ガンマーヒドロキシ酪酸。液状で無味無臭。いわゆる「デートレイプドラッグ」）を飲ませ気絶させた被害者に性的暴行を加える動画と写真だった。

チャットルームには一夜にして1万3000件の書き込みがあった。盗撮画像をアップしたり、会話に参加したりしないでいると強制退会させられることがあるので、参加者たちは自分が持っている盗撮データをせっせとアップしていた。盗撮データを大量に上げるヘビーアップローダーは他の参加者から称賛され、「直撮」（自ら直接撮影した盗撮データ）をリクエストされたりもした。単に商業用ポルノだけを共有する場ではなく、盗撮と共有、女性をあざ笑う言動が、ここでは一種の遊びになっていた。

## 未成年者の性的搾取物を見に「番号部屋」に殺到……
## 被害者三十余人の名前と学校名も公開

彼らの最大の関心事は「番号部屋」だった。未成年者を脅迫して制作した性的搾取物を集めたチャットルームで、1番部屋から8番部屋まで8つもの部屋が運営されている。被害者は30人以上に及ぶと思われる。A部屋の管理者は番号部屋の被害者の名前、学校、クラス、評価を定期的に公表し、参加者の興味をかき立てた。番号部屋に入室したユーザーたちは、未成年被害者の性的搾取動画を見ながら品評会を開いたかと思うと、被害者の裸の写真を使ってテレグラムで共有する絵文字を作って使用した。さらに「○○（被害者の個人名）の学校に行こう」などと、強姦の謀議もした。

番号部屋のリンクを入手するには、A部屋から派生したB部屋に入室し、認証を受ける必要があった。7月11日午後10時、B部屋に入室した参加者は400人を超えた。このルームの管理者は1人ではなく、何人かが順番にルームへのリンクを配布しており、その基準もまちまちだった。ある管理者は性的搾取物を要求し、気に入ればリンクを渡した。記者は番号部屋の存在を知ってから約5時間後に入室できた。特に条件はなく、性別や盗撮データ所持の有無も確認しない管理者からリンクを受け取ったのだ。その管理者の要求は、プロフィール画像をアニメの女性主人公に設定することだけだった。つまり、希望者

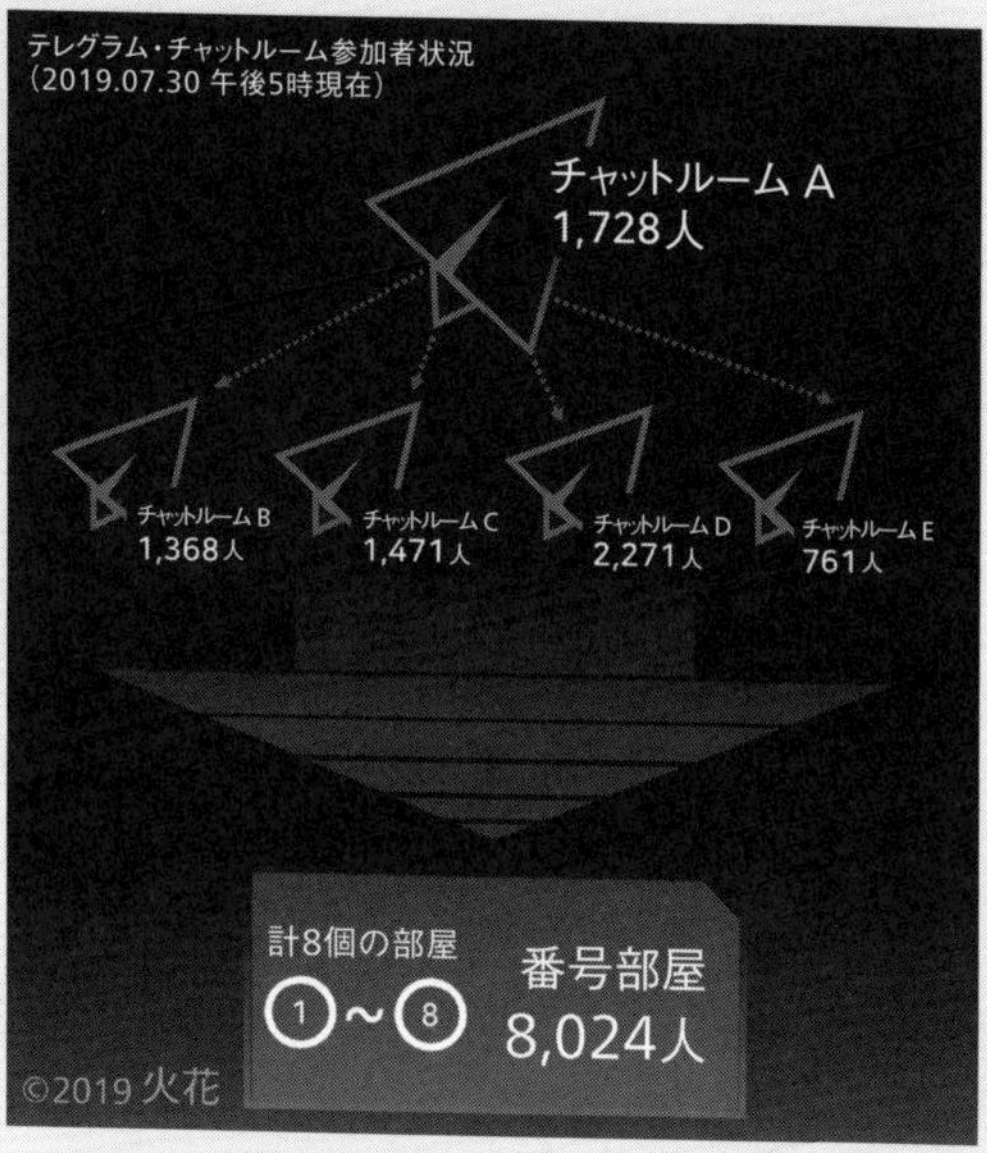


図2　チャットルームAから派生した部屋だけでも4個以上あり、「番号部屋」には未成年者を脅迫して入手した性的搾取物がアップされる。各部屋の数字は現在のチャット参加者数。

は誰でも入場できたわけだ。

そうやって番号部屋に入ると、そこでは性的搾取物が20GBも共有されていた。20GBという用量は、映画（1本1・4GBとして）14本分にあたる。

## 未成年者脅迫の手口は「悪辣」

番号部屋の標的になったのは、SNSに「逸脱アカウント」のハッシュタグを付けて自分のヌード写真を投稿した未成年者だった。逸脱アカウントとは、ツイッターで自分の露出写真や自慰行為の動画をアップして性的欲望を表出するためのアカウントのことだ。加害者である最初の流布者BがA部屋で漏らした話によると、彼は昨年の半ばから今年初めまで、「逸脱アカウント」のハッシュタグの付いた被害者た

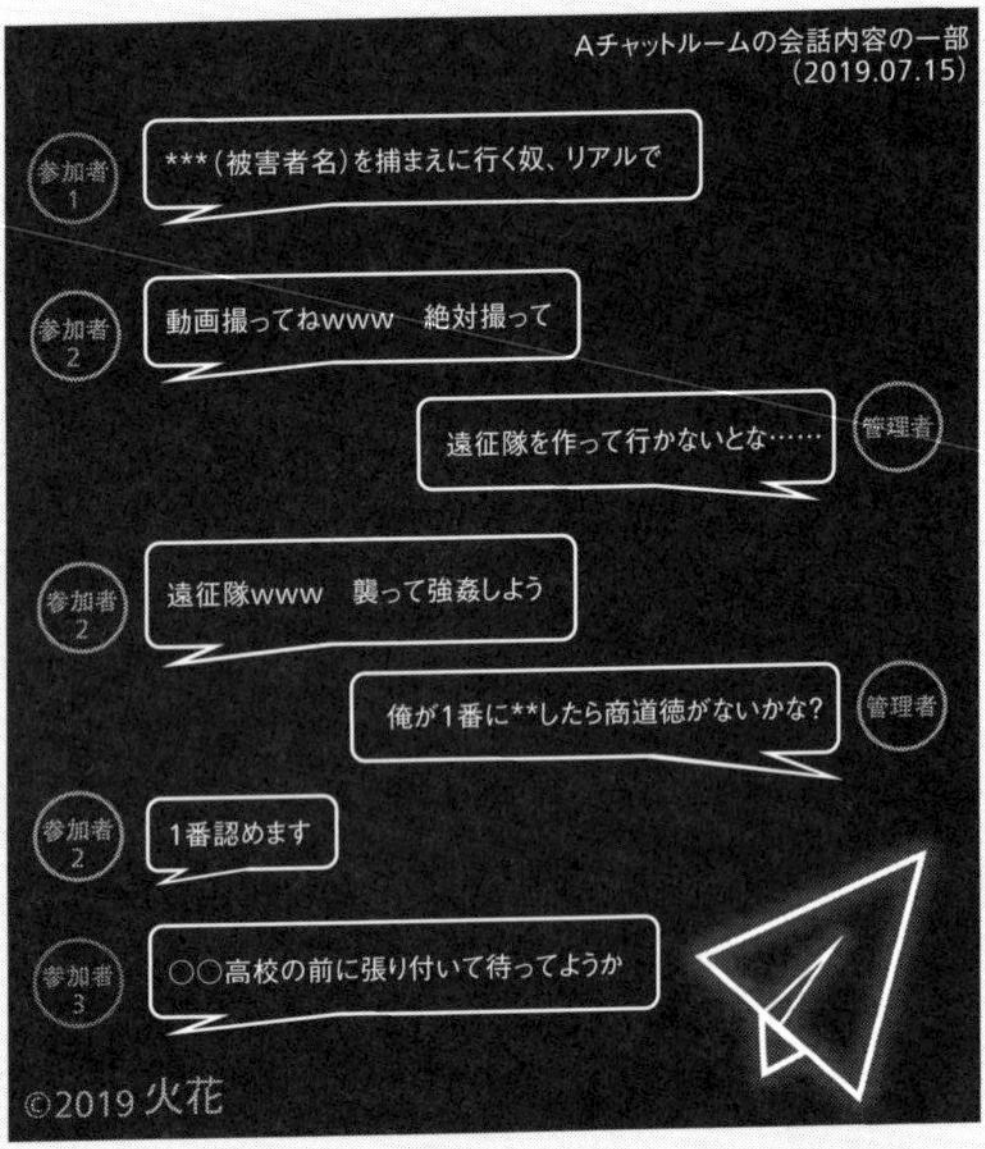


図3. Aチャットルームの会話内容の一部。個人情報をさらされた未成年者に性的暴行を加えようとする加害者。

ちのツイッターアカウントにハッキング用リンクを送り、アカウントを乗っ取った。その後、警察になりすまし、「猥褻物流布の罪で提出された告訴状を受理する」と言って、名前、住民登録番号、学校名、連絡先等を聞き出した。この過程で、「親にばらす前に言う通りにしろ」と脅して、体に刃物で「奴隷」という文字を刻ませ、自慰する姿などを撮影させた。30日現在、このようにして番号部屋に動画を流された被害者だけでも30人以上になる。

1番から5番までの番号部屋を運営していたBは、いまはテレグラムを退会している。A部屋の管理者によれば、Bは退会前に同管理者に番号部屋のリンクを渡し、犯行理由について「ストレス解消のため」と説明した。また、被害者にさせた一番ひどいことは「弟の性器で口腔性交をさせたこと」だったという。いまもこの番号部屋の動画はダウンロード可能で、各種SNSや違法ウェブサイトを通じてどんどん拡散されている。

## 誰かが死ねば終わるのか？……警察をあざ笑う加害者ら

チャットルームの参加者たちは、「警察はテレグラムを捜査できないwww」「外国のサーバーだから捕まらない」「政府がテレグラムを禁止するだと？ 政府だってテレグラムを使ってるのに」などと会話しながら、自分たちは絶対に捕まらないと確信していた。テレグラムはロシア政府の規制を逃れるために作られたメッセンジャー・アプリだ。定期的に数億ウォンの賞金をかけたハッキングコンテストを実施しているが、まだ暗号を解いた者はいないほど、強力なセキュリティーで守られている。違法映像を流布する者たちが安心していられるのはこのためだ。「個人情報保護」という巨大な木の下で、「盗撮データの流布」という影は濃くなるしかないのだろうか。だが警察の見立てでは、テレグラムの中の犯人を捕まえることは不可能ではないという。

昨年5月、ディープウェブ（一般のウェブ検索エンジンに登録されないウェブサイトやコンテンツのこと）で児童性的搾取物の共有サイトを運営していた20代男性が忠清南《チュンチョンナム》道唐津《ドタンジン》で検挙された。サイトのユーザーからビットコインを受け取って児童性的搾取物を販売していた

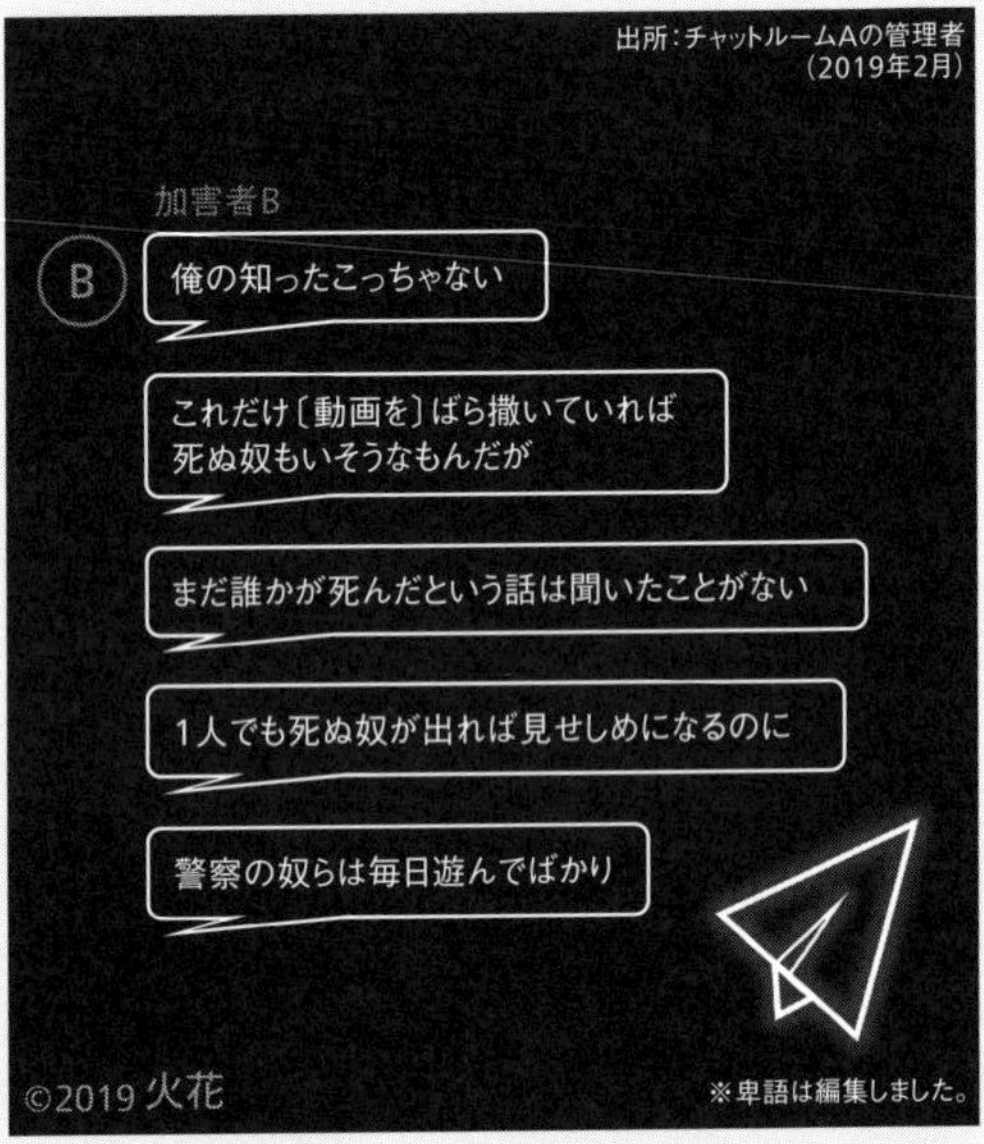
出所：チャットルームAの管理者
（2019年2月）
加害者B
B
俺の知ったこっちゃない
これだけ〔動画を〕ばら撒いていれば
死ぬ奴もいそうなもんだが
まだ誰かが死んだという話は聞いたことがない
1人でも死ぬ奴が出れば見せしめになるのに
警察の奴らは毎日遊んでばかり
©2019 火花
※卑語は編集しました。

図4　最初に動画流布した加害者Bが派生部屋に送った会話内容の一部。

が、警察に捕まったのだ。今回の事件も、テレグラムの協力さえあれば犯人を検挙できる望みはある。江原地方警察庁のサイバー捜査隊チーム長チョン・インジェ氏は、海外では児童性的搾取物をより厳重に処罰しているので、テレグラムでも本庁のインターポール係を通じて令状申請と共同捜査が可能だと見ている。ただ、「海外は国内より手続きが煩雑で時間がかかるので、共同捜査を要請して待機する一方、独自の捜査を進める必要がある」と説明した。チョンチーム長は、現在「問題となっているチャットルームのうち、派生部屋Bに潜入調査中」であるとし、「参加者の身元を把握するための糸口がいくつか見つかったので、今後も注視する」と述べた。チョンチーム長はまた、「好奇心からチャットに加わった者であっても、盗撮関連リンクを貼ったり、自分が所持する児童性的搾取物や盗撮データを流布すれば、それ相応の処罰を受ける」とし、「チャットルームを主宰する運営者を逮捕することが最終目標」であると語った。

## 世界から糾弾されるテレグラム、根絶のため政府が動くべき

盗撮データが頻繁に流通するテレグラムに対して、自浄が必要だとの声が絶えない。2018年1月、アップルはiOSのApp Storeから予告なくテレグラムを一時的に削除した。アップル副社長（当時）のフィル・シラーは、「テレグラムアプリの削除は児童性的搾取物が理由」と明かした。アップルはテレグラムの開発者に警告した後、全米行方不明・被搾取児童センター（NCMEC）と関連当局に通告した。2018年、スイスで開催された世界経済フォーラム（WEF）年次総会〔ダボス会議〕においても、テリーザ・メイイギリス首相（当時）は、テレグラムは「小児性愛者のためのプラットフォーム」だと批判した。韓国の建国《コングク》大学からだ文化研究所のユン・キム・ジヨン教授は、「デジタル性暴力は安保政策以上に重要な女性の人権問題であり、肖像権と人格権侵害の問題だということを、テレグラム運営者に分からせるための各種の政策的・法的な協力体制が必要だ」と述べる。

この問題に関わる専門家らは一様に懸念を表明し、当局の行動を求めている。京畿《キョンギ》大学犯罪心理学科の李水晶《イ・スジョン》教授は、「当然、政府レベルでテレグラムに協力を要請して、必ずユーザーを特定すべきだ」とし、「今回の要請が聞き入れられないとしても、要請を重ねれば変化のきっかけにはなる」と語る。ユン・キム教授も「国家間の協力を求め、国際的な実質的解決策を立てなくてはならない」と強調した。同時に「閉鎖型グループ・チャットルームで盗撮被害映像物が流布された場合、即時に通報できるボタンを設置するようプラットフォーム運営者に促すなど、運営者側で流布を防ぐための技術的な仕組みを義務づける法案が必要だ」との対策を提案した。

取材チーム火花

付録3

## デジタル性犯罪に関する用語解説

**デジタル性暴力**

パソコン、携帯電話、タブレット端末などのデジタル機器を用いて性的搾取を行い、相手の人権を侵害する暴力行為全般を指す。性暴力とは、セクハラ、猥褻行為、性的暴行、性売買などを包括する概念である。

**デジタル性犯罪**

デジタル性暴力のうち、現行法で「犯罪」と認定されているものを意味する。デジタル性的搾取、盗撮、性的画像・動画の同意なき流布、通信媒体を利用した猥褻行為、ディープフェイクなど。

**児童・青少年性的搾取物**

2020年6月、「児童・青少年の性保護に関する法律」の一部改正に伴い、「児童・青少年を利用した猥褻物」という用語が「児童・青少年性的搾取物」に変更された。性的搾取とは、性行為やこれに準ずる行為を強制したり、あるいはこれによって利益を得たりする犯罪である。

**オンライングルーミング**

ゲームやチャット、SNSなど、オンライン上で知り合った相手を対象として、友人や頼れる年長者を装ってつくり上げた信頼関係によって心理的に支配しておき、自然な流れで性的写真や動画などを入手して性的搾取を行うこと。その期間は短くて数時間、長ければ数年におよぶ。オンライングルーミングはデジタル性的搾取の始まりと言える。

**セクストーション（性的脅迫）**

チャットなどオンライン上で性的行為をする際に、それを録画すると同時に、相手のデジタル機器をハッキングするなどしてその連絡先を入手し、知人に映像をばらまくと言って脅迫する犯罪手法。金銭を要求することが多いが、性的行為を強制したり、性的搾取動画を要求することもある。

**知人凌辱（性的な合成写真）**

SNSにアップされた知人の写真をデジタル機器に保存し、その写真と個人情報をオンライン上に流す犯罪。当該データをもとに性的嫌がらせを行ったり、知人の顔と性的写真を合成した画像をタンブラー、テレグラム、ツイッターなどのSNSにアップし、数百人から数万人がその性的合成写真を見ながらセクハラ行為を行うこともある。被害者の職業や年齢層は多様で、被害の規模も大きいが、一般目につかない場所で行われるため、一般人は自分が被害に遭った事実にも気づかないことが多い。加害者が検挙されない限り、被害者と加害者の知人関係が維持され続けるので、さらなる犯行が憂慮される。

**ウェルカム・トゥ・ビデオ**

韓国人のソン・ジョンウがダークウェブで運営していた世界最大の児童性的搾取データサイト。重複を除き約22万件の児童性的搾取データが流布されていた。動画をアップロードするページには「成人ポルノはアップしないこと」というバナーがあった。

**ウェブハード・カルテル**

盗撮データの違法アップロード収益を得ることを目的として、主要なウェブハード・サイトの猥褻サイト運営者、ヘビーアップローダー、デジタル葬儀社の間で形成された癒着関係のこと。カルテルの中心人物だったヤン・ジンホ韓国未来技術元会長は、猥褻物流布などの罪で裁判にかけられた〔2023年1月、一審で懲役5年の判決を受けた〕。

**コダム部屋**

「ウォッチマン」がテレグラム上で運営していたチャットルーム。主にn番部屋の宣伝に使われ、性的搾取被害者の個人情報がアップされることもあった。コダム部屋では、児童を性搾取する方法や警察の捜査を逃れるノウハウ、取り調べの際の調書の書き方などが共有されていた。

**AV-SNOOP**

「ウォッチマン」が数年にわたり開設していたブログ。n番部屋をはじめとする盗撮データのレビュー、被害者の個人情報や写真など、好奇心を掻き立てるような投稿がアップされていた。追跡団火花はここで初めてn番部屋の存在を知った。

**n番部屋**

「ガッガッ」ことムン・ヒョンウクが児童・青少年を脅迫して制作した性的搾取動画が共有されていたテレグラムのチャネル。n番部屋のnは「number（数字）」の頭文字をとったもので、チャネルが1番部屋から8番部屋まであったものをまとめて「n番部屋」と称していた。

テレグラムのチャネルは通常のチャットルームとは違って、トークを書き込めない設定になっており、もっぱら性的搾取動画だけがアップされていた。n番部屋に入場すると、アップされた動画を自身のデジタル機器にダウンロードすることができた。

**博士部屋**

「博士」ことチョ・ジュビンが制作した性的搾取動画がアップされていたチャットルーム。利益目的で運営され、追跡困難な「モネロ」という暗号資産を使って取引が行われていた。チョはテレグラムに告知部屋、アップロード部屋、広報部屋など数十個のチャットルームを作って管理し、自らを「首魁」「アーティスト」「社長」などと呼んで偶像化していた。有料ルームへの入場権は10万～150万ウォンで販売され、100万ウォン〔約10万円〕の入場券を購入した加害者に対しては、被害者を2カ月にわたり性的虐待できる権限を与えるとの宣伝文句もあった。

**テレグラム自警団**

ランダムチャットやツイッターなどを通じて、知人凌辱をそそのかしたり、知人凌辱代行の宣伝文をアップするなどして、知人凌辱の依頼者を募集する。その過程で自警団は依頼者の個人情報と被害者のSNS情報などを入手し、加害の証拠を逆手にとって依頼者に対して性的搾取を試みる。彼らは依頼者に対し、命令に背けば知人凌辱を依頼した事実を被害者に知らせると言って脅迫し、サディスティックな行為などを強制する。さらに依頼者の個人情報を保存し、テレグラムやSNSなどでさらしたりもする。

# 訳者あとがき

韓国社会を震撼させたサイバー性犯罪「n番部屋事件」。本書はその深刻な実態を暴いて世論に訴え、被害の拡大を食い止めた「プル」と「タン」の2人の女性チーム「追跡団火花」による実録ルポである。

「n番部屋事件」とは、2019年から2020年にかけて、匿名性の高いインスタントメッセージアプリ「テレグラム」内のチャットルームを使って、未成年者を含む女性に対する暴行や性搾取シーンの動画を撮影・流布・販売した、複数の事件の総称である。主な事件としては、「ガッガッ」ことムン・ヒョンウクが運営していた「n番部屋」と言われる1番~8番までの8個のチャットルームで行われたものと、「博士」ことチョ・ジュビンが運営していたチャットルーム「博士部屋」における事件の2つが挙げられる。

加害者らはSNSなどを通じて被害者にコンタクトを取り、アルバイト募集を装って顔写真や個人情報を送らせ、さらに親や警察に知らせると言って脅迫する手口で、被害者自身に性的動画を撮らせ、あるいは直接共犯者を送り込んで強姦シーンを撮影するなどし、その動画を会員に対して暗号資産などの対価を受け取って販売していた。韓国警察の推定によれば、両チャットルームの有料会員数は約3万人とされる。被害者数は個人情報保護のために正確な数は明かされていないが、一部の報道によれば、脅迫されて自分の写真や動画を提供させられた女性は、「博士部屋」だけで74人（うち未成年者16人）に上るとされる。

＊

本書の第1部では、このおぞましい事件の経過と「追跡団火花」の調査活動を詳述している。２０１９年始めころから、いくつかの韓国メディアがサイバー性犯罪について散発的に報道をしていたが、世論はなかなか動かなかった。それに文字通り火を付けたのが、「追跡団火花」だった。2人のメンバーは２０１９年7月からテレグラムへの潜入取材を開始、粘り強い調査によって恐ろしい性加害の全体像を明らかにしていった。そして同年9月、ニュース通信振興会の「第1回真相究明ルポ」コンクールで優秀賞を受賞した。続けて同年11月にはハンギョレ新聞が「テレグラムに広がる性搾取」と題する特集連載を立ち上げた。さらに「追跡団火花」は、「知人凌辱（知人の写真と他人のヌード写真を合成してネット上にばら撒くセクハラ行為）」の被害者と協力して加害者を特定し、警察に通報するなどの活動を続けつつ、さらにメディア各社に働きかけた。マスコミ各社も次第に重い腰を上げて後追いすることで、n番部屋事件は一気に社会的関心事となった。「追跡団火花」からの通報と世論の後押しによって警察も積極的に動き出した。2020年3月9日から国民日報で「追跡団火花」の連載記事「n番部屋追跡記」が始まると、その直後の16日〜17日にかけて「博士部屋」のチョ・ジュビンらが検挙、同年5月には「n番部屋」のムン・ヒョンウクが逮捕された。

翌2021年の最高裁判決で、チョは懲役42年、ムンは懲役34年を宣告され、さらに出所後は30年にわたり電子足輪（GPSを利用した行動監視装置）の装着を義務づけられた。

第2部では、著者2人の交換日記のようなスタイルで、彼女らがフェミニズムに関心を持つようになったきっかけ、大学生活やアルバイトの場におけるジェンダー差別の体験、n番部屋事件の取材活動の中で抱いた苦悩、さらには性犯罪の責任が誰にあるかをめぐる家族間の議論などが、率直に綴られている。とりわけ、「プル」と「タン」がさまざまな日常的な矛盾に気づきながらフェミニストとして成長していく過程は、多くの読者の共感を呼ぶのではないだろうか。

また、興味本位で語られることの多い性犯罪について語るにあたって、商業メディアとは一線を画した慎重な表現を使い、被害者を第一に考えて丁寧に報道することに相当に神経を使ったことがうかがえる。

その一方で、事件を取材する過程でチャットルームにアップされた動画を見続けた2人が、かなりの心理的負担を負って治療を受けている点にも言及されており、事件の残酷さもひしひしと伝わってくる。

第3部では、n番部屋事件をきっかけとした韓国の社会改革の流れがまとめられている。事件の深刻さに衝撃を受けた韓国国会では2020年4月以降、サイバー空間での性搾取再発を防止するため、いわゆる「n番部屋防止法」と呼ばれる一連の法改正を行った。その中でも特に重要と思われるのは、同年5月の刑法改正により、性交同意年齢が13歳から16歳に引き上げられた点だろう。つまり16歳未満の未成年者と性的関係を持った場合、相手の同意のあるなしにかかわらず、強姦とみなされて処罰されることになったのである。同時に、強制猥褻の量刑は罰金刑が削除されて5年以上の懲役刑となり、16歳未満に対する法定強姦・強制猥褻は公訴時効が廃止された。

ちなみに日本ではようやく今年6月、国際的な批判を受けて、性交同意年齢を13歳から16歳に引き上げる刑法改正案が国会で可決・成立し、不同意性交罪（旧・強制性交罪）の時効も10年から15年へと延長されたが（被害者が18歳未満の場合は18歳になるまでの年月を加算）、時効廃止には至っていない。韓国での著者らの活動や政策を日本でも積極的に学ぶべく、本書が多くの人の手に渡ることを期待したい。

＊

以上のように、これまで既存のマスメディアが見過ごしてきたサイバー空間における新しい性犯罪に注目し、主な被害者である女性の視点から広く世論に訴えたのが、「追跡団火花」だった。本書の252ページにも「私たちは目撃者であると同時に、被害者でもあった」と告白しているように、彼女たちはn番部屋の実態を把握するために、相当な精神的危害を被り、精神科でトラウマ治療のためにカウンセリングまで受けることになった。こうした2人の女性の奮闘が、被害者たちに声を上げる勇気を与え、警察、メディア、世論を動かし、さらにサイバー性犯罪の再発を防止するための法的措置にまでつながる成果を上げたことは、いくら称賛してもし足りないだろう。

しかし、事件の主犯格が逮捕・処罰され、法的な再発防止措置が講じられたとはいえ、これで一件落着ということにはならないだろう。例えば、女性家族部傘下のデジタル性犯罪被害者支援センターでは、デジタル性犯罪に関する相談、捜査・法律・医療連携支援、ネットにアップされた性的画像の削除などの活動を行っているが、同センターの被害者支援件数は2018年の1315件から、2020年には4973件、2022年には7979件へと増加しており、被害がいまも拡大傾向にあることを示している。にもかかわらず、女性家族部の廃止を選挙公約に掲げて20代男性の支持を集めた尹錫悦《ユン・ソンニョル》政権下にあって、フェミニズム運動へのバックラッシュが強まっており、予断は許さない状況だ。

　こうした厳しい社会状況の中で、「追跡団火花」は新たな一歩を踏み出した。「プル」はパク・チヒョンの本名を名乗り、2022年3月の大統領選挙を前に、共に《トブロ》民主党の選挙対策委員会女性委員会副委員長およびデジタル性犯罪根絶特別委員長として、李在明《イ・ジェミョン》大統領候補を支えて活動した。選挙では尹候補に僅差で敗れたものの、10代、20代女性の58%が李候補を支持した背景には、「プル」の功績も大きかったと言えるだろう。

　一方、「タン」も2022年8月、ツイッター上でウォン・ウンジの本名を明かし、メディアプラットフォーム「オルルクソ（alookso）」に所属して、編集者・ジャーナリストとして活動することを発表した。

　最近の報道を見るまでもなく、サイバー性犯罪、未成年者への性暴力に関しては、日本に暮らす私たちにとっても他人事ではない。本書を訳しながら、隣国における粘り強く勇気ある闘いに、学ぶべきところが多いことを痛感した。「追跡団火花」の「プル」と「タン」の今後の活動と、韓国フェミニズム運動の動向に、さらに注目していきたいと思う。

二〇二三年

訳者

# n《エヌ》番部屋《ばんべや》を燃《も》やし尽《つ》くせ

## デジタル性犯罪《せいはんざい》を追跡《ついせき》した「わたしたち」の記録《きろく》


2023年10月30日　初版1刷発行

著者 ―――― 追跡団《ついせきだん》火花《ひばな》
訳者 ―――― 米津篤八《よねづとくや》・金李《キムリ》イスル
カバー・本文デザイン ―――― アルビレオ
発行者 ―――― 三宅貴久
組版 ―――― 新藤慶昌堂
印刷所 ―――― 新藤慶昌堂
製本所 ―――― 国宝社
発行所 ―――― 株式会社光文社
〒112-8011　東京都文京区音羽1-16-6
電話 ―――― 翻訳編集部 03-5395-8162
書籍販売部 03-5395-8116
業務部 03-5395-8125

落丁本･乱丁本は業務部へご連絡くだされば、お取り替えいたします。




ISBN978-4-334-96264-7 Printed in Japan